Dados Internacionais de Catalogação na Publicação (CIP)
(Câmara Brasileira do Livro, SP, Brasil)

Oliveira, Rodrigo
    Mocotó : o pai, o filho e o restaurante / Rodrigo Oliveira; [ilustrações Felipe Ehrenberg]. –
São Paulo: Editora Melhoramentos, 2017.
    ISBN: 978-85-06-00886-7
    1. Culinária 2. Família - Histórias 3. Gastronomia 4. Receitas culinárias I. Ehrenberg, Felipe. II. Título.

17-02988   CDD-641.5

Índice para catálogo sistemático:
1. Receitas: Culinária: Economia doméstica 641.5

Obra conforme o Acordo Ortográfico da Língua Portuguesa.

© Rodrigo Oliveira
© 2017 Editora Melhoramentos Ltda.
Todos os direitos reservados.

Projeto gráfico e diagramação: doroteia design / Adriana Campos
Ilustrações (reproduzidas do painel do Restaurante Mocotó): Felipe Ehrenberg
Todas as receitas foram produzidas e fotografadas no Restaurante Mocotó.
Fotografias: Ricardo D'Angelo
(exceto as fotografias das páginas 4, 39 e 41: Lailson dos Santos / páginas 43, 45, 46 e 67: Felipe Gombossy / páginas 14, 17, 20, 23, 33, 36, 39 e 48: acervo do autor)

1ª edição, 3ª impressão, março de 2023.
ISBN 978-85-06-00886-7

Atendimento ao consumidor:
Caixa Postal 169 – CEP 01031-970
São Paulo – SP – Brasil
Tel.: (11) 3874-0880
sac@melhoramentos.com.br
www.editoramelhoramentos.com.br

Impresso no Brasil

mocotó

O PAI, O FILHO E O RESTAURANTE

RODRIGO OLIVEIRA

COLABORAÇÃO:
ELCIO FONSECA

FOTOGRAFIAS:
RICARDO D'ANGELO

PARA MEU PAI, MEU SERTÃO.

SUMÁRIO

PREFÁCIO 8

O PAI 11
    O começo de tudo 12
    Arribação 13
    Na lavoura da cidade grande 15
    Os sertanejos também amam 18
    Vila Medeiros, o novo território dos Almeida 19
    Os negócios e a família crescem 22
    O caldo do Mocotó e o terceiro pedido do menino José 24

O FILHO 29
    Alquimia e fogo 30
    "A volta da asa-branca" 31
    Um novo e curioso começo 32
    A hora da mudança 34
    Vamos entrando... 38
    Descobrindo o Brasil 40
    De volta para casa 42
    Reconhecimento 42
    Sucesso 49
    Fim? 51

O RESTAURANTE 55
    O boteco vira um restaurante 56
        Os prêmios 58
        Um sábado no Mocotó 62
        Os números de um ano no Mocotó 68
    Quem é quem 69
        Brigada de briga 74
    Engenho Mocotó 78

A COZINHA 83
    Sertão particular 84
    Os clássicos 88
        Caldinhos 89
        Petiscos 97
        Refrescância 113
        Substância 123
        Farofas 153
        Purês e pirões 163
        Sobremesas 167
    As bases 188
        Ingredientes 189
        Receitas básicas 199

O BAR 219
    A cachaça 220
    Coquetéis e caipirinhas 225
    Garrafadas 235
    Cafés 239

O QUE DIZEM SOBRE O MOCOTÓ 246

AGRADECIMENTOS 254

ÍNDICE DAS RECEITAS 259

PREFÁCIO

Por Alex Atala

Minha primeira ida à Vila Medeiros foi uma viagem no tempo.

Um horizonte feito de pequenos telhados, uma teia interminável de fios com pipas e calçados pendurados, uma verdadeira plantação de antenas – emoldurado por janelas de alumínio e ferro, a maioria sem pintura. Em busca de uma comida de origem, fui eu mesmo catapultado para o cenário da minha infância, também na vizinhança da grande metrópole, em São Bernardo do Campo.

Depois da chegada ao bairro e da reconexão com as cores de minha memória, entro no Mocotó e tomo o segundo susto do dia; uma sensação que os místicos chamam de epifania. A primeira colherada da mocofava me despertou para o segundo momento memorável que o Rodrigo me causou. Muito do que praticamos insistentemente no D.O.M., no sentido do cuidado e da atenção com as reduções, gelatinas, os colágenos, a fineza da textura na boca, estavam lá, naquele prato. O fundamento todo de um molho depurado, com persistência, elegância e leveza, estava enraizado naquela comida.

E o melhor, tudo coerente com o entorno, as pessoas, a presença do seu Zé Almeida, a possibilidade de comer ao lado de um gourmand internacional ou de um operário, tudo isso me dizia que estava num lugar único na cidade. Essas conexões são até hoje um dos aspectos que mais me fascinam no Mocotó e na história da família.

Essa história, sem dúvida, estará muito bem contada aqui neste livro e em tantas outras plataformas, porque o Mocotó deixou de ser uma novidade para ser uma tendência, chegando hoje com justiça à posição de *statement*. Pois a experiência ali não se resume a sentar e comer. É uma conexão com um país, uma gente, uma cultura, uma paleta de cores, sabores e valores que você não encontrará em outro lugar.

A terceira conexão que encontrei ali é a do seu Zé Almeida com Rodrigo. A história dessa sucessão é o ideal de todo empreendimento familiar. Um Sófocles com final feliz. Rodrigo foi atrás das novas tecnologias, no sentido lato, estudando, viajando, comendo, plantando curiosidade e colhendo conhecimento. Foi atrás da ciência na cozinha, num sentido mais estrito, enfrentando a desconfiança e a resistência de seu Zé, com o intuito justamente de fazer cada vez melhor a cozinha do pai.

O Rodrigo é efetivamente um inovador dentro de uma cozinha clássica. Manteve os sabores, o registro, toda a informação está lá. Mas abriu os olhos para as novas técnicas e possibilidades da gastronomia. O moderno não eliminou o clássico, e trouxe uma nova força ao negócio da família.

Falando em história, deixe-me terminar com uma que exemplifica as mudanças no eixo social e geográfico da cidade. O restaurante da família Almeida mudou não apenas a vida dos seus funcionários e frequentadores: mudou o entorno, a vida de mais de uma centena de famílias que têm hoje o Mocotó como seu dínamo.

Dia desses, um dos mais renomados advogados da cidade me perguntou sobre o restaurante, e eu, claro, recomendei. Depois ele me contou que quando chegou em casa e ordenou para seu motorista: "Vamos para o Mocotó, na Vila Medeiros", a empregada, que ouvia a conversa, assustou-se, pensando: "Mas lá é onde a gente mora. É o lugar em que a gente almoça! Ele deve estar enganado...". Não precisa dizer que nem o doutor nem a cozinheira estavam equivocados.

Um *statement* da cidade, legitimado pela coerente e comovente história da família que muda famílias. O Mocotó é esse lugar único, capaz de juntar numa mesma experiência pessoas de diferentes classes, origens, ocupações, sem, contudo, ter a preocupação de fazer disso um discurso fácil, nem ceder a regionalismos retrógrados. Apenas praticando uma cozinha sólida, com raízes fincadas no nosso chão, mas que caminha incessantemente para a evolução. Porque tem gente, como Rodrigo Oliveira, que faz do seu ofício uma conexão com o que nosso país tem de melhor, de mais autêntico, mais global, e sabe que a melhor forma de manter a tradição é a inovação.

O PAI

POR ELCIO FONSECA

O COMEÇO DE TUDO

A parteira Maria Romão com habilidade puxava a criança para fora, no quartinho dos fundos da casa de dona Quitéria, conhecida curiosamente como Glorinha. Naquele 12 de agosto de 1938 um sorriso se abriu no rosto do marido, o barbeiro Alcino: mais um menino. O terceiro filho de uma lista de catorze que iria se formar. Nada de mais naquela casa, onde a irmã Nazareth iria contabilizar, anos mais tarde, 31 partos.

Na numerosa família, o menino fazia questão de dar sua contribuição. Logo cedo pegou na enxada e foi trabalhar de "alugado" para João Lulu, o tio vereador. Na semana de seis dias, três eram do tio, três do pequeno José. Valente como Davi, o menino andava légua e meia, trabalhava de sol a sol para apurar, no final da jornada, uma moeda de 500 réis. Dinheiro essencial para complementar os parcos ganhos provenientes dos cortes de cabelo de seu Alcino na pequena Mulungu, no sertão pernambucano.

O menu do dia: feijão e farinha. Nunca em quantidade suficiente para realmente matar a fome. A combinação é boa fonte de energia, proteínas, carboidratos e vitaminas, no entanto se aconselharia uma dieta mais variada. Nesse contexto de privação, o sonho que embalava o pequeno José era "ficar rico". Pra quê, menino? Para comer banana com açúcar todo dia, um luxo que, na época, raramente se via em sua modesta casa.

Mas, nesta história, a vida também tinha seu lado Monteiro Lobato. A infância incluía caçadas, banhos de rio, brincadeiras tantas na numerosa companhia de seus iguais, elementos essenciais que forjariam definitivamente o seu amor pelo sertão brasileiro e também seu espírito empreendedor.

Mesmo no cenário adverso da época, esse espírito já despontava, seguindo sempre o exemplo de seus pais, que, muito mais do que um ambiente de privações, lhe legaram um conjunto de padrões éticos e de superação – uma espécie de marca registrada para toda a vida. O menino ganhara de seu padrinho, como um presente de altíssimo valor, um porquinho. O animal foi tratado, cuidado e, claro, ganhou peso e tamanho. Não tardou para esse capital inicial render um bezerro nas mãos do incipiente pecuarista. O bezerro solitário logo ganhou a companhia de mais um. E de outro e mais outro. Quando os pais de José deram fé, ele já tinha transformado aquele frágil porquinho em algumas vacas. O resultado? Nove cabeças de gado. Mas a natureza no sertão é imperativa, veio a seca, e a terra lhe comeu os bichos todos.

Em suas orações, o pequeno José pedia ao Criador três coisas: saúde, trabalho e que seu coração não endurecesse. Mais do que o gado, crescia no menino a força dos valores passados por seus pais. Entre eles estava a solidariedade. O rapaz José, quase sem nenhum estudo, continuou na lavoura da terra seca. Safra após safra. Embora houvesse anos de boas chuvas, na maior parte do tempo o que havia era escassez. Em alguns dias, tinham tão pouca comida que os pais deixavam de comer para privilegiar os filhos. Mas o caminho apontava para horizontes mais amplos, onde a força de vontade fazia esquina com a oportunidade.

ARRIBAÇÃO

"Capitão, que moda é essa / Deixa a tripa e a cuié / Home não vai pra cozinha / Que é lugar só de mulé / Vô juntar feijão-de-corda / Numa panela de arroz / Capitão, vai já pra sala / Que hoje tem baião de dois."

O rádio atacava o baião de Luiz Gonzaga e Humberto Teixeira no ônibus lotado, que necessitava de uma dupla de motoristas para que, revezando-se ao volante, pudessem vencer os mais de 3 mil quilômetros que separavam a vida árida do sonhado destino daquele grupo de passageiros.

O agora homem-feito Zé Almeida, com 25 anos, era um deles. Trabalhando até a véspera da viagem, juntou duas camisetas, uma calça e um par de sapatos na sacola. Tomou a bênção da mãe, autenticou com

seu Alcino e sacolejou durante oito dias, o ônibus caindo aos pedaços. Numa parada no Rio de Janeiro, um dos motoristas, ao manobrar o veículo, derrubou o muro de uma casa. Assustado, fugiu, deixando para trás o companheiro de pilotagem e – adivinhe quem mais? – Zé Almeida correndo feito louco atrás do danado, que cada vez ficava menor no horizonte. A sorte foi ele ter como companheiro justamente o motorista número dois, que conseguiu, horas depois, uma carona que os levou até Aparecida do Norte. Como por milagre, na cidade da padroeira os esquecidos reencontraram sua condução para São Paulo.

Nos bares chiques da região da Luz, no centro da capital paulista, os televisores Windsor, sintonizados no canal 7, TV Record, mostravam um mundo novo, com diversos tons de cinza. Ali, onde se localizava a moderna estação rodoviária da cidade, coberta por painéis de acrílico multicoloridos, ao lado dos trens da Estação Júlio Prestes, o velho ônibus finalmente estaciona. Os freios rangem, motor em ponto morto, a porta se abre. Dela apeia o rapaz de Mulungu, a sacola cheia de sonhos e a cabeça com três desejos: saúde, trabalho e solidariedade.

NA LAVOURA DA CIDADE GRANDE

Sua disposição para o trabalho encontrou endereço na Rua Camé, na Mooca, onde o espanhol Gino estabelecera sua metalúrgica. Dois meses após a chegada, sem nunca antes ter visto um parafuso na frente, ele chega a encarregado-geral, logo abaixo do dono. Foram cinco anos de aprendizado e dedicação, ao final dos quais Zé Almeida resolve seguir o lema da cidade: progredir. Passou o ano de 1967 numa fundição dedicada à fabricação de fogões e geladeiras. Após mais um período de onze meses na feira, trabalhando com laticínios e conservas, o espírito bandeirante pareceu se apossar de vez de Zé, que decidiu que estava na hora do grande salto. Na hora de fazer como todo migrante que a metrópole abraçou. Estava na hora de abrir seu próprio negócio.

Numa cidade tão grande, com tanta gente indo e vindo, não era difícil identificar algumas oportunidades em seu cotidiano: as pessoas precisavam comer, beber, vestir-se. E aí começa o primeiro negócio de José Almeida com dois de seus irmãos: uma confecção de malhas.

Se você também achou estranho, é preciso conhecer um pouco mais esses irmãos: Gilvan e Gercino. À parte os nomes, feitos sob medida para uma dupla de cantores, o que os unia mesmo era a partitura escrita por seus pais: a firmeza de caráter, a determinação, uma incrível disposição para o trabalho e, o principal, a união que sela famílias por gerações. Gilvan e Gercino foram os grandes incentivadores de José Almeida desde os primeiros tempos. E até hoje podem ser encontrados nos "almoços-jantares" de domingo à noite na sua mesa, na Vila Medeiros, em alegres confabulações.

A oportunidade apareceu para os três com aquela velha máquina encontrada a bom preço na Vila Aurora, Zona Norte da cidade. Nascia assim a malharia dos irmãos Almeida. Por mais de seis anos, a empresa forneceu peças para confecções e clientes diretos. Até hoje José Almeida se recorda com alegria do funcionamento da máquina, sendo capaz de detalhar cada uma de suas partes. Nas malhas desse negócio que transformava fios em tecidos, tramou-se o futuro dos irmãos na cidade grande, e daí eles tiraram o fôlego necessário para uma nova aventura a partir de um sonho antigo. Chegava o momento de fazer brotar os feijões do sonho do sertão. Depois de saciarem a própria fome, estava na hora de matar a fome e a saudade dos conterrâneos que viviam na terra da garoa.

E, assim como toda história antes de virar texto, as coisas vão acontecendo meio por acaso, meio por querer, meio por tentativa e erro. Nos idos da década de 1970, os três irmãos resolveram abrir, próximo da malharia, um pequeno empório de produtos nordestinos: favas, charques, farinhas, rapaduras, queijos, bolos, uma ou outra cachacinha, cestos, balaios, vassouras e tudo o mais que uma casa nordestina precisava para se reconhecer como tal. O mapa da mina, os irmãos Almeida já tinham descoberto. O Mercado Municipal da Cantareira, a Zona Cerealista e a Rua Paulo Afonso, no bairro paulistano do Brás, garantiam o abastecimento de tudo o que um migrante precisaria para ser feliz longe da sua terra natal.

A cor azul, a preferida de José Almeida, estava nas paredes do empório, nas prateleiras, no uniforme, em tudo em que coubesse uma cobertura de tinta, não precisava nem discussão: serviria qualquer uma, desde que fosse azul. E azul era a cor da velha perua Kombi que, orgulhosa, circulava pelo Mercado e arredores em busca das cores e dos sabores que os irmãos Almeida traziam na memória. Efervescente lugar de comércio, mas também de encontro, troca de conhecimento e crescimento. Ali nasceram e se desenvolveram nomes que hoje têm peso decisivo no cenário gastronômico do país.

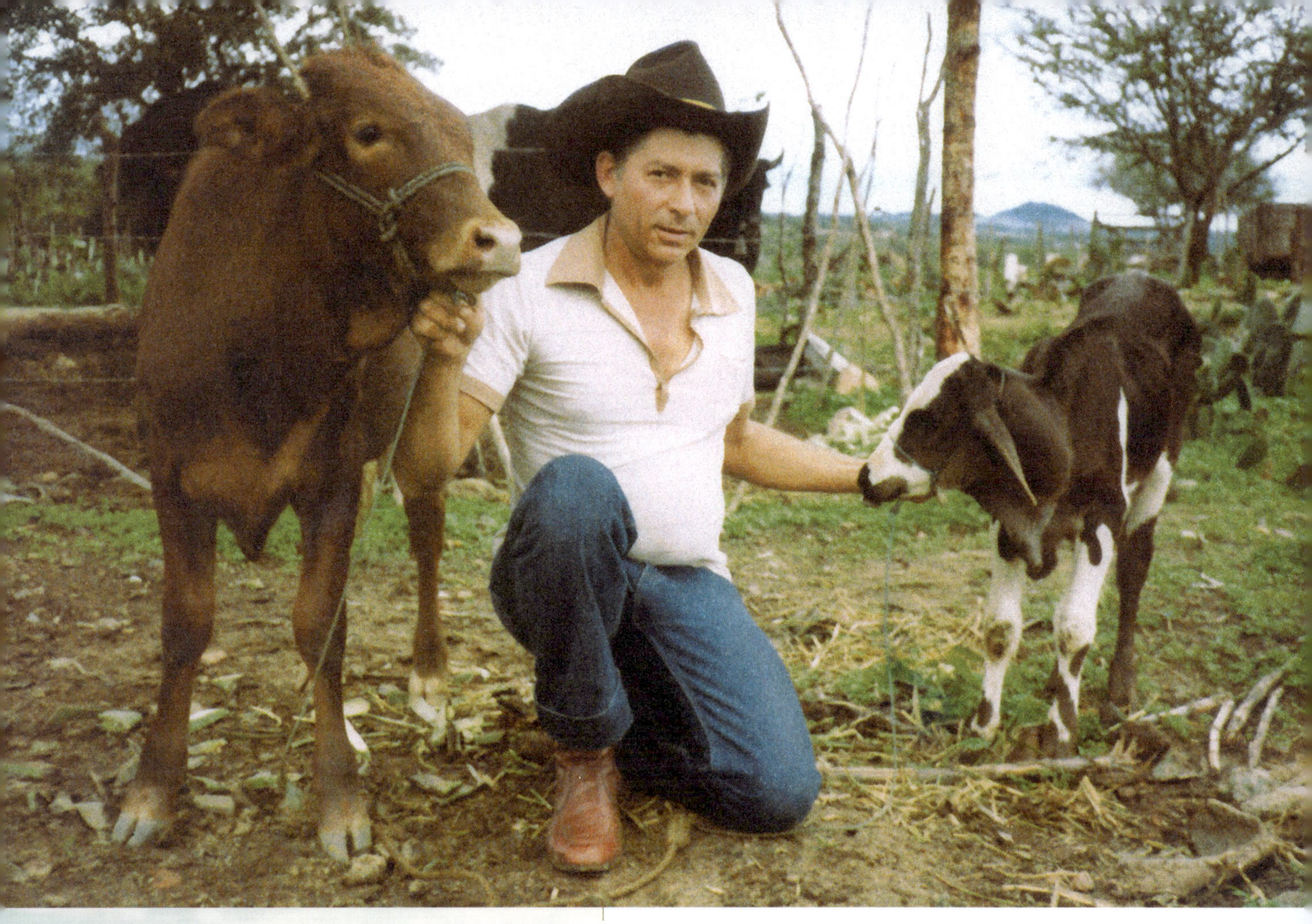

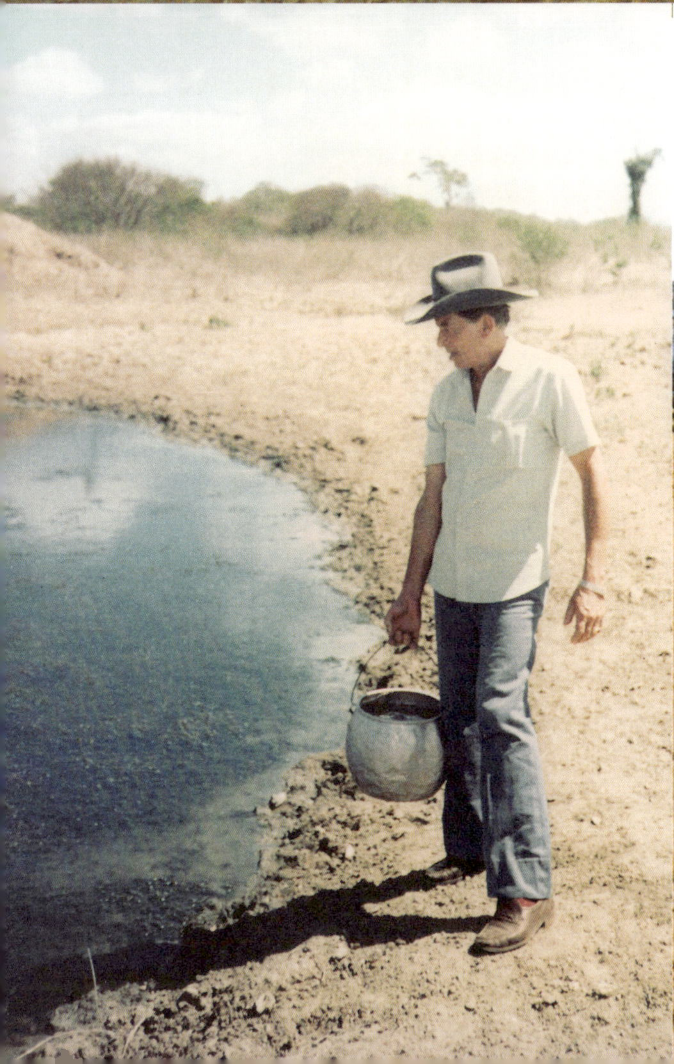

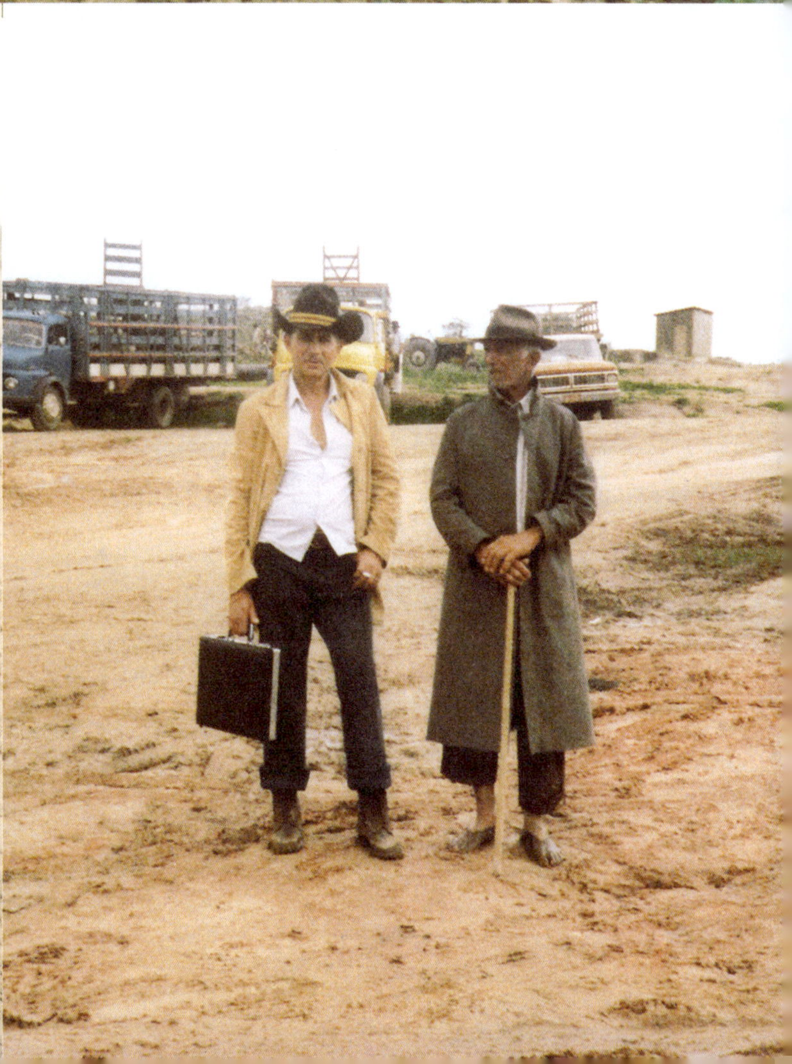

Assim, saindo da Zona Cerealista, atravessando o Rio Tietê, a Kombi chegava à Casa do Norte Irmãos Almeida, que passava a fazer parte da paisagem da Vila Aurora, abrindo um novo e definitivo horizonte ao clã. Não se pode negar que as iguarias do Nordeste começaram a seduzir muito mais Gilvan, Gercino e José do que os novelos e teares da sua confecção. Começava a fazer muito mais sentido a ideia de abraçar de vez o negócio da comida e deixar para a história a pioneira malharia. E o destino resolveu dar uma mãozinha nisso tudo, envolvendo nas malhas da vida de Zé Almeida uma bela e prendada costureira, que tecia seus sonhos a mais de 3 mil quilômetros de São Paulo.

OS SERTANEJOS TAMBÉM AMAM

Quando a próxima personagem desta história era ainda criança, a música "Destino", de Raul Sampaio, fazia um enorme sucesso na voz de Nelson Gonçalves. Também encantava a voz mansa e insinuante de um jovem que iniciava a carreira, parceiro de Roberto Carlos, cantando: "Escrevo-te estas mal traçadas linhas, meu amor / Porque veio a saudade visitar meu coração. / Espero que desculpes os meus errinhos, por favor / Nas frases desta carta que é uma prova de afeição...". E assim Erasmo Carlos emplacava mais um sucesso de Raul.

Esses versos embalavam os suspiros das mocinhas de todas as cidades do país, mas especialmente de uma, nascida em Perpétuo Socorro, distrito de Alagoinha, no sertão pernambucano, chamada Maria de Lourdes, a Lurdinha. Prendada costureira, deixa seu cantinho natal para estudar um pouco mais e aliviar o peso que repousava sobre os ombros dos pais, responsáveis por alimentar mais dez bocas. A irmã de Lurdinha, Maria Leonor, casa-se com o alfaiate José Galindo e muda-se para a cidade de Arcoverde. É a senha para Lurdinha sair da casa dos pais e tecer sua própria história. Um ano e meio depois, com o intuito de completar seus estudos, muda-se para Pesqueira, uma cidade que fica próxima à sua Socorro natal. Não muito longe também de Mulungu, terra do rapaz com pinta de galã de cinema, José Almeida, que fazia sua segunda visita à família desde que resolvera se mudar para o Sul alguns anos antes. Justamente em Pesqueira, José é apresentado a Lurdinha por um de seus irmãos. Depois de apenas três encontros com a bela costureira, Zé confidencia a ele: "Vou me casar com essa garota".

"Desde que parti, sinto saudades de você. Jamais esquecerei os bons momentos que ao seu lado passei. Essa lembrança ficará comigo no âmago de meu coração..." Mais uma música de Raul Sampaio? Não. Uma cartinha enviada em 28 de outubro de 1972 para a Rua Vidal de Negreiros, 43, em Pesqueira, Pernambuco. O destinatário era "A jovem Maria de Lourdes"; o remetente, "José Oliveira de Almeida". Tornou-se assídua a troca de cartas pelos catorze meses seguintes, culminando com uma, mais atrevida para a época, que trazia no envelope o nome Maria de Lourdes dos Santos "Almeida", assim com a sugestão entre aspas. No verso, o remetente, grafado "Margarete", seguido da necessária instrução "só para enganar", servia para despistar os pais severos. Mas, na verdade, as cartas eram mesmo escritas pela irmã de José, já que ele se acanhava de seu pouco estudo, fato só conhecido anos depois. O importante era que o texto dizia que as alianças estavam compradas e a viagem estava planejada; só faltava conversar com os pais, o que faria pessoalmente, já que "isso não era assunto para ser tratado por carta". Assim, todos os "beijos carinhosos" encontraram endereço naquele fevereiro de 1973, quando Lurdinha finalmente comprovou que José era bom de carta, de conversa e de atenção, acertando o tamanho da aliança na mosca.

Exatamente um mês após as bênçãos do padre, dos pais, parentes e amigos, o casal partiu para São Paulo. E um ano depois, no dia 10 de março de 1974, Lurdinha trazia ao mundo, no Hospital Vila Maria, Patrícia, uma linda menina que iria assinalar mais uma mudança nos rumos da história do jovem casal.

Algum tempo depois, quando a esposa de Gilvan estava prestes a dar à luz o terceiro filho, no mesmo hospital, Lurdinha a acompanha. Como nenhum deles ainda tinha carro, serviram-se de um táxi cujo motorista, adivinhe, era marido de uma parente dos Almeida. No caminho ele contou que conhecia um negócio que estava à venda, uma quitanda, que seria muito bom para investir, num bairro promissor etc. etc. etc. E seguiu-se a viagem de táxi.

VILA MEDEIROS, O NOVO TERRITÓRIO DOS ALMEIDA

Entre as muitas conquistas de Santos Dumont, uma das menos conhecidas, mas importante para a nossa história, foi a amizade com Eduardo Pacheco Chaves, colega de estudos na Europa. Filho de uma abastada família de cafeicultores paulistas, "Edu" recebe de herança uma enorme área na divisa entre Guarulhos e São Paulo, às margens

O PAI

da Estrada Fernão Dias. Acontece que, com as constantes chuvas e inundações do Córrego Cabuçu, a região se transformava num charco. No tempo da seca, o lugar servia apenas para pastagens a umas poucas e insistentes vacas. Contudo, inspirado no desenho da avenida parisiense Champs-Élysées, ele traça, a partir de uma praça redonda, alamedas em círculos concêntricos e outras radiais, espalhadas por dezenas de quarteirões. Nasce naquele momento o bairro de Edu Chaves. Vizinho dali, um campo mais amplo e generoso, a Fazenda Campo Largo, nome da propriedade adquirida pelo jovem português José de Medeiros em 1909, iria mais tarde marcar a trajetória de Edu.

Sinalizando um espírito que viria a ser marca da região, o dedicado português de 23 anos se atirou de corpo e alma ao trabalho. Não se preocupava, como esses outros europeus estudados, com bobagens como praças, passeios, tardes ao sol. Sua grande aventura era se dedicar sem tréguas ao plantio de milho, feijão, batata-doce, cana-de-açúcar e uva, formando grandes e populares vinhedos. Mas não se deu por satisfeito. Transformou-se também em grande criador de gado holandês, sendo o primeiro homem a ganhar fama e notoriedade naquelas bandas graças à sua surpreendente produção de leite, que abastecia boa parte do centro de São Paulo. Era tanto que José de Medeiros chegava a distribuir de graça o produto à população carente da vila e dos arredores.

Edu Chaves, que ironicamente nunca havia pisado nas suas terras, dedicado à incipiente e tresloucada aventura da aviação, sofreu um sério acidente ao sobrevoar a fazenda do vizinho português. Felizmente o aventureiro sobreviveu e, em homenagem a esse milagre, fez erigir no local uma igreja com o nome da padroeira dos aviadores: Nossa Senhora de Loreto.

De volta a nossa viagem de táxi, com a fazenda já transformada em vila há algumas décadas, o motorista comentou sobre a quitanda que estaria à venda "aqui perto, na Avenida Nossa Senhora do Loreto, um lugar de gente humilde mas séria e trabalhadora". Inclusive com muitos nordestinos, que davam sua definitiva contribuição para a construção da cidade. "Um bom lugar para se abrir uma casa do Norte, hein, Zé?" Lurdinha, junto com o cunhado Gilvan, apresentara a ideia a José de Almeida, que partiu para os morros da Vila Medeiros para conferir o tal ponto. O ano era 1974.

O cabra gostou. Ficou e modificou a quitanda de Zé Gomes, que passava a se chamar Casa do Norte Irmãos Almeida. Mais tarde, o pequeno empório começava a ficar conhecido por um imbatível preparo, cozido por horas em fogo lento e com um tempero muito especial, que passou a fazer parte da vida do povo da região. O caldo de mocotó de seu Zé Almeida já ganhava notoriedade.

Junto da Foto Olindo, de Olindo Hoefle; do Laticínio Olmos, com secos e molhados importados de Portugal; do armarinho de dona Emília, com agulhas, linhas e botões para os reparos do dia a dia; do Escritório Contábil Barômetro; da loja de presentes e brinquedos Casa Edson; da padaria de seu Romeu e dona Rita, em frente à Igreja Matriz, a Casa do Norte formou, resumidamente, a base do comércio da Vila Medeiros por anos a fio.

OS NEGÓCIOS E A FAMÍLIA CRESCEM

Em 1976 surgiu nova oportunidade para os irmãos Almeida, um espaço no Mandaqui, também na Zona Norte da cidade, que poderia representar uma ampliação dos negócios e das perspectivas para os três. Mas, junto com isso, aumentaria o trabalho, a preocupação, a lida, enfim. Como na máxima do Império Romano, talvez fosse a hora de dividir para crescer. E foi exatamente o que fizeram. Gercino foi para a Casa do Norte no Mandaqui, Gilvan ficou na casa pioneira, na Vila Aurora, e Zé, com a casa da Vila Medeiros. Tudo com investimento e aval dos três empreendedores.

Reforçando seu tino comercial, já em carreira solo, em 1979 José montou um pequeno bar, bem em frente à Casa do Norte Irmãos Almeida. Ao lado da padaria da esquina, acabara de vagar um salão maior, que poderia abrigar o crescente público com algum conforto. Havia um balcão, dez mesas e um banheirinho, além de um pequeno depósito e uma cozinha modesta. Com o aluguel do salão da frente, era um tal de passar de um lado para o outro da rua com caldeirões fumegantes, pratos, panelas, uma verdadeira ponte construída com sabores, aromas e seduções que não demorariam a chamar a atenção dos que ainda não conheciam a casa de seu Zé Almeida. Na razão social, uma homenagem ao pai, Bar e Lanches Alcino, na boca do povo o Bar do Mocotó, ou simplesmente Mocotó.

Mas seu Zé ainda tinha um sonho antigo. Como ele mesmo dizia, sua "única inveja", "mas inveja boa", era ver andando pela rua um casal

conduzindo outro casal: uma filha e um filho. E em 1980 seu sonho foi realizado. A alegria foi tanta que nem sequer conseguiu contar para os irmãos o sexo do segundo grande presente que chegava através de dona Lourdes: o menino Rodrigo, fechando assim a herança de seu pai, seu Alcino, e de sua mãe, dona Quitéria. Seguindo o preceito bíblico de que os pais têm o dever de "entesourar para os filhos", a partir de então valeria a pena trabalhar com ainda mais afinco.

Essa recomendação do apóstolo Paulo passou a ser um mote na casa dos Almeida, agora já residentes na Vila Medeiros. Os primeiros anos da nova família seriam talhados a trabalho e mais trabalho. Zé Almeida na Casa do Norte, dona Lourdes na confecção de vestidos e roupas para uma clientela cada vez mais exigente e numerosa. As noites eram silenciosas e curtas na casa do jovem casal. Exaustos, após uma jornada extenuante de trabalho, só lhes restava um pouco de tempo em frente ao novo televisor antes de cair no curto sono. Dali a algumas horas encarariam mais um dia de trabalho. Os meninos cresciam. E os pais faziam questão de garantir uma educação de qualidade, para que o futuro lhes cobrasse um preço menos severo.

O CALDO DO MOCOTÓ E O TERCEIRO PEDIDO DO MENINO JOSÉ

É no número 1100 da avenida batizada com o nome da padroeira dos aviadores que a história do seu Zé e a de seu caldinho iriam se transformar mais tarde num caso de sucesso jamais sonhado pelo modesto migrante nordestino.

A ideia realmente deu certo. Os manos separados ficaram fortes. O que não tardaria a chamar a atenção de alguns Almeida e outros nem tão Almeida assim. Resultado? Mais parentes vindo do Nordeste, mais feijão na panela da solidariedade.

Lembra dos três pedidos do menino José lá nos tempos de seca? Então, trabalho tinha aos montes, saúde não lhe faltava, o coração, ah, esse não tinha como endurecer. Neste último, o Criador caprichou. José ajudava não só os irmãos que chegavam ao "Sul" em busca de dias melhores, como mandava contribuições mensais para os que lá ficaram e, quer saber mais?, ajudava até os próprios concorrentes, pequenos proprietários de outras casas do Norte que nasciam ao redor do seu sucesso.

O PAI

O filho de um deles conta que, quando Zé Almeida saía com sua velha Kombi azul para a Rua Paulo Afonso – tradicional centro de compras de artigos do Norte e Nordeste no bairro do Brás –, dava uma paradinha no bar, descia, cumprimentava seu pai e perguntava: "Está precisando de alguma coisa, amigo?". Inúmeras vezes o dono do pequeno bar não tinha dinheiro sequer para fazer as compras do básico. Ao que Zé contrapunha: "Eu perguntei se você está precisando de alguma coisa, não se tem dinheiro". E tocava para o Brás. Na volta, distribuía produtos para este e algum outro concorrente que estivesse precisando, com o habitual sorriso: "Tome. Cozinhe. Faça seu apurado e, quando tiver, você me paga".

Quando perguntado sobre seu inédito modelo de atuação empresarial, ele responde com simplicidade: "É melhor ajudar que ser ajudado". Aí está. Onde você encontraria semelhante modelo de negócio? O segredo, entretanto, vai além. Desde seu início na malharia, alguns princípios norteiam sua vida como a rigidez da umburana: não gastar mais do que se ganha, não comprar nada de que não necessite e não ter avareza. Nesses três passos se formou o lastro do que viria mais tarde a se tornar um dos mais admirados sucessos da gastronomia brasileira, além de constituir um roteiro a ser seguido pela maioria dos empresários e consultores formados nas mais renomadas escolas de administração.

O caldo, então servido nos prosaicos copos americanos, cai no gosto do pessoal da vila. E, aos poucos, vai ganhando fama com pessoas, imagine, vindas de outros bairros, ou de mais longe, para provar a famosa iguaria, junto com mais algumas receitas desenvolvidas por Zé Almeida. Até hoje, diante das crescentes filas nas calçadas do Mocotó, seu Zé se compadece de algum cliente mais apressado e recomenda as casas dos amigos e parentes próximos. "Pode ir lá. É *quase* igual aqui", sorri. E é dessa forma e por isso mesmo que a casa do caldo de mocotó cresce desde sempre.

O FI— LHO

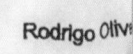

POR ELCIO FONSECA

ALQUIMIA E FOGO

Alguns anos mais tarde, a três quadras do bar, um menino alternava seu universo de brincadeiras entre duas preferidas. A primeira era fazer misturas no quintal, que consistia basicamente em colocar em potinhos separados os mais variados ingredientes: balas de goma, feijões, algodão, prego, leite, detergente, terra, folhas e o que mais tivesse à mão. Deixado ao relento por um tempo, o conteúdo dos potinhos deveria apresentar, ao cabo de alguns dias, modificações em seu estado físico-químico, intuía o precoce cientista. E quando nada acontecia – o que era bastante comum –, lá ia o menino chorando para dona Lourdes, triste de fazer dó.

A segunda brincadeira, que junto com a primeira dava pistas da vocação do menino, era mais elaborada. Acostumado a atear fogo desde muito pequeno em tudo que pudesse – sem que a mãe visse –, Rodrigo e o primo Robson, escondidos, aplicavam algum combustível na parte de trás dos carrinhos de fricção, possivelmente desodorante de dona Lourdes, e então ateavam fogo no bólido em movimento, gravando o experimento com a moderna câmera de vídeo que o pai acabara de adquirir. Depois, os dois pequenos cientistas analisavam o processo centenas de vezes na televisão, planejando o próximo avanço da ciência.

A preocupação de dona Lourdes era tamanha que foi preciso esconder fósforos e isqueiros do pequeno Rodrigo, pois seu fascínio pelas chamas ia além dos experimentos com a indústria automobilística em miniatura: ateava fogo em outros materiais e nas mais diversas circunstâncias, admirando o calor, suas formas, sua fatuidade. Um gesto instintivo do menino que, a essa altura, ainda não poderia entender o profundo significado do fogo para o mundo, responsável pela criação de cultura entre os homens. Em volta do fogo que agora admirava é que nascem os três "c" que formam a base da hospitalidade: carinho, calor e comida. Um trio que iria fazer parte da sua vida de uma forma que ele nem poderia imaginar.

"A VOLTA DA ASA-BRANCA"

O Rei do Baião, Luiz Gonzaga, entre outras pérolas, eternizou os versos de Zé Dantas:

Já faz três noites
Que pro norte relampeia
A asa-branca
Ouvindo o ronco do trovão

Já bateu asas
E voltou pro meu sertão
Ai, ai, eu vou-me embora
Vou cuidar da plantação

Era hora de ver de perto a terra molhada, os rios correndo, as cachoeiras zoando. Esse quadro paradisíaco precisava de testemunha, e o paraíso, no caso da família Almeida, atendia pelo nome de Sítio Boa Esperança, em Socorro, no sertão pernambucano. Era lá que Zé Almeida iria plantar futuro para colher sonho; afinal, "quem foge à terra natal em outros cantos não para". Seu Cariri, sua Macondo, seu éden precisava de cuidados.

Com a Casa do Norte fortalecida pela colaboração do irmão Genildo e de funcionários de confiança, como Josafá Menino da Silva, o Josa, que entrara na casa um mês após o nascimento de Rodrigo e até hoje segue trabalhando no Mocotó, já era possível arredar o pé da cidade. A família voava até o Recife e de lá sacolejava por horas através de rodovias esburacadas e estradas de terra, com a familiar paisagem agreste emoldurada pela janela do carro, até chegar ao vilarejo de Perpétuo Socorro.

O Sítio Boa Esperança foi responsável por tempos felizes para os Almeida, e também pelo carinho que as crianças Patrícia e Rodrigo iriam desenvolver pela terra, pelos animais, pelas coisas da natureza. Era também uma oportunidade de viver por dentro a cultura que forjara o caráter e os modos de seus pais e avós. Já se disse que onde o solo é mais seco as raízes são mais profundas. Sabor e saber não vêm da mesma raiz etimológica por acaso. Vivenciar esse *terroir* marcaria definitivamente a vida dos meninos.

O encanto com o sítio, a alegria de ver seu lugar progredindo, o prazer de mexer com o gado, a plantação, a gente e os frutos de sua terra, levariam o casal Almeida muitas vezes até Socorro. Mais vezes do que os filhos poderiam acompanhar. Ele já cursando o ensino médio; e a irmã, a universidade, cuidando da sua futura carreira de fisioterapeuta. Filhos crescidos, praticamente criados, e o negócio estável. Quando a oportunidade se apresentava, Zé Almeida passava o braço na esposa e embarcava para Pernambuco, numa sequência que contabilizou mais de setenta viagens de "asa dura", como brincam os sertanejos. O que ele não poderia desconfiar era que, enquanto cuidava das vacas, do queijo e do feijão, alguma coisa estava acontecendo em São Paulo.

UM NOVO E CURIOSO COMEÇO

Para Einstein, a curiosidade é mais importante que o conhecimento. Para o escritor português Eça de Queirós, "a curiosidade, instinto de complexidade infinita, leva por um lado a escutar atrás das portas e por outro a descobrir a América". Dona Lourdes conta que, lá pelos 6 anos, seu garoto fritara o primeiro ovo sob o olhar atento da mãe — mais por curiosidade do que por precoce fervor gastronômico. Era uma aventura ver aquele líquido se transformar em alimento de formas e cores equilibradas, além de muito saboroso. Mas a surpresa mesmo foi quando ela, voltando da casa de uma cliente, encontrou na cozinha o filho de pouco mais de 10 anos, com um sorriso maroto no canto da boca, mostrando uma assadeira fumegante. Tratava-se de um bolo de chocolate totalmente feito pelo menino, que, sem que ela percebesse, a observara por várias vezes na confecção da guloseima. "E estava bom, dona Lourdes?" "Melhor do que o meu", afirma com a suspeita cumplicidade maternal.

Ao insuspeito dom para as panelas, sobrepunha-se, entretanto, a curiosidade por tudo o que aparecesse na frente, inclusive o restaurante do pai. A essa altura da nossa história, numa longa estada de Zé Almeida no sítio em Pernambuco, sua curiosidade começa a revirar a vida do bar. "Por que estes sacos de feijão estão próximos dos detergentes, Josa?" "Porque é assim, Rodrigo." "Por que usamos farinha de trigo para engrossar o mocotó se com mandioca ficaria mais gostoso?", perguntava

para o cozinheiro da época. "Sabe que eu não tinha pensado nisso, seu menino?" "Por que a gente não padroniza essas receitas, pondo tudo num papel?", imaginando o prático instrumento que mais tarde viria a conhecer pelo nome de ficha técnica. Quer saber? Já estava na hora de colocar um pouco de ação e adrenalina nessas perguntas todas.

Fios dependurados pelas paredes, banheiro sem separação para as damas, prateleiras que misturavam gêneros alimentícios com produtos de limpeza e um balcão na entrada do bar feito de madeira e fórmica que, com o tempo, a umidade, o uso intenso, estava se desmanchando. Isso mesmo. Era por ali que ele começaria sua revolução e deixaria seu pai feliz e orgulhoso. Nessa época, Rodrigo já dava expediente diário no restaurante. Saía da escola e corria para ajudar os poucos funcionários no que fosse necessário: lavar copos, limpar o chão ou derrubar o balcão e as paredes sem autorização do pai.

"Rodrigo, esse negócio pode ser perigoso. Na hora que seu pai souber disso...", advertia Josa, que funcionava como uma mistura de conselheiro e advogado junto ao pai de Rodrigo, que dava duro para pagar os estudos do menino que iria se formar em que mesmo? Ah, sim. Engenharia Ambiental.

Nos anos pós-Chico Mendes, de alta exposição do Greenpeace na mídia, da grande onda verde que tomava conta de mentes e corações, a opção fazia todo sentido para quem queria salvar o mundo. Acontece que a faculdade não formava nada parecido com os irmãos Villas-Bôas, nem com Indiana Jones. Foi então que, estudando Gestão Ambiental, um segundo curso, de caráter mais humanista, Rodrigo conheceu o irmão de uma colega de classe que estudava um curso novo e diferente. "Mas tem escola pra aprender a cozinhar, Luiz?", perguntava o curioso menino a quem viria a ser mais tarde o chef Luiz Emanuel, criador do bistrô Allez, Allez! e um dos grandes cozinheiros da cidade. Da curiosidade nasceram a amizade e o crescente interesse de Rodrigo pelo tema.

A HORA DA MUDANÇA

O avião desce em Congonhas. Zé Almeida pede que o táxi vá direto para a Vila Medeiros. Se o Sítio Boa Esperança era o seu éden, sua terra prometida era a Vila Medeiros, o bairro que lhe dera seu próspero e reconhecido comércio, que construíra segundo suas próprias convicções, sua velha e boa Casa do Norte, com suas receitas, tudo ajeitadinho do modo que deixara. Benze-se ao passar pela capelinha com a imagem de Nossa Senhora de Loreto, faz o táxi parar em frente ao restaurante, para matar logo a saudade. Foi descer do carro e estacar na calçada, com os olhos paralisados.

Fazissonão! A frase foi dita assim, de uma só vez, pelo homem que não sabia para onde olhar primeiro: para o chão, para o novo balcão de alvenaria, para as paredes, ou de volta para o táxi. Na construção normal na cultura sertaneja, onde a negativa vem após a afirmação, a frase tem o propósito de reforçar uma ideia: "Vou lá não!", "Gosto disso não!", "Faça isso não!". Dito dessa maneira, parece que tudo foi feito de uma só marretada, mas não foi bem assim. Esperando uma reação adversa do pai, Rodrigo já havia "amaciado a carne" pelo telefone. "Pai, dei uma mexidinha aqui no restaurante..." "O que você mexeu, menino?" "Ah... bem... uma coisinha só..." "O quê?" "Tudo."

Fazissonão, seu menino! Em vez do sonhado elogio por parte do pai, o filho, agora quase escondido atrás de Josa, que servia de anteparo moral entre duas gerações, percebia o longo e espinhoso caminho que teria pela frente. Sobre o valor gasto na reforma, o comentário do pai foi categórico: "Sem futuro...". Poderia ser pior? Poderia. Era hora de aproveitar o embalo para comunicar outra mudança na vida acadêmica.

Gastronomia? A notícia soou como um estampido nos ouvidos de seu Zé e dona Lourdes, que sonhavam com um futuro para o filho longe do calor das panelas e da extenuante e anônima rotina do bar e restaurante. Mas, como "breve é a loucura, longo o arrependimento", sabiam que era hora de calar. Vamos ver até aonde vai essa nova aventura. Para usar outro adágio popular, "bom é saber calar até o tempo de falar", pensava um Zé Almeida contrariado até os ossos.

Gastronomia? "Que legal, Rodrigão!" Eram os funcionários do restaurante, sua gente afinal, com quem teria que contar dali para a frente. "Ficar lá, hein... naquele negócio vendo as estrelas..." Ou então: "Que legal, hein? Médico do estômago, né?". Foi preciso muito tempo para convencer aquelas pessoas, que fazia décadas haviam adquirido um jeito de pensar e fazer, de que, afinal, as coisas estavam dando certo. Longa também foi a jornada pessoal do jovem estudante, que sabia que o conhecimento estava na faculdade, mas deveria ser complementado com a necessária prática diária e o ouvido atento à tradição e à experiência dos "conterrâneos".

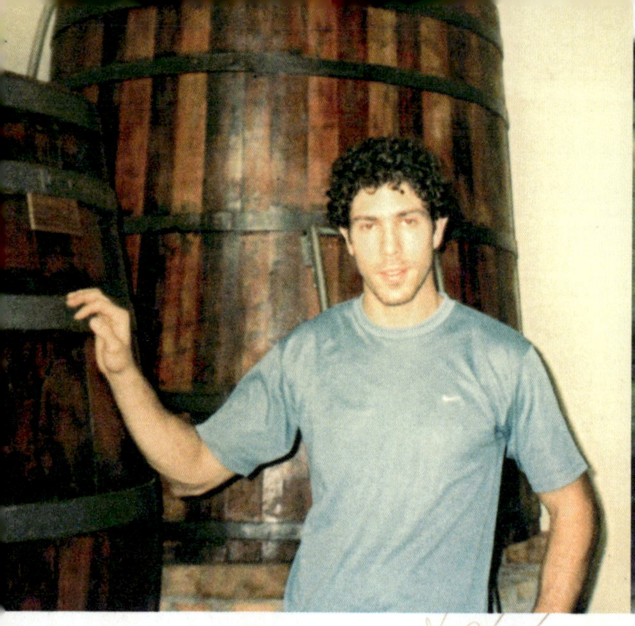

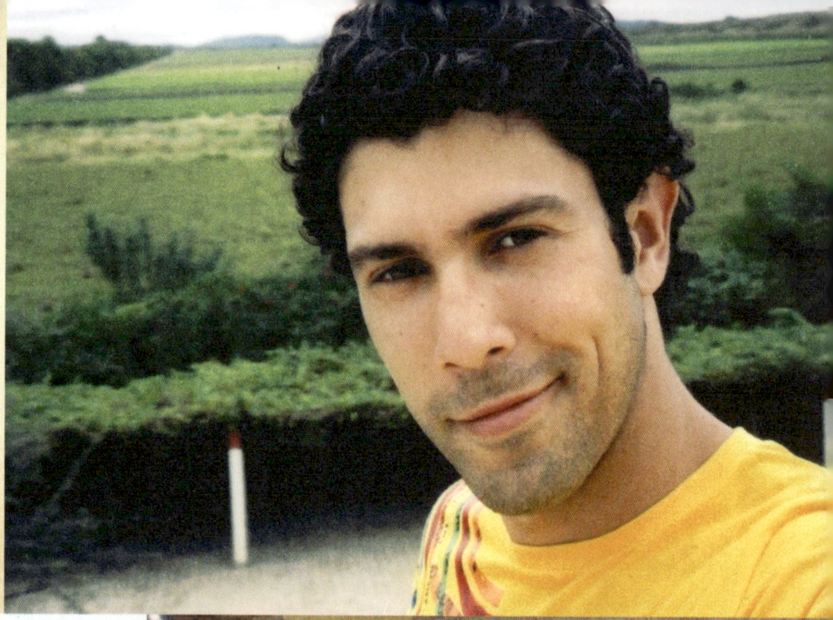

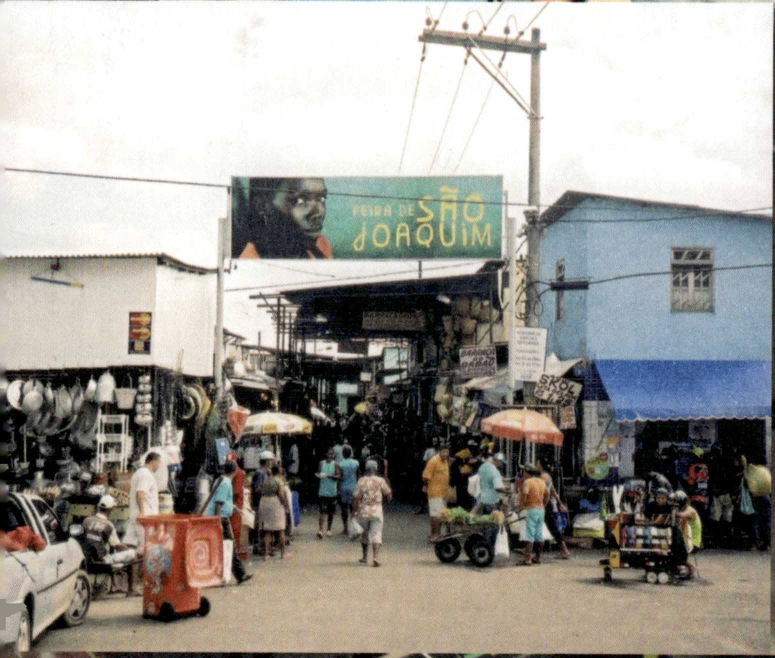
FEIRA DE SÃO JOAQUIM

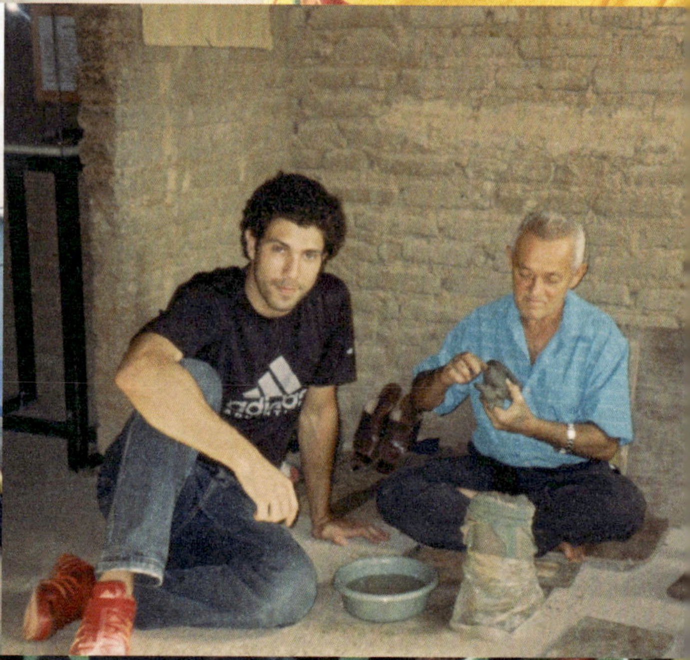

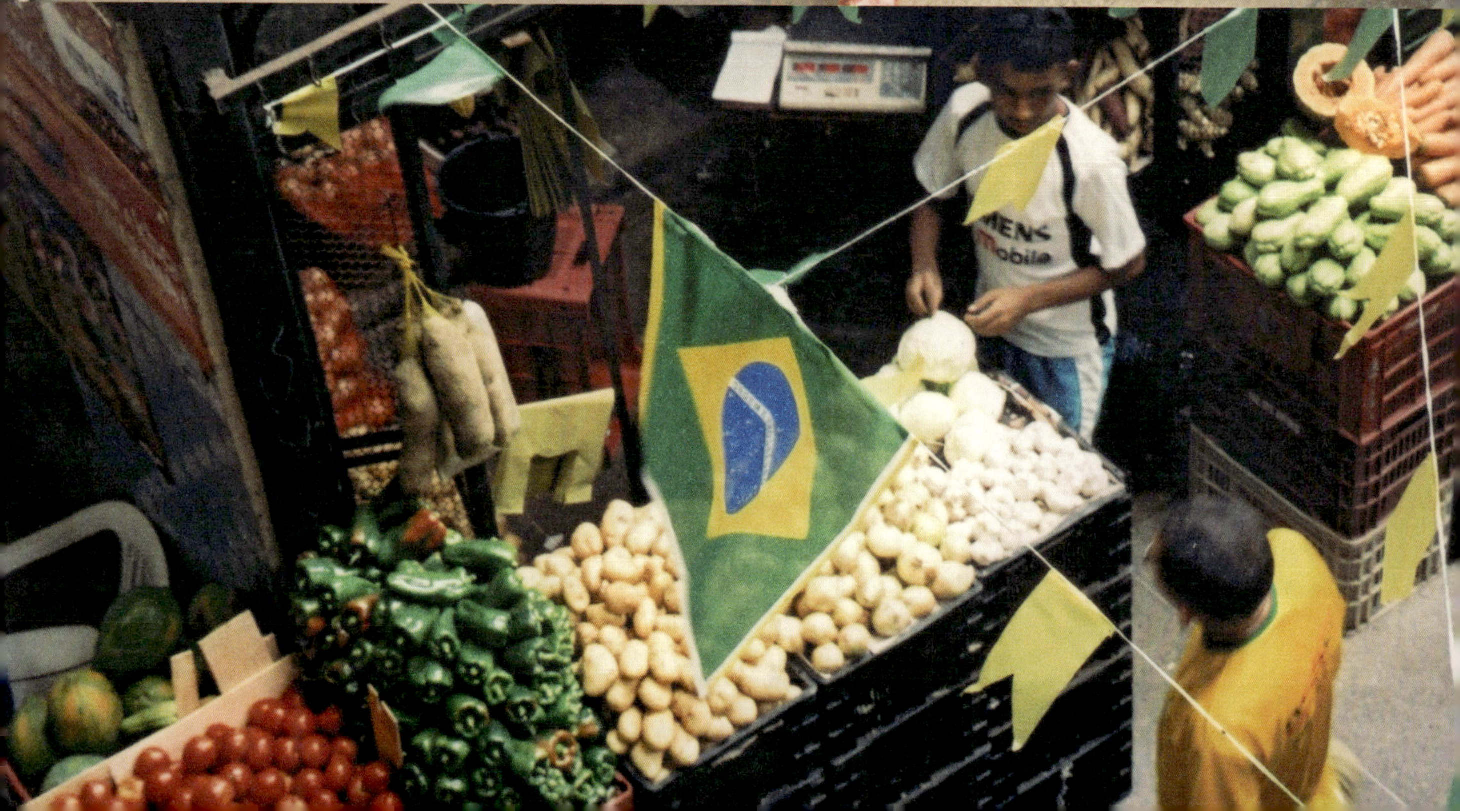

Assim, como que se preparando para o início do curso, visitava bares e restaurantes da redondeza, perguntava e perguntava, copiava nomes de fornecedores nas plaquinhas presas às coifas e aos fogões que começava a ver em outros lugares, fuçava listas, livros e revistas em busca de referências, histórias e conhecimento. Foi assim que, por exemplo, iniciou-se pelo extenso canavial da cachaça brasileira. Primeiro, começou a ler tudo o que encontrou sobre o tema. Não tendo mais literatura publicada sobre o assunto, foi em busca de material técnico sobre cachaça, não porque quisesse fabricar a "marvada", mas porque sua sede de conhecimento o empurrava sempre mais para longe. Lidos uns calhamaços de folhetos, livretos e manuais, comprou um vídeo que ensinava a montar alambiques. Próxima fase? Ver como isso tudo funcionava. E saiu pelo país visitando alambiques, dos mais pobres aos mais nobres, do Rio Grande do Sul ao Rio Grande do Norte. Sem agendamento, apresentação ou qualquer facilitação. Chegava ao lugar, perguntava pelo dono e se apresentava com a simplicidade de um monge: "Vim até aqui para conhecer o que o senhor faz e o que pensa". As portas se abriam de par em par para o educado e solitário menino da capital, que, após esse périplo, se transformava numa verdadeira autoridade no assunto, reconhecido por publicações importantes, que passaram a consultá-lo quando o tema era cachaça.

De volta à Vila Medeiros, a ira do pai aplacada, era hora de seguir seu caminho, que, garante, já sabia ser esse desde quando começou a lavar pratos no velho restaurante. A cozinha brasileira era sua herança e seu destino. Por isso, o nome de Mara Salles, chef do Tordesilhas, logo se destacou das páginas das revistas que lia sem parar. Além do mais, era ela quem ministrava a disciplina de Cozinha Brasileira na Anhembi Morumbi, universidade pioneira no curso de gastronomia na cidade e que em breve teria Rodrigo como aluno. "Vou conhecer o restaurante dela", resolveu. Chegou ao Tordesilhas pisando de mansinho, escolheu uma mesa e ficou por um tempo brincando com o guardanapo de pano, o primeiro exemplar que manuseava na vida. Estudou detalhadamente o cardápio, comeu e saiu. Gostou da experiência e resolveu repetir. Dessa vez criou coragem e pediu para falar com a chef, que, tocada pela simplicidade e elegância do menino, deu-lhe atenção, perguntou o que ele fazia etc. Reunindo o que restava de coragem, tascou: "Trabalho com o meu pai numa casa nordestina... Um lugar modesto, muito longe, lá na Zona Norte...", a voz diminuindo cada vez mais. "Que legal, Rodrigo. Dia desses vou lá pra conhecer..."

VAMOS ENTRANDO...

"Até parece... A chef Mara Salles no nosso restaurante...", se divertia um resignado Rodrigo de volta à Vila Medeiros. "Esses chefs!", pensava o rapaz, que ainda não poderia saber que estava a poucos anos de se tornar a revelação do país, eleito pelos seus pares um dos maiores nomes da cozinha nacional. Hora de voltar para o batente e encarar a realidade. De brigar com seu Zé para tentar comprar um refrigerador em substituição à velha geladeira doméstica, um fogão industrial em lugar do de seis bocas que havia sido herdado da casa materna.

"O Rodrigo sabia mais de mim do que eu mesma", diverte-se hoje Mara Salles. "Por isso fiquei curiosa, a ponto de querer conhecer seu 'modesto restaurante' lá na distante Vila Medeiros. O lugar de então era pequeno e acanhado, mas o trabalho era tão instigante que ficamos amigos e nunca mais nos largamos", lembra a chef, que rumou naquele início de 2003 com mais dez amigos para conhecer o tal restaurante. Rodrigo estacou quando foi avisado de que estava no salão a célebre cozinheira. "Não pode ser verdade", pensou. Passado o susto, entre surpreso e feliz, ele se esmerou e passou a executar a partitura que até hoje caracteriza a atuação de todo o pessoal do Mocotó: calma e segurança no meio da correria. E a comitiva comeu, gostou e voltou. O marinheiro, afinal, se conhece na tempestade.

O curso de Gastronomia ia apresentando ao rapaz os fundamentos da cozinha clássica, por meio de produtos, técnicas e receitas do mundo todo. A cada aula uma descoberta, e cada vez mais a certeza de sua vocação: "É isso o que quero fazer pelo resto da vida!".

Mais uma viagem de Zé Almeida para o sertão pernambucano. Mais uns retoques do inquieto Rodrigo na casa. Inspirado pelas cozinhas da universidade, mexeu no coração do restaurante. Antes pequena e mal distribuída, a cozinha ganhava uma separação entre a produção e a finalização, com lugar específico para a copa, a lavagem dos pratos e outros processos, o que acabou por mudar a configuração total do lugar. Tudo feito com sonho e sacrifício. Do gradil às prateleiras, passando por balcão, pias, bancadas, mesas e cadeiras, enfeites das paredes, tudo pensado, projetado e desenhado por Rodrigo, que criava assim uma atmosfera única e diferenciada. Com um detalhe adicional: tudo executado de madrugada, sem fechar um único dia. Feito só tornado possível graças ao combustível criado pela mistura de paixão e coragem.

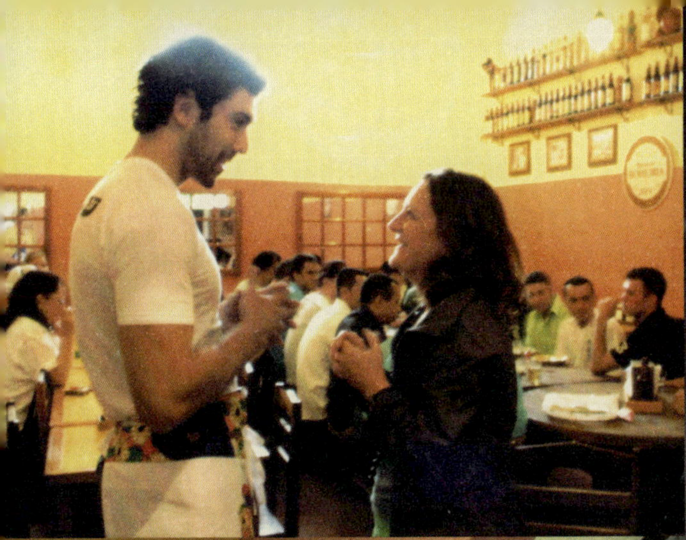

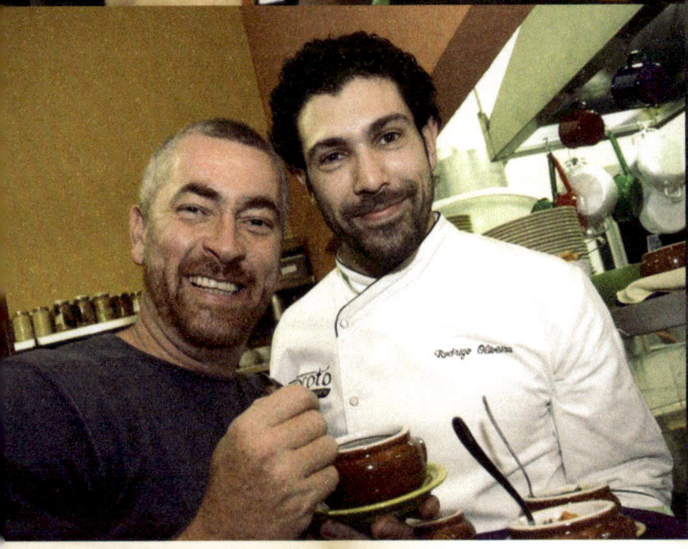
Rodrigo Oliveira

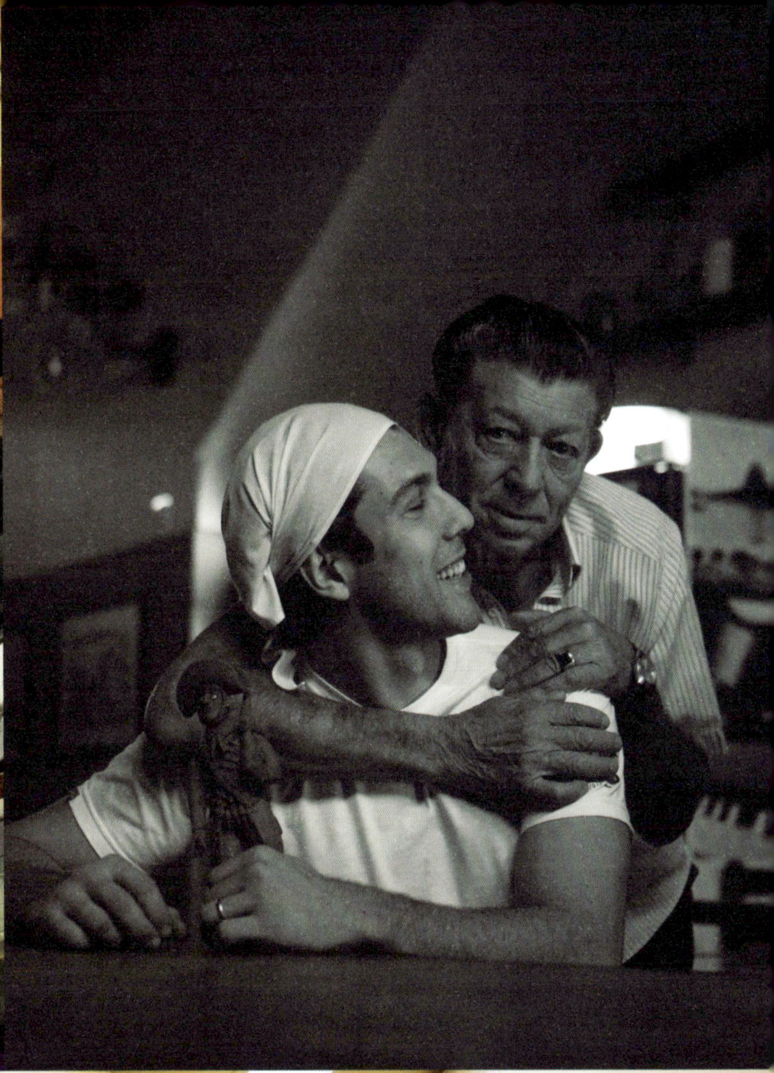

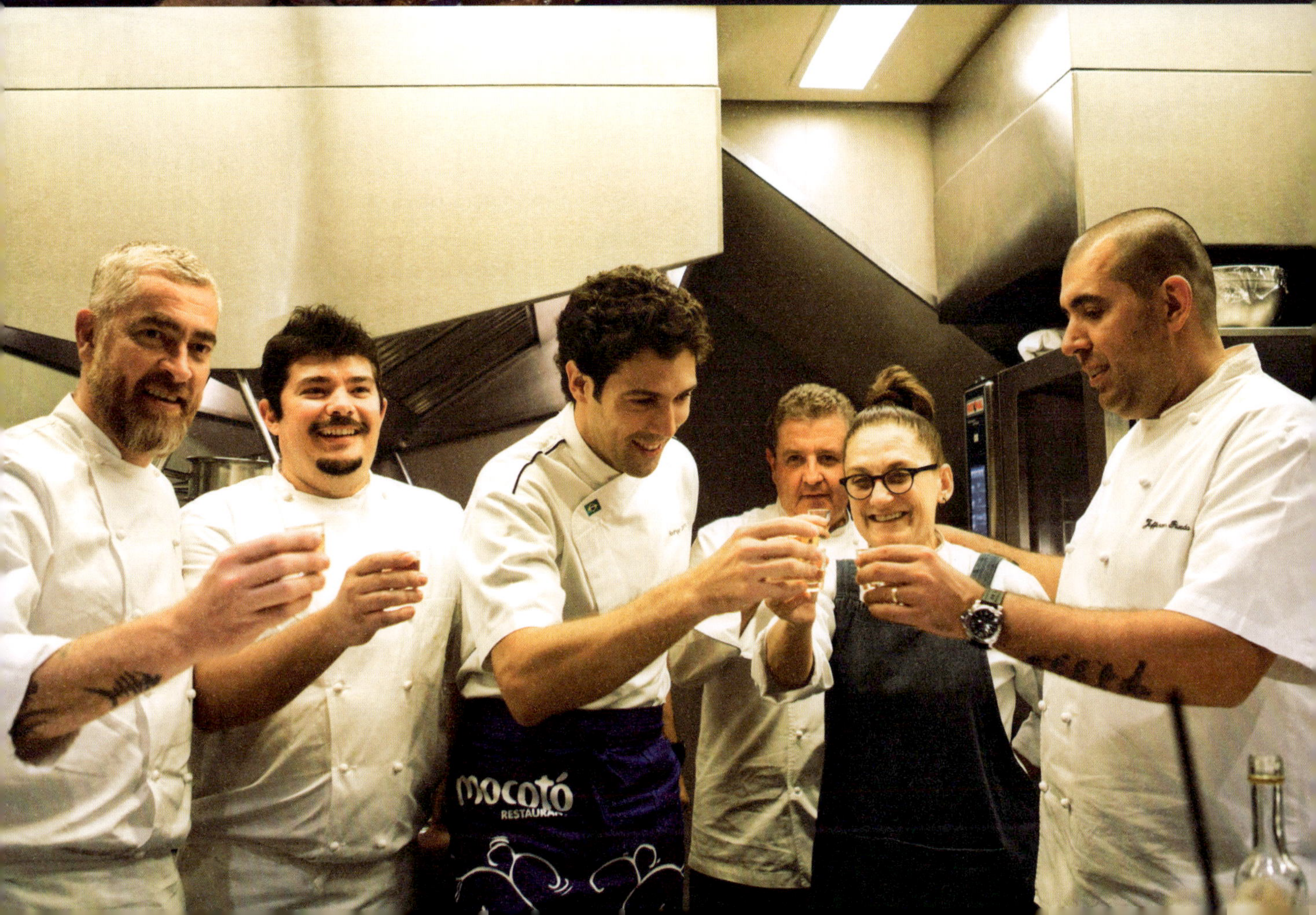
mocotó

Mas agora, com duas ou três menções favoráveis na imprensa, gente nova descobrindo o lugar, a casa crescendo, dessa vez não tinha por onde seu Zé Almeida se opor às mudanças, certo? Errado. O homem voltou para seu reinado e viu rachaduras no trono. Em vez de se alegrar pelo inegável interesse e talento do sucessor, tratou logo de lembrá-lo de seus pilares: não gastar mais do que se ganha, não comprar nada de que não necessite, não isso, não aquilo – era muito "não" para o entusiasmo do jovem estudante. Além disso, ele tinha que dormir com a ideia paterna de que era um tolo, que sob esse tipo de comando a casa iria à falência em três meses, que tudo isso era um desperdício de tempo e dinheiro… "Desta vez, chega! Hora de cair fora e procurar outro rumo", pensou Rodrigo.

DESCOBRINDO O BRASIL

"Sempre sei, realmente. Só o que eu quis, todo o tempo, o que eu planejei para achar, era uma coisa só – a inteira – cujo significado e vislumbrado dela eu vejo que sempre tive. A que era: que existe uma receita, a norma dum caminho certo, estreito, de cada uma pessoa viver – e essa pauta cada um tem – mas a gente mesmo, no comum, não sabe encontrar, então como é que sozinho, por si, alguém ia poder encontrar e saber?"

Nesse luminoso trecho de *Grande Sertão: Veredas*, obra-prima de Guimarães Rosa, um roteiro e um resumo da busca de todo sertanejo, que, mais que isso, é a busca do homem universal. Como fazer o caminho sozinho? Talvez uma boa pista seja: fazendo-o. E assim Rodrigo parte em busca de um significado para esse conflito também universal entre pai e filho, entre gerações, entre sangue e sangue. Na hora de cair na estrada, entretanto, novamente o fogo da herança fala mais alto, e o menino se embrenha pelo Nordeste para conhecer feiras, mercados, produtores dos mais diversos ingredientes, cheiros, cores, sabores e histórias, para sentir o Brasil de perto, para experimentar com a boca e os olhos o que, desde sempre, trouxera no coração. Um aprendizado vivo, livre, brasileiro. Um roteiro que mais tarde se inverteria: o Brasil descobriria o menino que estava descobrindo o Brasil.

Foram mais de 10 mil quilômetros percorrendo litoral, montanha e sertão. Conhecendo todas as capitais nordestinas e seus mercados, participando da produção de farinha de mandioca e queijo de coalho, visitando produtores de cachaça, pilando paçoca, catando feijão, cozinhando e conversando com donas de casa, chefs e toda a sorte de gente que o filho do sertão teve a oportunidade de encontrar.

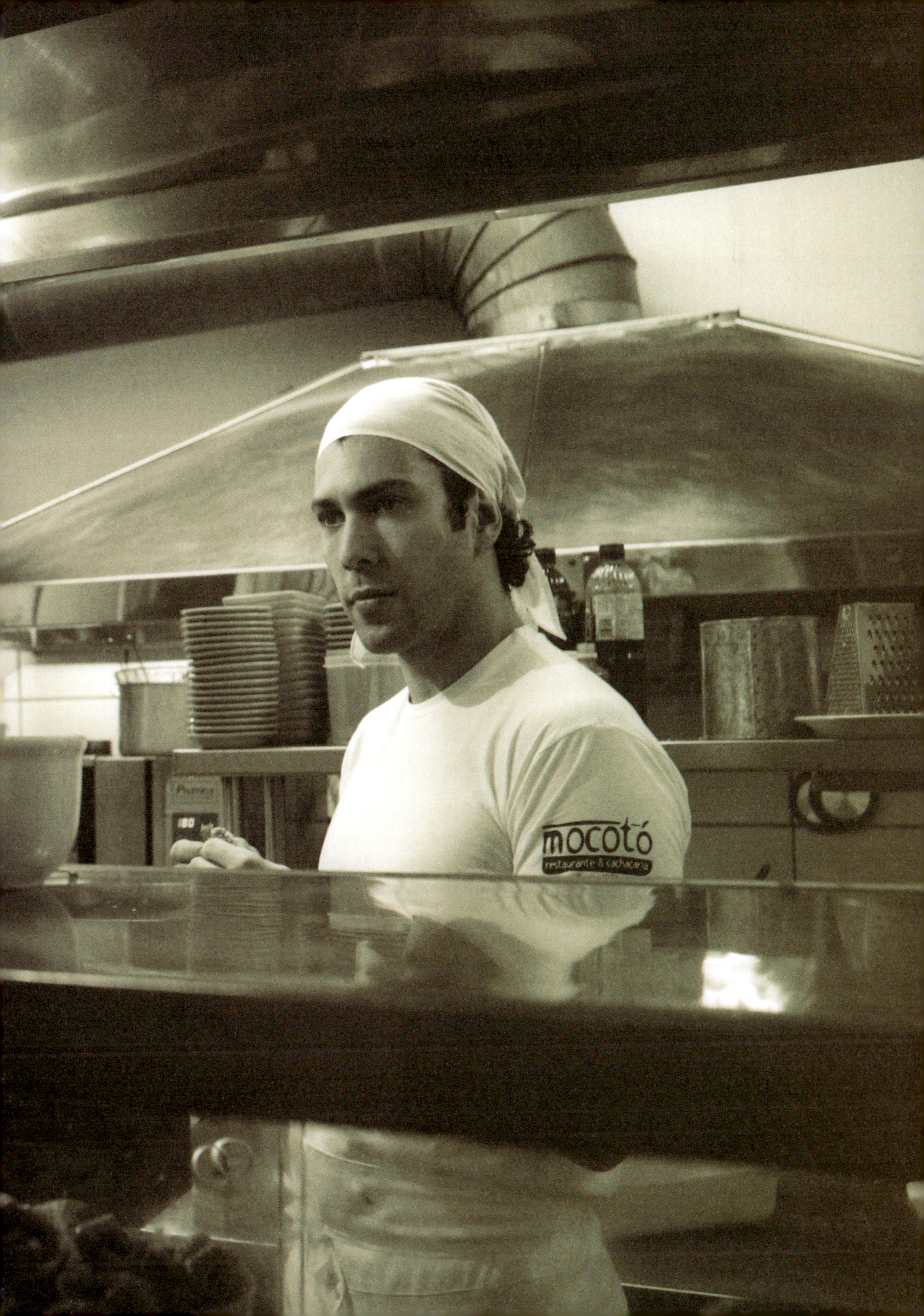
mocotó

Enquanto isso, na Vila Medeiros... vamos encontrar uma mãe aflita, que conversa com o filho quase todos os dias, mas apenas por telefone. E um Zé Almeida olhando para baixo, desgostoso da vida, com uma ideia que perigosamente vai tomando conta de sua cabeça: fechar o restaurante. "Isso aqui sem o Rodrigo não tem graça", confidenciaria para um freguês minutos antes de baixar a porta de aço numa noite fria e escura. O sucesso, no entanto, continuava. As mudanças empreendidas pelo filho se mostravam práticas e eficientes. A clientela provou e aprovou. "Sabe de uma coisa? Acho que o Rodrigo tinha razão..."

DE VOLTA PARA CASA

Uma troca de olhares marca o reencontro de dois homens. O filho abaixa a cabeça e respeitosamente beija a mão do pai. Estava selada a paz, com o bálsamo da educação herdada do mesmo homem que estava à sua frente. Chega de discussão. Vamos vestir o avental e tocar para a frente, que está na hora de levantar as portas. Já começa a juntar gente na calçada, tem freguês para alimentar e fornecedor para pagar. Vamos, filho.

O escritor e jornalista Marco Lacerda diz que há duas maneiras de se voltar para casa: uma delas é caminhar alguns passos, a outra é dar a volta ao mundo. Rodrigo estava voltando, agora para ficar. E daqui, do seu chão, partir para muitas e maiores viagens. Esse era o seu caminho. Agora, sem volta.

Diz a sabedoria popular que ninguém volta igual de uma viagem. A jornada de Rodrigo colocou em seu alforje uma série de descobertas, cheiros, sabores, texturas que precisavam sair dali e pular para as panelas do restaurante, onde agora ele assumia plenamente sua verdadeira identidade. Era hora de chamar o filho pelo nome: Mocotó. Simples, claro, definitivo. Nada mais justo então que registrá-lo e lhe dar o tratamento que merece. O restaurante ganha uma identidade, talhada por Rodrigo até chegar à forma final, isenta de modismos e recursos fáceis, minimalista e profunda como tudo o que faz.

RECONHECIMENTO

Anos antes de o mundo da gastronomia conhecer o trabalho de Rodrigo, outro impetuoso rapaz, nascido em uma família de origem palestina, no bairro da Mooca, dotado de um temperamento explosivo, teimoso até e para lá de criativo, deixava para trás uma carreira que incluía

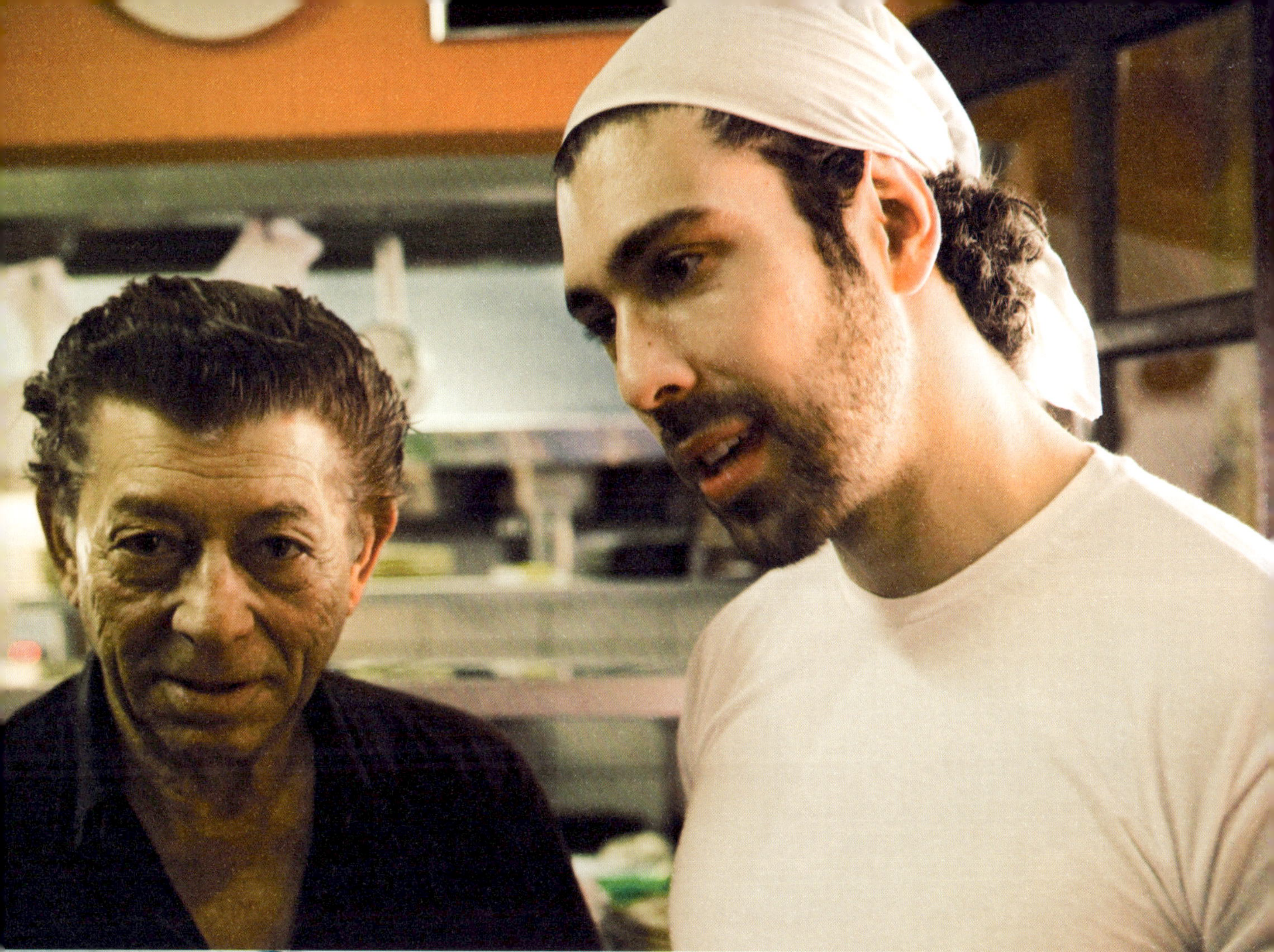

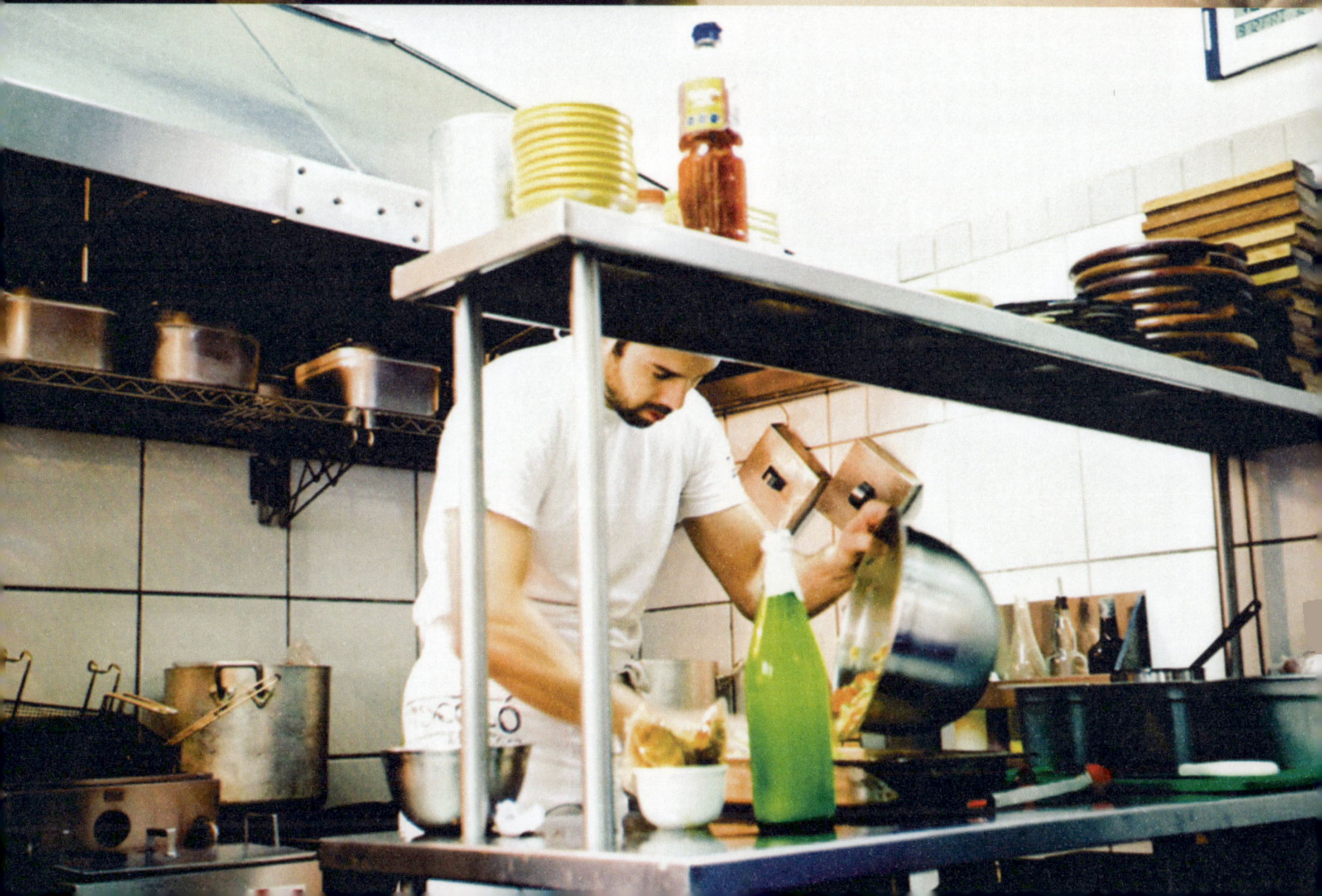

trabalhos de DJ, pintor de paredes na Bélgica, viagens pelo mundo, além do trabalho em vários restaurantes, para inaugurar um novo momento na cozinha brasileira. Seu nome: Alex Atala. Seu restaurante: o D.O.M., que se transformou em referência obrigatória para profissionais e gourmets de todas as partes do mundo.

Numa noite de junho de 2008, Alex se juntou a seus pares para entregar a Rodrigo o primeiro reconhecimento de peso por seu trabalho: o troféu de Chef Revelação, prêmio nacional concedido pela revista *Prazeres da Mesa* e outorgado por um júri formado pelos maiores e mais importantes chefs de cozinha do Brasil.

A partir daquela noite, disse Alex Atala, Rodrigo, com toda a justiça, passava a fazer parte de um seleto grupo de chefs que haviam conseguido vencer no tempestuoso mercado dos restaurantes. Momentos depois da premiação, seu Zé, dando expediente no Mocotó, recebe a notícia por telefone. O velho sertanejo põe o telefone de lado, vira-se para um canto do restaurante e chora secretamente. Seu menino estava certo. E, se lhe faltava coragem para admitir, sobrava orgulho para exibir, sempre longe do olhar do filho, a placa de Chef Revelação a todos os visitantes do Mocotó a partir daquele dia.

Sair das regiões mais privilegiadas da cidade, cruzar o Rio Tietê, escolher a trilha do Carandiru, Santana ou Vila Guilherme, subir a antiga Estrada da Conceição, passar por uma sequência de ladeiras, sem nenhuma avenida de duas pistas e com pouca sinalização, pode ser uma aventura penosa para a maioria das pessoas. Mas também pode ser recompensador. Vamos recorrer a Alex Atala, pela precisão do retrato: "É engraçado você ir ao Mocotó e tropeçar no balcão com um cara simples que veio curtir sua cachacinha, a cultura do boteco de vila, e na outra mesa o Geraldo Forbes, na outra o Drauzio Varella, e aí você pensa: Que lugar é este? O que une tudo isso? Quem tem a força de fazer isso? A primeira vez que fui ao Mocotó, com jornalistas espanhóis, tinha uma dupla de pedreiros na mesa ao lado e por acaso outro tremendo jornalista na outra mesa, numa terça-feira de tarde, a comunhão na desigualdade, pensei: Este lugar é diferente. O Mocotó é *sui generis*. Aqui tem uma experiência".

Para entender esse *frisson* é preciso recuar um pouco no tempo. E olhar o esforço redobrado de Rodrigo para conciliar o curso de Gastronomia na Anhembi Morumbi, sob a batuta de Rosa Moraes, a passagem pela

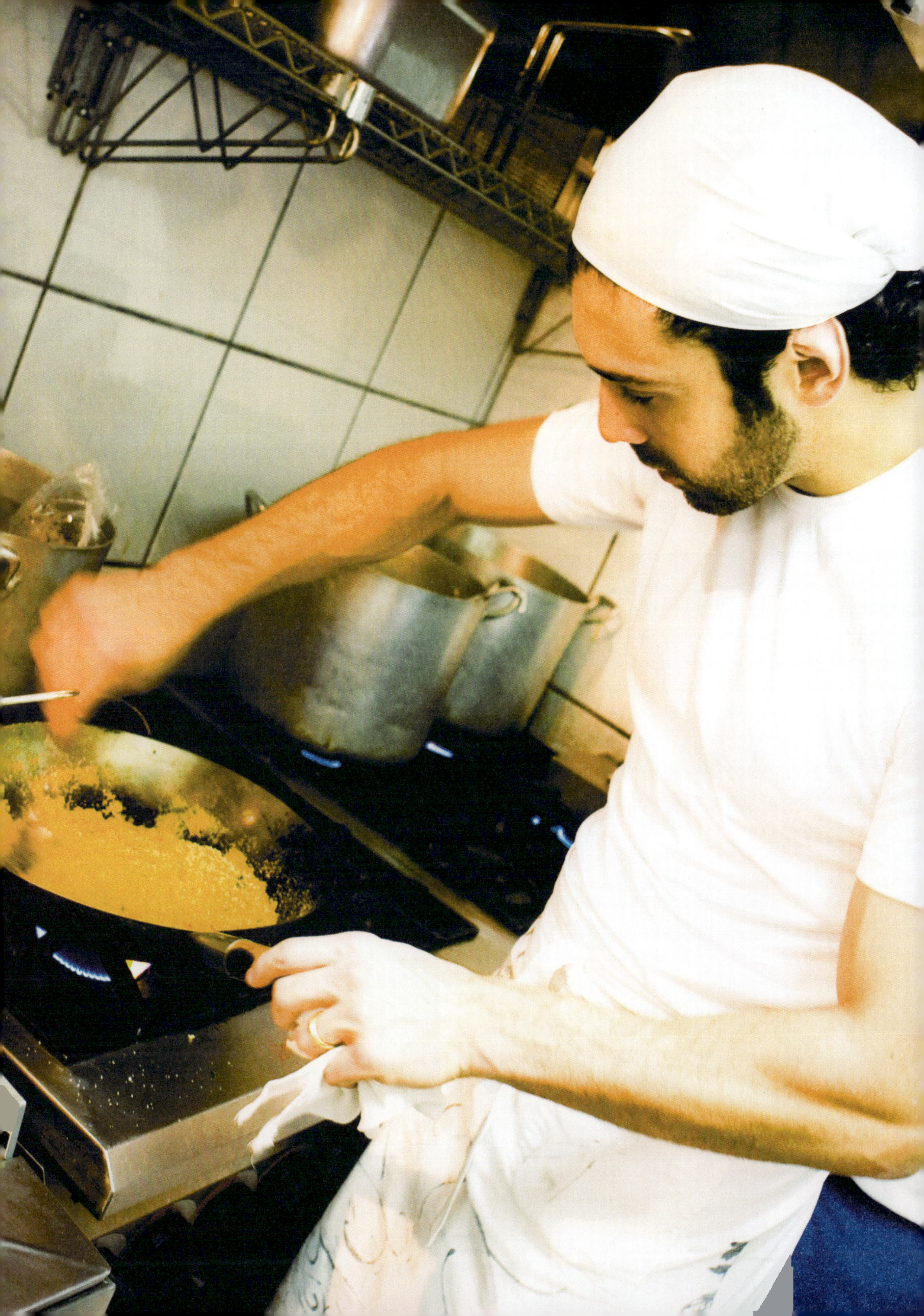

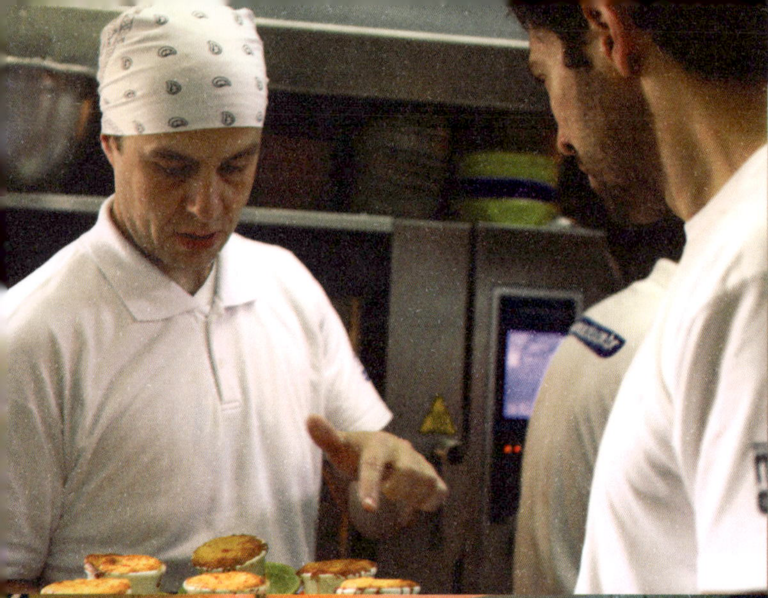
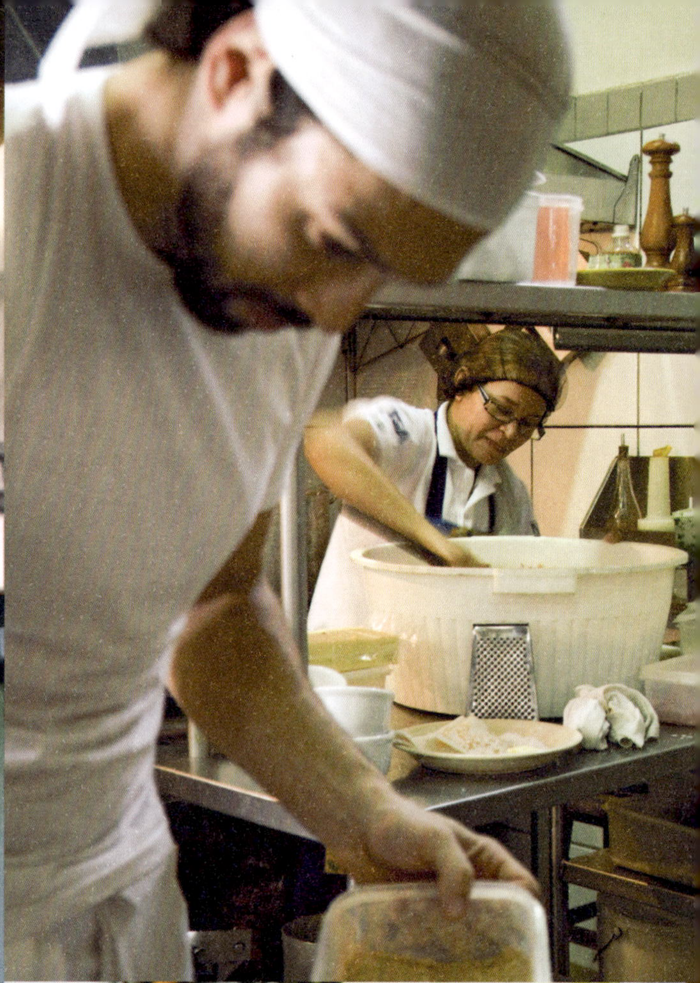
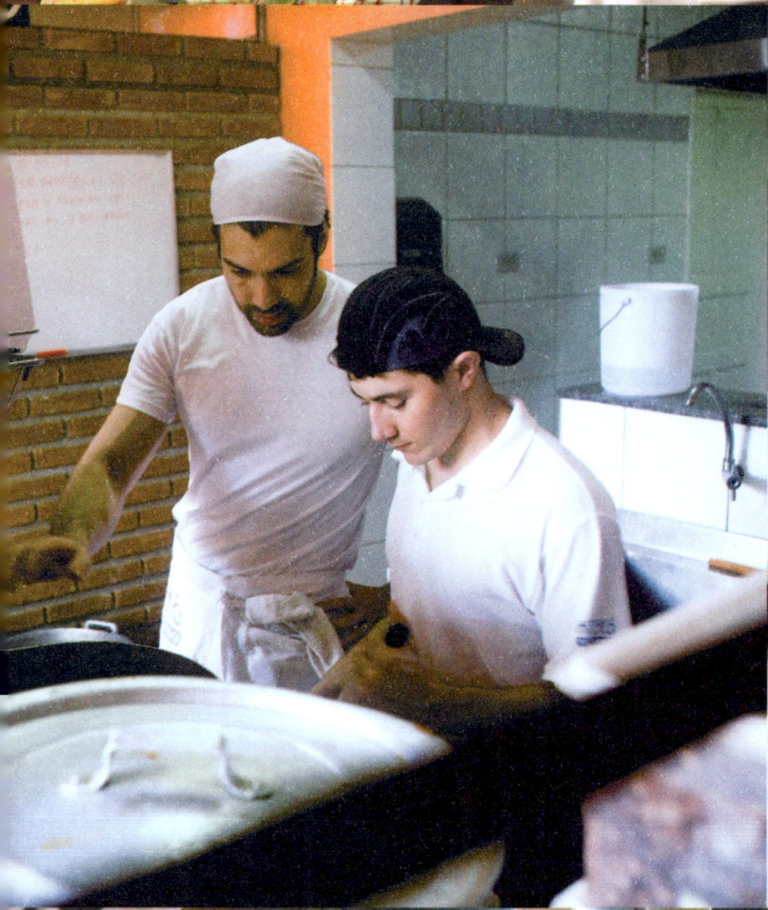
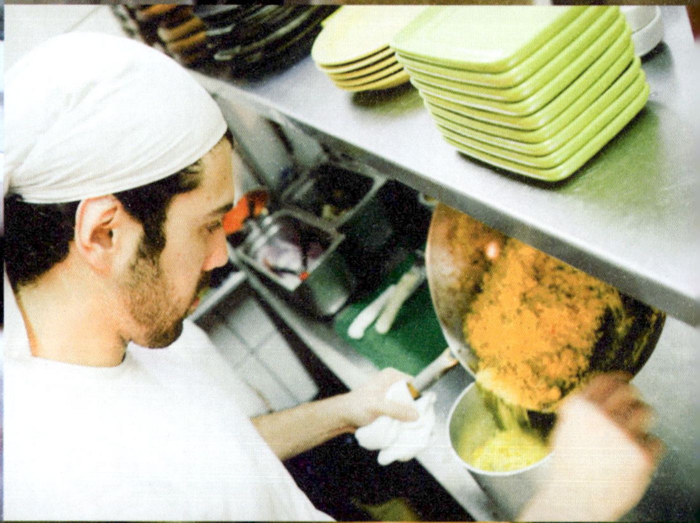
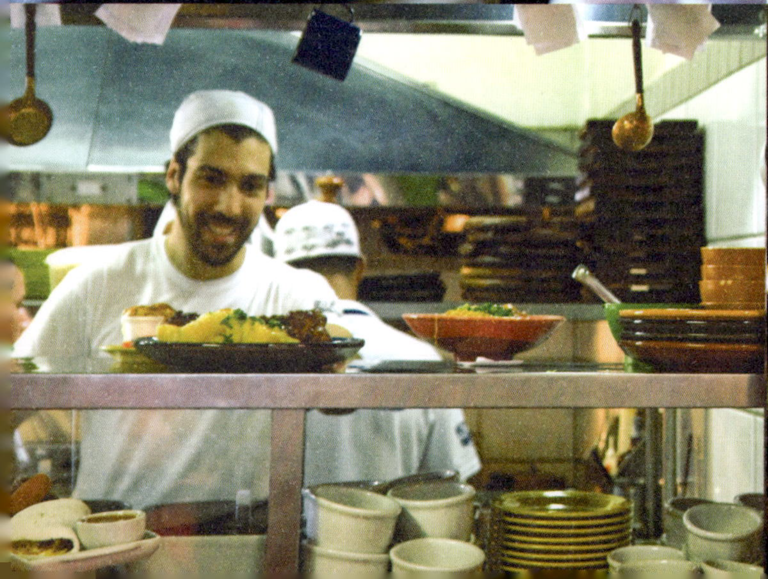
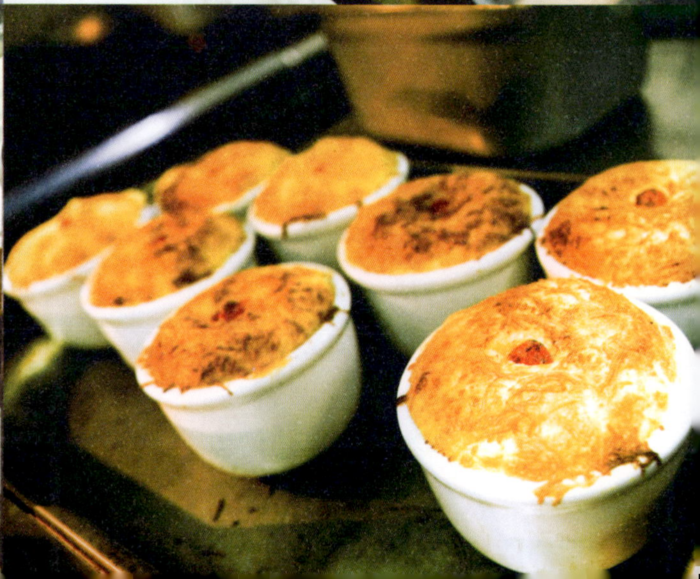

escola de cozinha do chef Laurent Suaudeau, o estágio no Pomodori, à época sob o comando de Rodrigo Martins e Jefferson Rueda, e o mais difícil de tudo: o trabalho de convencer seu Zé Almeida de que esse era seu caminho dali para a frente. "Se não consegui convencer meu pai, fiz o mais importante, que era me convencer", lembra o chef. Dava um duro danado, com uma jornada quase tripla de trabalho.

Depois de todo esse batente, roubava algumas horas de sua madrugada enfiado nos livros de autores como Fergus Henderson, Danny Meyer, Hervé This, Ricardo Semler, Caloca Fernandes, Heston Blumenthal, Quentin de Saint-Maur, Thomas Keller, Câmara Cascudo e toda uma plêiade de gente – das alagoanas irmãs Rocha aos catalães irmãos Roca. Autores que eram lidos e relidos noites adentro em busca do conhecimento de que a curiosidade não dava conta.

"O Rodrigo representa uma nova fase dos chefs de cozinha brasileiros que são cultos, viajados, têm uma bagagem cultural maior que a geração anterior e utilizam isso para criar algo interessante, seja atualizando, aperfeiçoando ou criando algo novo. O curioso é que ele vem de uma tradição nordestina que, até bem pouco tempo atrás, fornecia apenas mão de obra para restaurantes de donos, em boa parte europeus. Uma gente que vinha para São Paulo em busca de uma vida melhor e, por falta de especialização, acabava indo parar numa obra de construção civil. A obra acabava, ele via uma plaquinha do lado que dizia "Precisa-se de ajudante" e lá ia se iniciar em uma nova carreira, normalmente como lavador de pratos. Por mais que esse profissional crescesse, virando um grande executor de processos culinários, muito dificilmente iria se transformar num grande chef de cozinha, por absoluta falta de informação. Nesse cenário o Rodrigo é um caso emblemático; sendo ele próprio filho de nordestinos retirantes, graças à formação concedida por esses mesmos retirantes, consegue dar continuidade, aperfeiçoar essa cozinha regional, empregando nela novas e sofisticadas técnicas", analisa Josimar Melo, jornalista e diretor de gastronomia da *Folha de S.Paulo*.

"Um dos lugares mais incríveis em que eu já comi", disse o chef Laurent Suaudeau, colocando o Mocotó no topo de um ranking feito pela revista *Época*, os demais nomeados, todos refinados e caros restaurantes da cidade. "O restaurante Mocotó é uma embaixada da gastronomia pernambucana e nordestina em São Paulo. O Rodrigo me demonstrou muita disciplina na sua forma de trabalho e uma inteligência aguçada que ele coloca a serviço da gastronomia de suas origens familiares. O que mais

O futuro acontece aqui

MESA TENDÊNCIAS

me impressiona é que ele decidiu investir no próprio endereço da família, sem se deixar levar pelos convites, às vezes gananciosos, para estar em uma região mais nobre de São Paulo, obrigando o consumidor paulista a ir conhecer o Mocotó, fora do circuito gastronômico da cidade. Esse tipo de iniciativa contribuirá ainda mais, de fato, para a democratização do comer bem neste país", assinala o mestre Laurent Suaudeau.

Rosa Moraes, à época coordenadora do curso de Gastronomia da Anhembi Morumbi, faz coro: "Ele era um aluno que absorvia tudo o que a faculdade tinha para dar de uma forma impressionante". Rodrigo se tornou uma referência para os demais alunos e hoje, segundo Rosa Moraes, tem entre seus maiores méritos a autenticidade, a manutenção da essência, a absoluta tranquilidade quando seu restaurante recebe os maiores chefs do mundo numa mesa, tendo na mesa ao lado um simples operário do bairro – ambos receberão o mesmo tratamento, tranquilo, sem afetações ou desatenções para nenhum dos dois. "Hoje ele é um amigo da universidade. Não é um professor porque sei que não tem tempo, mas é um grande mestre para todos nós."

SUCESSO

Na entrada do Mocotó você depara com uma série de pequenos quadros com reproduções de páginas e capas de revista, centenas de matérias na imprensa do Brasil e do mundo. Blogs e revistas eletrônicas dos mais variados e jornais e revistas do setor engordam a lista. Na área internacional, artigos da *Food & Wine Magazine*, *Wallpaper*, *Elle à Table*, *Newsweek*, *El País*, *Le Figaro*, *The Wall Street Journal*, *Financial Times*. Este, por sinal, enviou seu crítico de restaurantes, Nicholas Lander, para cobrir um evento gastronômico realizado em São Paulo. Escoltado por sua mulher, a poderosa crítica inglesa de vinhos Jancis Robinson, escapou e ordenou ao motorista: "Para a Vila Medeiros!". Após desconfiar da longa viagem – "Ainda estamos em São Paulo?" –, chegou enfim ao Mocotó. "O que vocês recomendariam?" O garçom Beto ("Bonito, com um belo sorriso e porte de jogador de futebol", comentou Jancis) sugeriu caldo de mocotó. Comeram. Depois resolveram experimentar o baião de dois. Devoraram. Bem, que tal essa mocofava? Manda. E assim foi quase todo o cardápio, junto com mais de 12 garrafas de vinho que trouxeram na bagagem. Um dos maiores críticos e a mais famosa *master of wine* do mundo terminaram a festa com sorvete de rapadura e calda de catuaba. O mais engraçado é que tudo isso aconteceu com Rodrigo longe do restaurante, e ele só receberia a notícia pelos jornais na semana seguinte.

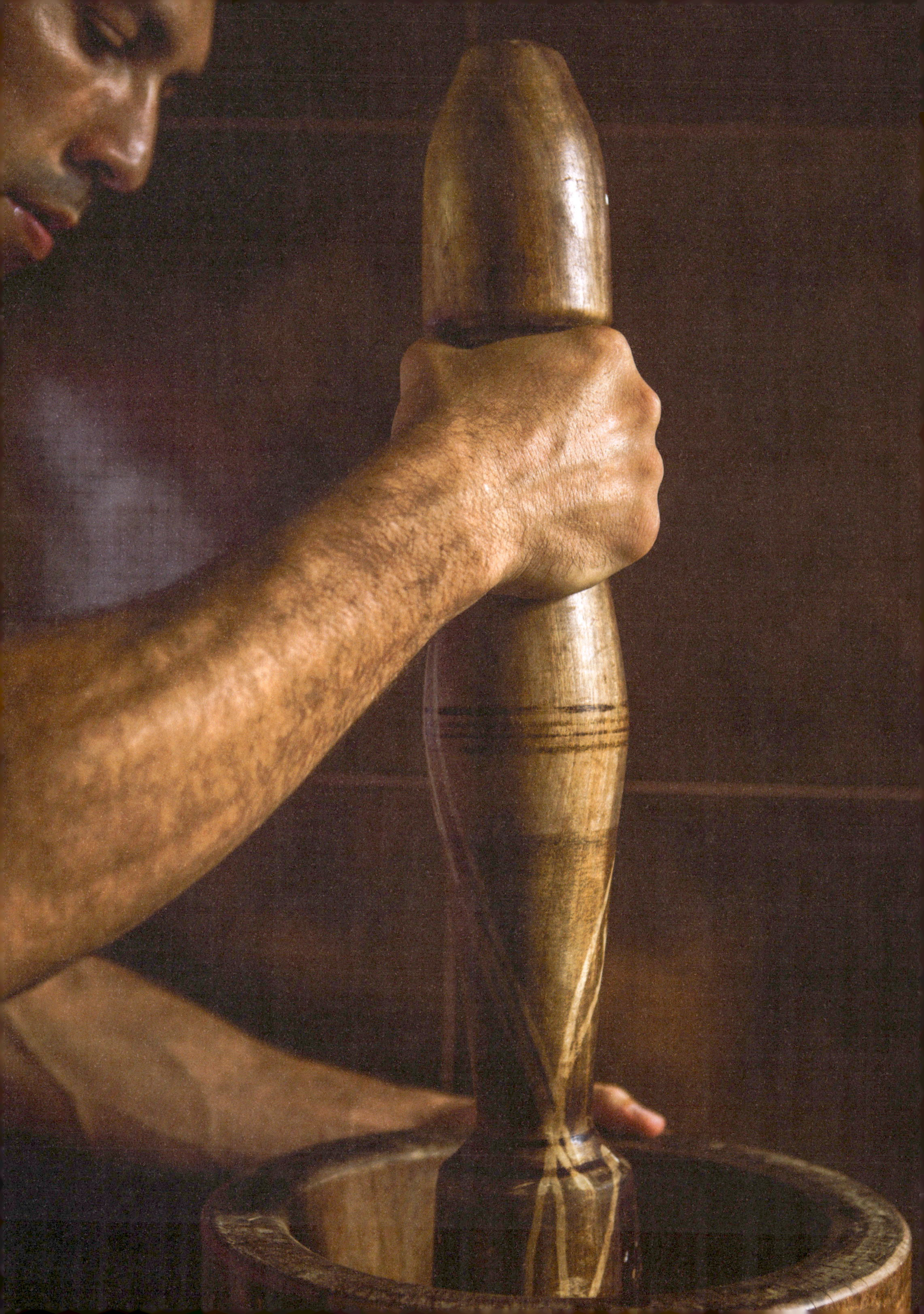

Casos como esses são corriqueiros entre as paredes de terracota do Mocotó. A noite do que ficou conhecido como "Jantar do século", que reuniu os mais estrelados nomes da cozinha mundial em São Paulo, com destaque para os badalados chefs espanhóis Ferran Adrià, Joan Roca, Juan Mari Arzak e Andoni Aduriz, sob a batuta de Alex Atala, teve uma escala num bairro desconhecido para a maioria. Mas essas estrelas, entre outros personagens, fizeram uma animada festa na mesa do salão maior, após aguardar no refeitório do pessoal do restaurante, afinal era um domingo e o movimento não dava trégua. É verdade que os garçons tiveram um pouquinho mais de trabalho com o vocabulário, mas, no final, como diz Betão para todos os frequentadores, com o costumeiro sorriso: "Sucesso!".

FIM?

O Sol se levanta na Vila Medeiros. Do final da avenida vem Josafá. Ele cantarola uma canção celebrizada por Agnaldo Timóteo: "Se algum dia / À minha terra eu voltar / Quero encontrar / As mesmas coisas que deixei / Quando o trem parar na estação / Eu sentirei no coração / A alegria de chegar / De rever a terra em que nasci / E correr como em criança / Nos verdes campos do lugar...". Ao som da saudade de sua terra, levanta a porta de ferro, coloca os bancos na calçada. Do lado oposto, mais tarde, vem seu Zé Almeida, senta-se no banco de madeira, repassa anotações de pedidos em um pequeno pedaço de papel.

Um caminhão estaciona. Josa ajuda a descarregar alguns produtos. O gerente do banco passa e dá duas breves buzinadas, em sinal de bom-dia. A equipe de sessenta profissionais vai colocando-se a postos. Em poucas horas, a calçada começará a encher. Da esquina, surge Rodrigo, avental dobrado na mão, bandana pendurada na calça jeans e o costumeiro sorriso, que insiste em abrir mais um dia de trabalho, de saúde, de solidariedade. Pode ser que apareça para almoçar Jeffrey Steingarten, ou Geraldo Forbes, ou um chefe de Estado, ou um grupo de alunos da Escola Técnica Carlos de Campos, a moça da quitanda, a faxineira da sogra, celebridades da TV, os operários da construção vizinha. O importante é continuar praticando o que traz toda essa gente até aqui: boa cozinha e hospitalidade. Comida gostosa, saudável, original. Acolhimento genuíno num ambiente inclusivo.

O chão é a base de tudo, o chão é o sertão. É ele que pode nos levar a alçar voos sempre mais altos. Enfim, está começando mais um dia nesta história. Pode estar começando aqui mais uma das tantas explicações para o sucesso do pai, do filho e do restaurante.

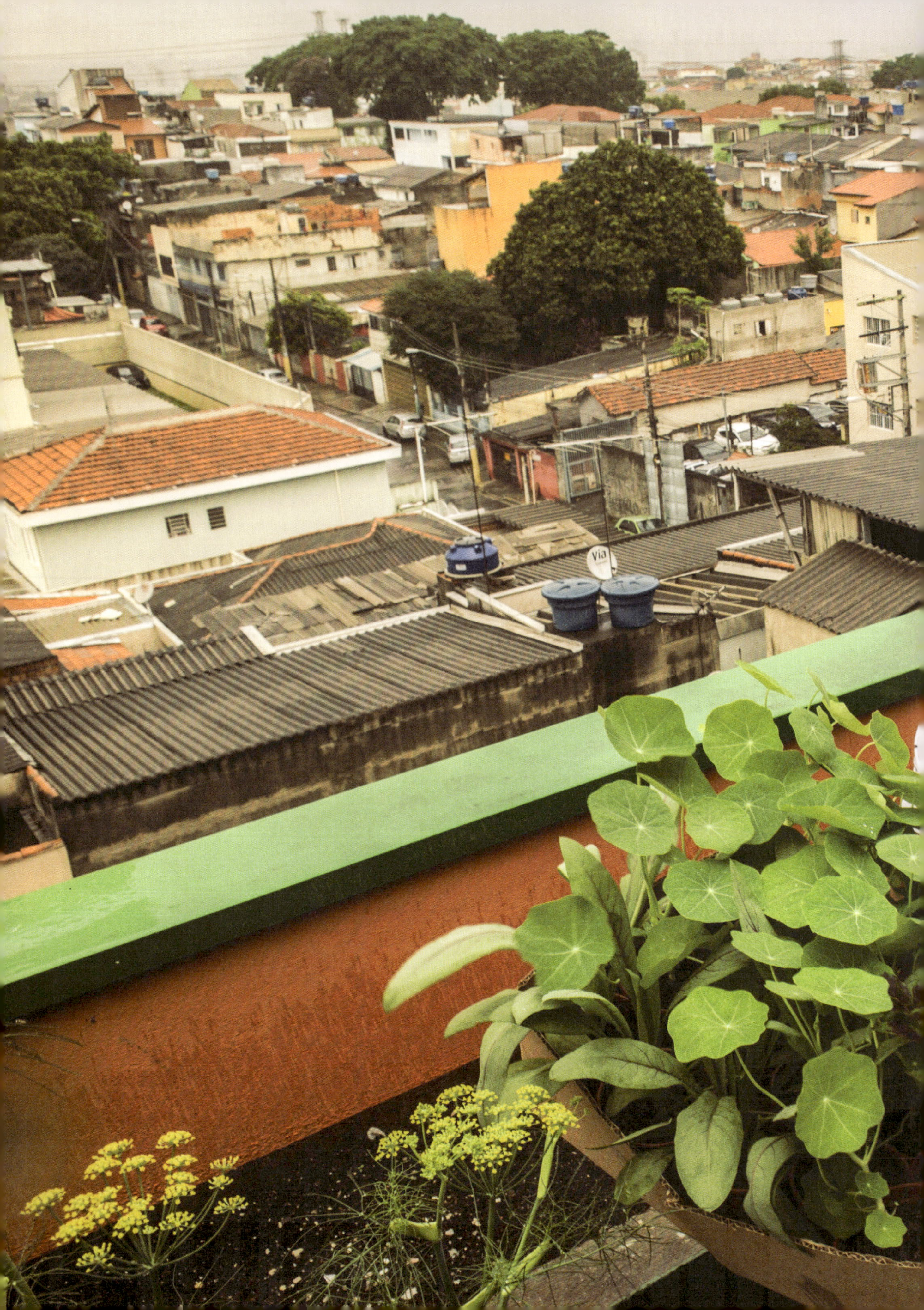
Via

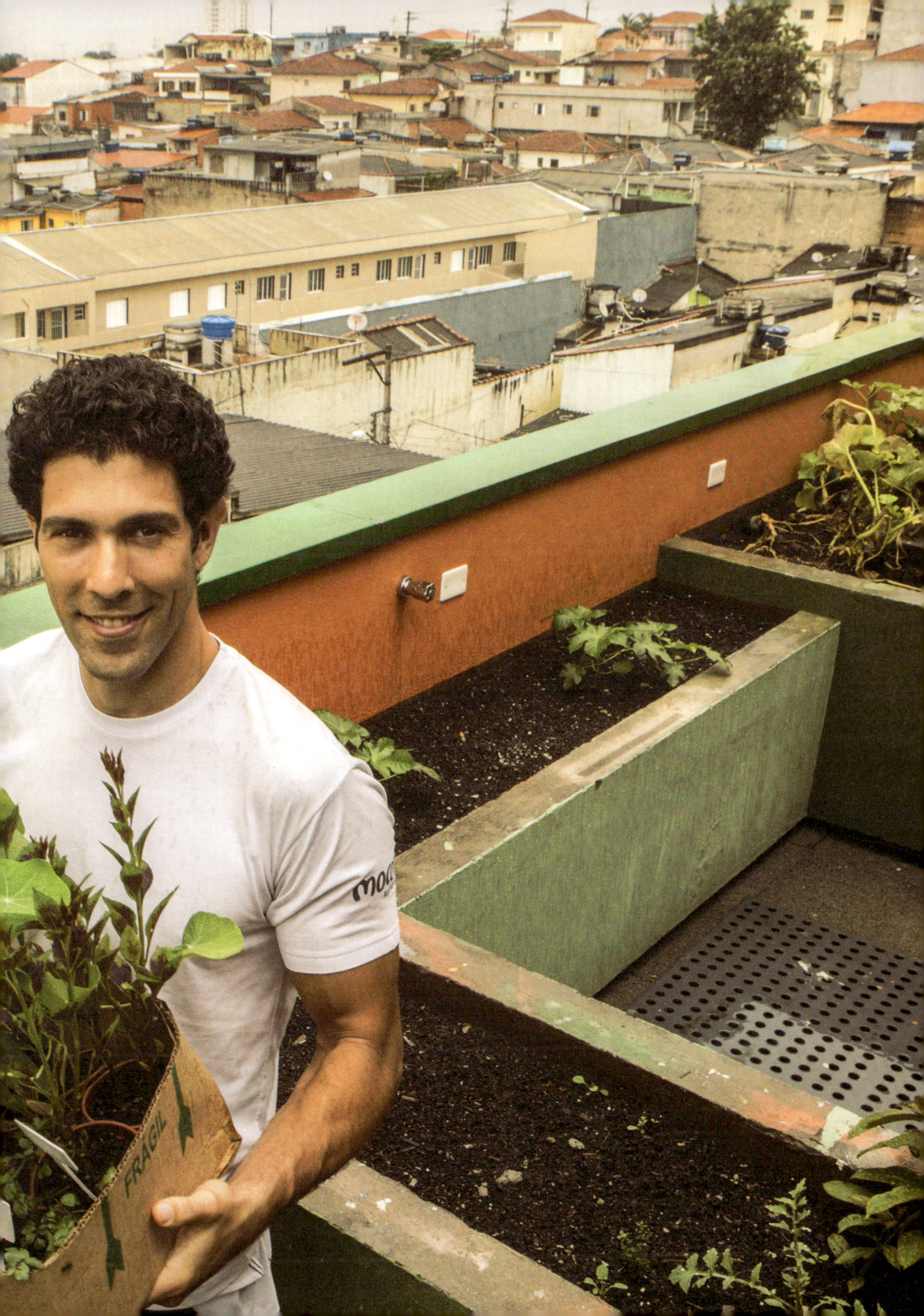
FRAGIL

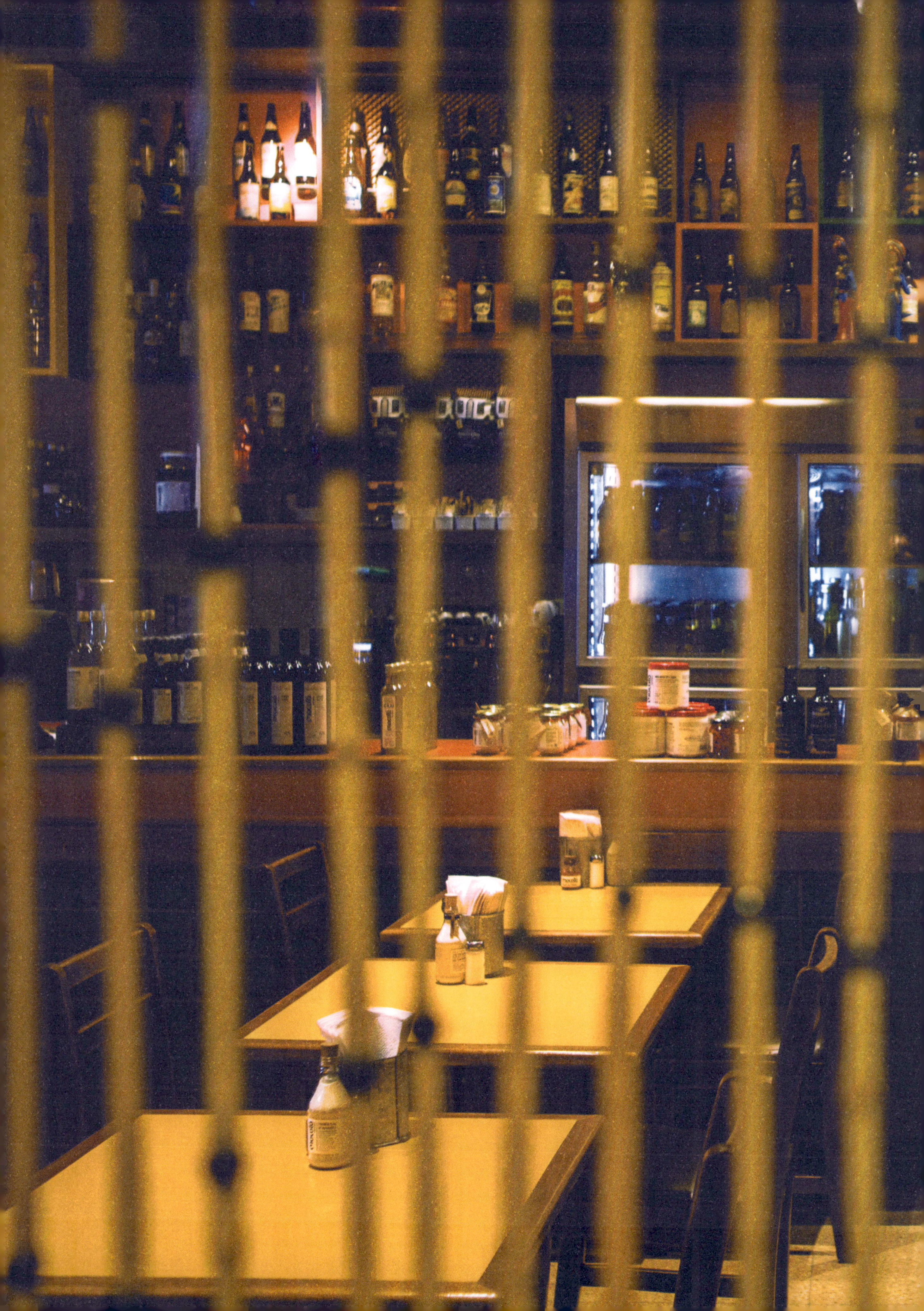

O RESTAURANTE

POR RODRIGO OLIVEIRA

O BOTECO VIRA UM RESTAURANTE
(MAIS ACONTECIDO QUE PLANEJADO)

Nos meus primeiros anos de Mocotó, quando éramos um botequinho, trabalhávamos eu, meu pai e mais três pessoas. Uma para abrir a casa, outra para começar o serviço na cozinha e a terceira, que chegava na hora do almoço com seu Zé, para ajudar no que fosse preciso. Eu entrava logo após o colégio.

Todos nós fazíamos de tudo: cozinhávamos, limpávamos, servíamos e começávamos tudo de novo no dia seguinte. Jornadas de 15 horas de trabalho eram a praxe. O cardápio enxuto, com quatro itens — mocotó, favada, sarapatel e feijão-de-corda —, garantia que a comida estivesse sempre pronta e fresca. Os petiscos também eram poucos, mas populares: tripas de porco, torresmos e passarinha. Por muito tempo foi exatamente esse menu que manteve as dez mesas quase sempre cheias no negócio que meu pai criou a partir da sua antiga casa do Norte.

LINHA DO TEMPO (NOSSA HISTÓRIA NUMA RISCA)

1963
Zé Almeida sai do sertão pernambucano aos 25 anos para tentar a sorte na cidade grande. A partir daí, trabalha arduamente em negócios diversos, como fábrica de laticínios, metalúrgica, fundição, feira...

1970
Junto com seus irmãos, Gercino e Gilvan, monta uma malharia, que depois seria trocada por um negócio completamente diferente.

1973
Volta a Pernambuco para se casar com Maria de Lourdes Oliveira, com quem namorou por correspondência por mais de um ano. Seu Zé e os irmãos abrem a Casa do Norte Irmãos Almeida, na Vila Aurora.

O RESTAURANTE

A cozinha na época contava com dois fogões de alta pressão, um fogão com forno – que era usado para guardar panelas –, uma pia doméstica e uma bancada de madeira. Ah, havia também um par de botijões para cada fogão. Sequer tínhamos coifa ou outro tipo de exaustão. Lá a temperatura de no mínimo 40 °C secava facilmente nossos torresmos pendurados num varal sobre os fogões. Junto da cozinha, um depósito de tralhas armazenava as bebidas, vasilhames já fora de linha, trinta anos de documentos e traças, equipamentos esperando por manutenção e dois pequenos congeladores para as carnes e outros poucos itens perecíveis.

O salão de meia-parede azulejada e pintura azul ornava com as prateleiras improvisadas dessa mesma cor e com os balcões de fórmica verde e laranja. Nesse espaço ficavam as pias para a lavagem de copos, pratos, cumbucas e colheres, que eram todo o material de serviço usado na época. Ali também ficavam as panelas com os cozidos fumegantes e uma pequena estufa com os petiscos prontos. As cachaças eram uma seleção de doze marcas do Nordeste e do norte de Minas. Além delas e dos aperitivos tradicionais, refrigerante e cerveja era o que se bebia.

Quando comecei a me envolver um pouco mais com o negócio, já questionava coisas como panelas remendadas, talheres e pratos sem padrão, equipamentos se desmanchando, banheiros precários, material inútil amontoado pelos cantos e toda sorte de problemas estruturais que havia ali. Minha primeira investida foi justamente para melhorar as condições da cozinha. Piso novo, instalações elétricas embutidas, pias de inox – ainda domésticas –, fogões mais robustos, bancada recoberta de fórmica e uma coifa para exaustão. Estava só começando.

1974
Nasce Patrícia, primeira filha de Zé Almeida e dona Lourdes. Juntos, os três irmãos abrem a segunda casa do Norte, na Vila Medeiros, na Avenida Nossa Senhora do Loreto.

1976
O mesmo trio abre agora o terceiro negócio, no bairro do Mandaqui, também na Zona Norte. Nesse mesmo ano decidem se dividir, cada um tocando uma casa.

1977
Seu Zé, que ficou na Vila Medeiros, começa a história de sucesso de seu caldo de mocotó.

A partir dali tivemos uma sucessão sem fim de pequenas, médias e grandes intervenções. Sem fechar nem um dia, fomos nos transformando pouco a pouco em um restaurante. A cozinha foi se equipando, o salão crescendo e ganhando anexos, uma grande cozinha de pré-preparo foi criada, toda a bagunça acumulada ao longo dos anos, sendo despejada. Como era de esperar, nesse processo a equipe foi crescendo. Primeiro um primo, depois outro, aí uma vizinha, depois uma moça que fazia tapiocas e o marido dela, além de um bocado de gente lá da terrinha. Até minha irmã e, em seguida, meu cunhado entraram na dança.

Larguei então os cursos de Engenharia e Gestão Ambiental e fui estudar Gastronomia. Percebi nesse momento que, para salvar o mundo, o melhor era começar pelo meu próprio. Passava cada vez mais tempo no restaurante, às vezes 18 horas seguidas. Havia finalmente encontrado e assumido minha vocação.

Começamos a receber atenção da imprensa; mais pessoas vieram e cada vez de mais longe. Atendemos chefes de Estado, chefs estrelados, banqueiros, bancários, celebridades, anônimos, descolados, operários e comilões diversos.

Vieram também os prêmios e as honrarias importantes, bem como convites para cozinhar em várias partes do mundo. Enfim, o Mocotó havia se tornado um restaurante, e eu, o chef da sua cozinha.

OS PRÊMIOS
2017	Melhor Cozinha Brasileira, *Prazeres da Mesa*	
2017	Bib Gourmand, *Guia Michelin*	
2016	Melhor Cozinha Brasileira, *Prazeres da Mesa*	
2016	Melhor Restaurante Bom e Barato, *Veja São Paulo*	
2015	Bib Gourmand, *Guia Michelin*	
2014	Melhor Cozinha Brasileira, *Prazeres da Mesa*	

1979
Os negócios prosperam, e eles passam a ocupar também o ponto em frente à casa do Norte. O pequeno restaurante de dez mesas se torna um sucesso imediato, o que proporciona uma vida mais confortável para a família Almeida.

1980
Nasce Rodrigo, segundo filho de seu Zé e dona Lourdes, realizando o sonho da família de ter um casal de descendentes.

1983
A família viaja todos os anos ao sertão pernambucano, para as terras que seu Zé começa a adquirir na região onde sua mulher nasceu.

O RESTAURANTE

2014	Melhor Cozinha Brasileira, *Folha de S.Paulo*
2013	Os 100 Brasileiros Mais Influentes, *Época*
2013	50 Best Latin America – 16º colocado, *The Restaurant Magazine*
2013	America's 100 Places that Worth a Pilgrimage, *Food & Wine Magazine*
2013	Top 10 Restaurantes de Cozinha Brasileira, *Gosto*
2012	101 World Best Restaurants, *Newsweek Magazine*
2012	Homem do Ano, *GQ Magazine*
2012	Duas Estrelas, *Guia Quatro Rodas*
2012	Melhor Cozinha Brasileira, *Prazeres da Mesa*
2012	Chef do Ano, *Prazeres da Mesa*
2012	Melhor Restaurante Bom e Barato, *Veja São Paulo*
2012	Melhor Cozinha Brasileira, *Folha de S.Paulo*
2012	Melhor Restaurante Bom e Barato, *Folha de S.Paulo*
2012	Melhor Cozinha Brasileira, *Go'Where Gastronomia*
2011	Melhor Cozinha Brasileira, *Época São Paulo*
2011	Chef do Ano, 6º Prêmio Destaque Food Service
2011	Melhor Restaurante Bom e Barato, *Veja São Paulo*
2011	Melhor Restaurante Bom e Barato, *Folha de S.Paulo*
2010	Os 100 Brasileiros Mais Influentes do Ano no Brasil, único cozinheiro na lista da *Época*
2010	Melhor Cozinha Brasileira, *Prazeres da Mesa*
2010	Melhor Restaurante Bom e Barato, *Folha de S.Paulo*
2010	Melhor Restaurante Bom e Barato, *Veja São Paulo*
2009	Melhor Cozinha Brasileira, *Época São Paulo*
2009	Indicado Melhor Cozinha Brasileira, *Veja São Paulo*
2009	Melhor Restaurante Bom e Barato, *Folha de S.Paulo*
2009	Indicado Melhor Prato de Cozinha Brasileira, *O Estado de S. Paulo*
2008	Chef Revelação, *Prazeres da Mesa*
2008	Melhor Restaurante Bom e Barato, *Veja São Paulo*
2008	Estrelado pelo *Guia Quatro Rodas* e pelo *Guia Josimar Melo*
2008	Indicado Melhor Cozinha Brasileira, *Gula*

1985
Começa aí a se aprofundar a relação do menino Rodrigo com as paisagens e os gostos do sertão.

1993
Rodrigo já começa a ajudar o pai no negócio, lavando (muitos!) pratos, atendendo no balcão, servindo mesas... E já provocando seu Zé com novas ideias.

1994
Encerra-se a atividade de empório no ponto original, e a família se dedica exclusivamente ao pequeno restaurante, já bem estabelecido.

1995
Rodrigo passa a dar expediente diariamente depois do colégio e começa a ter maior influência sobre a operação da casa.

EL PAIS
Sexy
MENU
paladar
divirta-se
daHora
paladar
Valor
ilustrada
FOLHA DE S.PAULO
Gula
Menu
FOLHA DE S.PAULO
daHora

PRÊMIO Guia 2011
paladar
Veja São Paulo Comer & Beber 2012
Veja São Paulo Comer & Beber 2011
Mocotó
saopaulo
MOCOTÓ
Mocotó
saopaulo
MOCOTÓ
O MELHOR DE SÃO PAULO

UM SÁBADO NO MOCOTÓ

8h00   Um encarregado e um ajudante de limpeza começam a arrumação do salão.

8h00   Dois chefs, dez cozinheiros e dois estagiários abrem as cozinhas e iniciam os preparativos.

8h00   No escritório, quatro pessoas – dois gerentes, comprador e motorista – dão suporte a toda a operação e cuidam da burocracia.

8h31   Uma entrega extra de queijo de coalho é recebida para suprir uma demanda maior que a prevista.

9h12   Já se veem, nos fogões, caldeirões e caçarolas borbulhando. No quintal, a brasa para a carne de sol já está estalando.

9h58   Chegam os primeiros pedidos do hortifrúti, que podem se repetir mais duas vezes ao longo do dia.

10h00 Café da manhã da equipe, com cuscuz de milho e carne de sol acebolada.

10h25 Chips de mandioca já estão sendo finalizados, e quase uma centena de escondidinhos estão montados.

10h30 Dois chefs chegam para cuidar dos experimentos no Engenho Mocotó.

11h10 Seu Zé Almeida já está na casa com seu cigarro aceso.

11h15 Já há clientes sentados nos bancos da calçada à espera da abertura.

11h16 Sai a primeira fornada de um dos pães da casa, feito com farinha integral moída em moinho de pedra e fermentação natural. Logo depois são assados os pães de mandioca e de caju.

11h30 Mais seis cozinheiros e dois estagiários chegam para o serviço do almoço, bem como outros três ajudantes de limpeza.

11h30 Um chefe de salão chega para conferir se tudo está em ordem, dar os últimos retoques e iniciar o atendimento.

1999
Começam a surgir inovações no cardápio de quatro pratos do restaurante, como sucos, sobremesas e algumas sugestões.

2000
Rodrigo começa a cursar Engenharia Ambiental, mas abandona o curso no momento em que tem a oportunidade de executar a primeira reforma no restaurante. O Mocotó vai surgindo em meio aos escombros...

O RESTAURANTE

11h36 A moça do caixa já está com o sistema operando para os primeiros pedidos.
11h47 Rodrigo Oliveira assume seu posto depois de cumprimentar toda a brigada – cada pessoa, sem exceção – e tomar a bênção do pai.
11h48 Na cozinha de produção, a *mise en place* para o almoço já está quase pronta.
11h50 Fica pronta a primeira caçarola de arroz para o baião de dois.
11h51 Três recepcionistas acolhem os clientes e controlam a espera.
12h00 Um segurança está sempre presente para ajudar no que for preciso.
12h00 Um chefe de bar e quatro bartenders cuidam das bebidas, dos coquetéis e do balcão.
12h00 Oito garçons fazem o atendimento principal nas mesas com a ajuda de três cumins.
12h10 O primeiro pedido chega à cozinha. De agora em diante, a impressora não passará mais de um minuto sem disparar uma comanda.
12h12 A casa já está lotada.
12h20 Outros três garçons atendem os clientes que esperam na calçada.
12h32 Uma bandeja de miniescondidinhos sai diretamente do forno para as pessoas que estão à espera.
12h45 Seu Zé está no salão cumprimentando um cliente. Estreantes ou *habitués* sempre procuram pelo fundador da casa e são agraciados com histórias e uma cachacinha.
13h00 Mais de 240 dadinhos de tapioca – cerca de vinte porções – já foram servidos.
13h00 Mais um chefe de salão chega no horário de pico do almoço.
13h15 São feitos os primeiros pedidos de sobremesas.
13h23 Um grupo de estudantes de gastronomia pede uma foto com o chef Rodrigo. Pelo menos mais uma dúzia de cliques serão feitos ao longo do dia.

2001
Depois da bronca do pai, Rodrigo volta ao ambientalismo, dessa vez cursando Gestão Ambiental. No curso, conhece uma colega cujo irmão estuda Gastronomia. Desse convívio surge a curiosidade a respeito do curso. Lendo revistas, jornais e livros que antes nem sequer imaginava existir, descobre um novo mundo e se apaixona por ele.

2002
Rodrigo aproveita uma viagem do pai para dar continuidade à sua obra. O Mocotó começa a ganhar as feições de hoje.

2003
Rodrigo passa a estudar Gastronomia na Universidade Anhembi Morumbi.

13h31 Um barista começa a servir os primeiros cafés.
13h08 Volta um pedido de carne-seca; o cliente se confundiu com os nomes e quer a carne de sol.
14h30 A cozinha fria está soltando mais de dezesseis comandas ao mesmo tempo, entre sucos, saladas e sobremesas.
14h46 Um pedido inteiro fica esperando na boqueta, pois um dos itens deixou de ser anotado.
15h00 Chegam mais dois cozinheiros para ajudar na troca de turnos entre almoço e jantar. Não há intervalo no funcionamento, a casa não pode parar.
16h17 Uma senhora que veio comemorar seus 70 anos com toda a família passa pela cozinha para dizer que nunca comeu um feijão tão bom quanto o que comera havia pouco, mas na verdade ela tinha comido favas.
17h00 A cozinha de pré-preparo já está sendo finalizada, e os cozinheiros do primeiro turno se arrumando para ir embora.
17h35 As últimas esperas do almoço são acomodadas.
17h53 Rodrigo aproveita o momento de calmaria e vai ao Engenho ver o andamento dos trabalhos do dia.
18h00 O terceiro chefe de salão chega para o serviço do jantar. Outra moça chega para operar e encerrar o caixa durante o jantar.
18h30 Mais um pedido de frutas para o bar é entregue. Caipirinhas e coquetéis diversos são preparados exclusivamente com cachaças artesanais.
19h00 Ainda há pessoas terminando o almoço, e a fila para o jantar começa a se formar.
19h22 Chega um ator famoso acompanhado de amigos, e um pequeno tumulto se forma na porta.
20h00 Mais uma vez, todos estão trabalhando a todo vapor.

2004
O Mocotó começa a crescer, o salão e a cozinha passam a ocupar também o imóvel vizinho. O cardápio se enriquece, a equipe original de cinco pessoas já conta com cerca de quinze cozinheiros e atendentes, e a clientela aumenta na mesma proporção.

2005
Rodrigo se forma e se dedica ainda mais ao aprimoramento do negócio. Viaja pelo país em busca de entendimento da cozinha brasileira, visitando alambiques, mercados, feiras, restaurantes e produtores.

O RESTAURANTE

20h17 Um cliente faz um pedido de quinze porções de caldo de mocotó para viagem, e um cozinheiro desce às pressas para fazer mais um caldeirão do primeiro prato da casa.
21h00 O serviço segue em frente, mesa após mesa, pedido após pedido.
21h39 Chega uma van com um grupo de turistas estrangeiros hospedados no Centro, acompanhado de um guia que jurava haver feito uma reserva. Não se fazem reservas no Mocotó.
22h17 Acaba a costelinha de porco recheada de pernil, prato do dia. Uma mesa reclama com o chefe de salão, dizendo que viera só para comer esse prato.
22h20 Mais fotos no salão com Rodrigo e seu Zé.
22h51 O grupo de turistas é acomodado, e todos estão felizes depois de algumas rodadas de caipirinhas.
22h59 Frita-se a última leva de torresmos do dia; mais, só amanhã.
23h00 O restaurante está perto de fechar, mas ainda há pessoas esperando por uma mesa. Seu Zé vai para casa, a dois quarteirões do restaurante.
23h00 Os primeiros garçons e cozinheiros começam a ser dispensados.
23h15 Alguns deles, depois de trocados, voltam para uma cerveja no bar.
23h30 Chegam os últimos pedidos à cozinha; depois disso, é arrumar tudo e ir para casa.
23h30 Rodrigo passa pelo bar, toma uma cachaça e encerra seu expediente.
00h02 Servem-se as últimas sobremesas e bebidas.
00h37 Faz-se a limpeza e a arrumação de salões e banheiros.
01h05 Hora de baixar as portas e ir para casa, depois de atender quase novecentas pessoas.

2006

O cozinheiro é convidado pelo chef Laurent Suaudeau para um estágio em sua escola, e lá tem contato com um nível de excelência nunca imaginado por ele. Nesse mesmo ano, ele passa cinquenta dias rodando sozinho pelo Nordeste brasileiro em busca de ingredientes, receitas e histórias.

2007

Começa uma pequena revolução no Mocotó. Novidades no cardápio, no serviço e na própria casa impulsionam ainda mais os negócios. Mesmo com seu projeto a todo vapor, Rodrigo ainda encontra tempo para estagiar por alguns meses com os chefs Jefferson Rueda e Rodrigo Martins. E lá tem sua primeira experiência num restaurante de alta cozinha, o Pomodori.

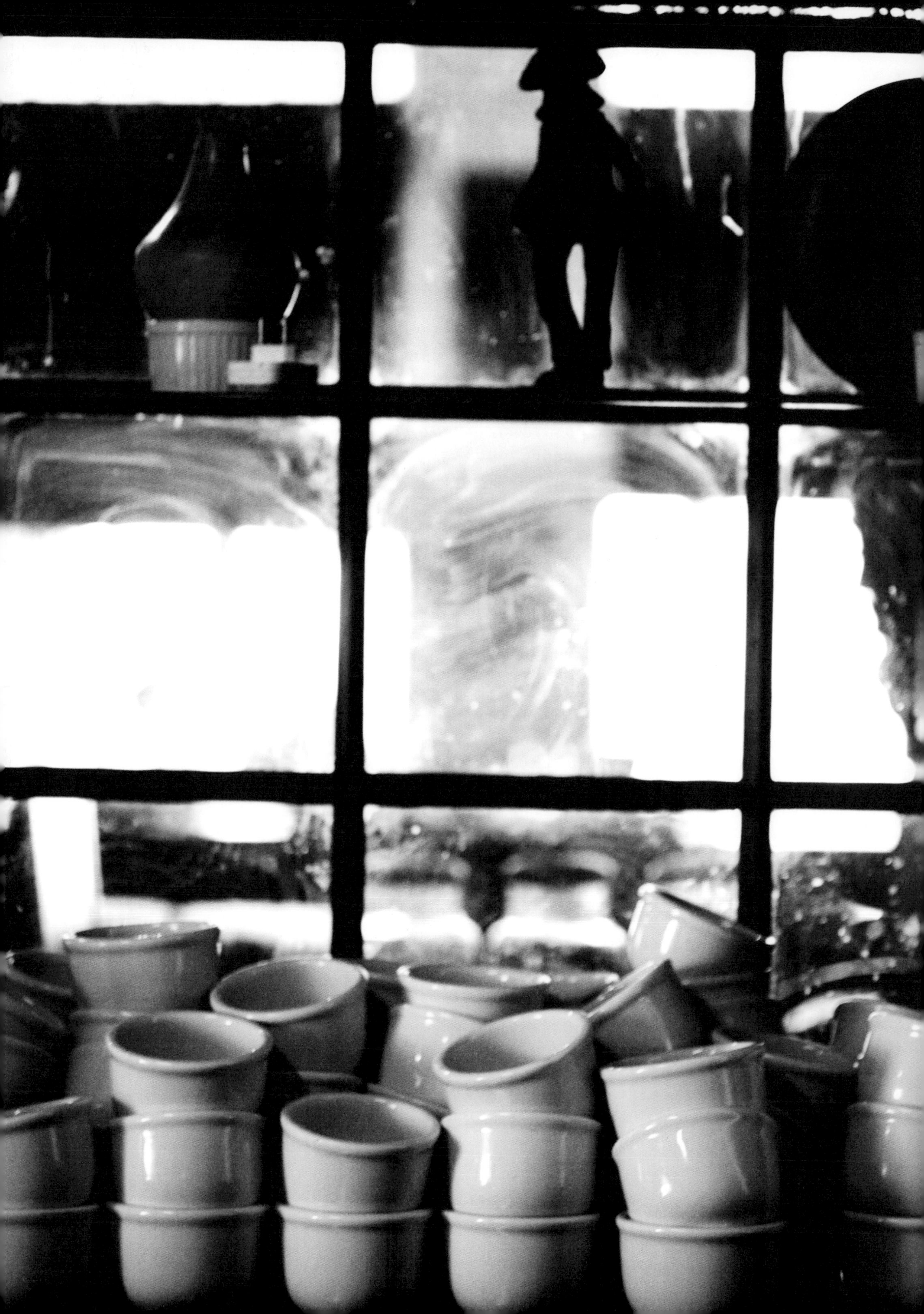

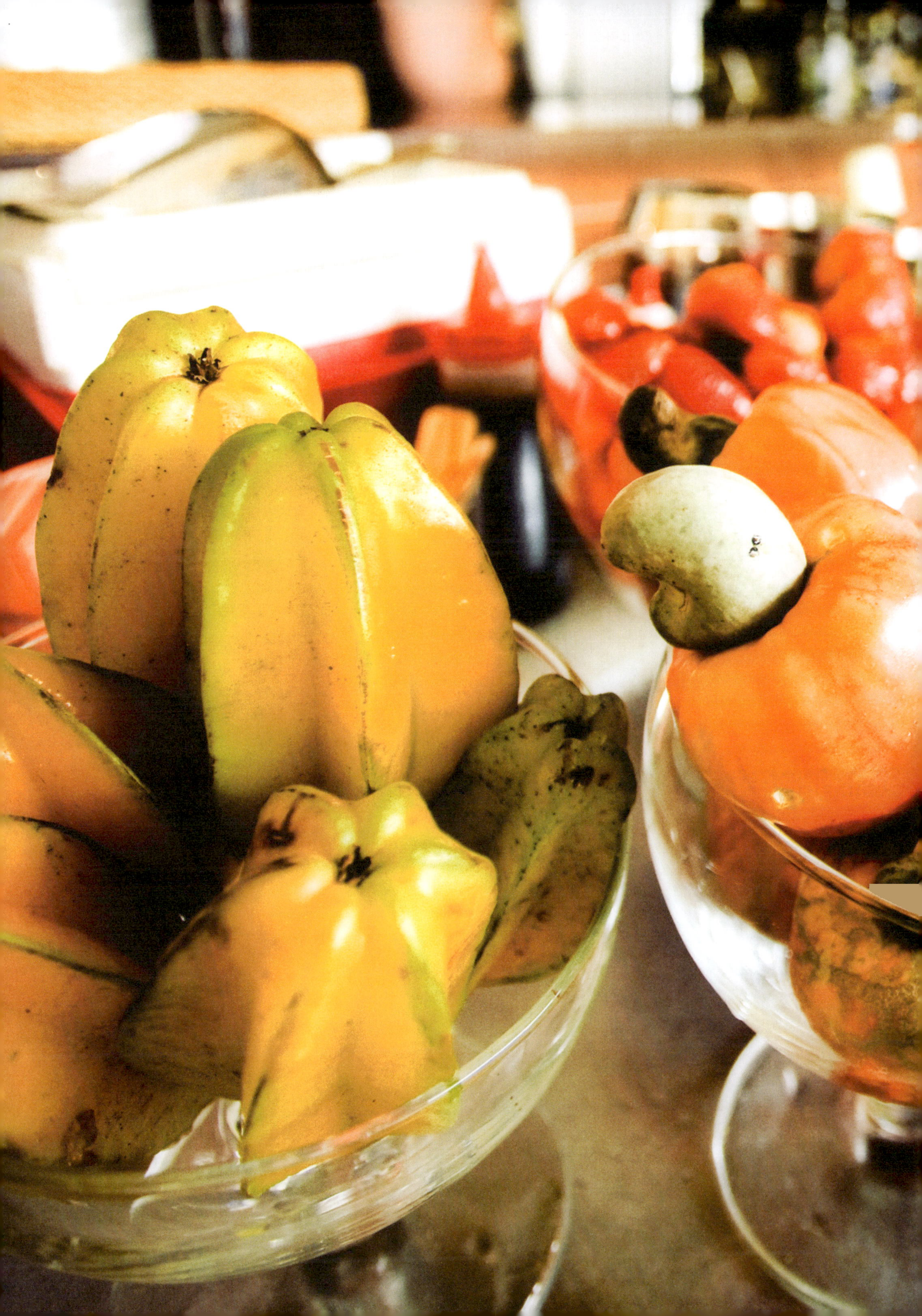

OS NÚMEROS DE UM ANO NO MOCOTÓ

- Cozinhamos mais de 15 toneladas de carne-seca e 5 toneladas de feijões e favas.
- Descascamos quase 20 toneladas de mandioca.
- Servimos 55 mil porções de baião de dois e 60 mil torresmos.
- Preparamos mais de 50 mil caipirinhas e secamos mais de 5 mil garrafas de cachaça.
- Gelamos 120 mil garrafas de cerveja até trincar.
- Acionamos mais de 200 produtores e prestadores de serviços diversos.
- Ganhamos uma dúzia de prêmios no Brasil e no exterior.
- Realizamos 25 eventos fora de São Paulo e outros tantos na cidade.
- Apresentamos nossa cozinha em mais de 12 países.
- Fomos citados em cerca de 300 matérias, em vídeo, áudio e texto.
- Recebemos dezenas de convites para montar outro restaurante.
- Perdemos a conta de quantos equipamentos foram mandados para a manutenção.
- Abrimos 361 dias, sem intervalo entre almoço e jantar.
- Empregamos diretamente mais de 60 pessoas incríveis.
- Atendemos cerca de 200 mil clientes e acreditamos que os fizemos felizes.

2008

O jovem chef inicia o processo de profissionalização do seu restaurante. Cada vez mais chefs, gourmets, jornalistas e clientes de todos os cantos vêm prestigiar o Mocotó. Rodrigo é eleito Chef Revelação pela revista *Prazeres da Mesa*, e o Mocotó, Melhor Restaurante Bom e Barato pela *Veja São Paulo*. É também convidado para palestrar e cozinhar Brasil afora, apresentando sua nova cozinha sertaneja.

QUEM É QUEM
(AS PESSOAS QUE FAZEM O MOCOTÓ)

Das receitas mais valiosas que aprendi, algumas não tinham a ver exatamente com culinária. Administrar um restaurante, liderar uma grande brigada, crescer, instituir valores e criar uma linguagem própria foram lições que aprendi ao longo do caminho. Entre vários mentores, Danny Meyer – que jamais tive o prazer de encontrar pessoalmente – foi, sem dúvida, o que mais me influenciou. Em *Setting the Table: The Transforming Power of Hospitality in Business* (Hospitalidade e Negócios, Editora Novo Conceito), Meyer mostra o papel decisivo da hospitalidade para o sucesso de um negócio. O sujeito, um dos mais admirados empresários do ramo no mundo, com vários restaurantes consagrados em Nova York, tem na sua equipe o foco do seu trabalho.

A missão dos seus restaurantes, que foi traduzida e instituída por nós, diz assim: "Expressar excelência da maneira mais inclusiva, acessível, genuína e acolhedora possível". Para ele, não seria possível oferecer hospitalidade genuína ao público se os mesmos princípios não fossem praticados dentro da equipe, inclusive nos bastidores. Isso é exatamente o que se sente em cada uma de suas casas, pessoas criando uma experiência de excelência para outras pessoas.

A partir daí, influenciados também por outros notáveis, como Ricardo Semler e Roberto Tranjan, entendemos que a peça principal do nosso negócio não são os clientes, nem mesmo a comida, são as pessoas que fazem a roda girar, aquelas que estão aqui todos os dias, a sua própria equipe.

Engajar esses profissionais num projeto que os consome física e emocionalmente, que os priva quase sempre dos horários convencionais de

2009
Rodrigo passa a ser palestrante cativo nos eventos de maior repercussão do país, como o Mesa Tendências e o Laboratório Paladar. A casa, com as ampliações, já conta com 100 lugares e atende cerca de 20 mil clientes por mês. É estrelada pelo *Guia Josimar Melo* e pelo *Guia Quatro Rodas*, além de receber mais premiações. O restaurante é notícia em veículos como *Food & Wine, Le Figaro, El País, The Wall Street Journal, Placeres, Vogue, Travel + Leisure, Monocle*, entre outros. O chef participa de eventos no México, no Chile, nos Estados Unidos, no Peru e na Argentina.

convívio com a família e com os amigos, incluindo aí finais de semana e feriados, é uma tarefa árdua e incessante. Formar uma equipe estável e comprometida é certamente o maior desafio para um restaurante, e talvez o seja para qualquer negócio.

Em nosso processo de crescimento, erramos e perdemos algumas pessoas valiosas. Entendemos que, se não houver hospitalidade entre nós, jamais conseguiremos levá-la adiante. Não chamamos as pessoas que trabalham no Mocotó de "funcionários", não pela cartilha do politicamente correto, mas por puro bom senso. Não queremos ninguém aqui para simplesmente cumprir sua "função". Queremos *pessoas* que lutem pela *causa*, simples assim.

Um ambiente estimulante e desafiador, um grupo de pessoas interessantes e agregadoras, ganhos acima da média do mercado, bolsas de estudo, planos de carreira, uma gestão participativa, assim como outros benefícios, são alguns dos atrativos para reunir as melhores pessoas.

Dessa forma, não impomos restrições a trabalhar com gente da mesma família — marido e mulher, irmãos ou filhos de alguém da equipe —, tampouco importa se as pessoas têm ou não experiência no ramo de restaurantes. Temos aqui exemplos bem-sucedidos de todos esses casos. Nos concentramos em encontrar boas pessoas e, daí em diante, trabalhamos para fazer delas bons profissionais. Todos os nossos líderes, sem exceção, vieram dos cargos de base. Eles, e eu mesmo, galgamos cada degrau da subida.

2010

Mocotó recebe mais premiações. A cozinha e a estrutura do restaurante vão se aprimorando, e a equipe já conta com 45 pessoas. Rodrigo palestra pelo segundo ano no Latin Flavors, American Kitchens, organizado pelo Culinary Institute of America, uma das mais prestigiadas escolas de cozinha do mundo. Passa a ser membro do Latin Cuisines Advisory Council, a convite da mesma escola. Apontado como uma das 100 Personalidades mais Influentes do Ano no Brasil pela revista *Época*, Rodrigo, o único cozinheiro da lista, foi descrito em um belo texto pelo chef Alex Atala, com citações de Ferran Adrià.

O RESTAURANTE

Esta é a equipe que faz o sucesso do Mocotó

2011

Entra em funcionamento o Engenho Mocotó. Mais prêmios para o restaurante Mocotó e para o chef Rodrigo. Mais eventos: Gastronomika, na Espanha; Bogotá Food & Wine, na Colômbia; Masters of Food & Wine, na Argentina; Millesime, em São Paulo.

2012

Outro ano de grandes consagrações e muitas premiações. Mais um giro pelo mundo: Identità Golose, congresso em Milão, na Itália; Mistura, no Peru; jantar para Embratur em Paris; Gastronomika, outro ano mais; Panama Food Festival, na capital do país; Punta Food & Wine, no Uruguai; LFAK, no Culinary Institute of America, nos Estados Unidos, e muito mais.

Antonio Passos e Anderson Miranda

Paulo Carvalho e Rodrigo Ferreira

Francisco Dantas e João Gabriel Ferreira

Silvia Guzela e Ricardo Lima

Marcelo Marinho

Beto Santos, Claudio Júnior de Lima e Clayton Valentim

Sandoval Soares e Gilberto Silva

Josafá Menino da Silva

BRIGADA DE BRIGA
(JUNTO E MISTURADO)
POR ELCIO FONSECA

Pegue um torneiro mecânico, um vendedor de doces de rua, um pintor de letreiros, um frentista, um ambulante, um lavrador, um operário de olaria, um ajudante de pedreiro, um serralheiro, uma costureira, um padeiro, uma empregada doméstica, um ajudante de caminhoneiro, e o que você faz? Com a obstinação de Rodrigo e a dedicação de Ricardo Lima – gerente da casa e egresso das pias de lavagem de louça, assim como o chef –, uma compenetrada equipe de cozinha e uma das mais surpreendentes brigadas de salão da cidade de São Paulo. Transformadas em maîtres, chefs de cozinha, garçons e cozinheiros, essas pessoas hoje podem ser encontradas deslizando suavemente pelos salões do Mocotó, estufadas de orgulho, apresentando detalhes da cozinha do restaurante, anunciando especificidades desta ou daquela cachaça, destacando aromas, ingredientes, sugerindo pratos e harmonizações.

"É minha vida", resume um deles. "Tudo o que sou, devo ao Mocotó", diz outro. "Trabalhar aqui é fazer parte da família. Seu Zé é o pai de todos nós, e Rodrigo, o irmão que todo mundo sonharia ter", esclarece outro. As opiniões se multiplicam, mas todas convergem para um consenso: trabalhar no Mocotó é uma delícia.

A suavidade no trato vem de cima. Seu Almeida fala manso e baixo com cada um de seus "filhos", no que é imitado por seu filho sanguíneo, que nem por isso deixa de chamar a atenção para um deslize, um erro, uma desatenção. Numa noite, ao sentar exausto em uma mesa para fazer companhia a Julien Mercier, chef francês e seu amigo, com quem aliás abriu o primeiro precedente no cardápio do Mocotó, realizando o divertido festival "De Napoleão a Lampião", ele cumprimenta

2013
O restaurante passa por sua maior reforma; salões e cozinhas são redesenhados e reestilizados para tudo ganhar mais fluidez e conforto, tanto para a equipe quanto para os clientes. Um painel de 20 m² do artista plástico Felipe Ehrenberg é pintado no salão principal. Mais prêmios e mais trabalho. O novo restaurante da família, Esquina Mocotó, é aberto ao lado da casa pioneira.

O RESTAURANTE

os cozinheiros e pede uma caipirinha. Após experimentá-la, chama o garçom e pergunta discretamente: "Quem fez esta caipirinha?". O garçom responde. Rodrigo fala baixinho, no seu ouvido: "Dê os parabéns a ele, está muito boa. Mas lembre-o de que o copo está sujo de açúcar. Isso não deve acontecer mais". O garçom recolhe o copo e sai. É o padrão do Mocotó de administrar seu bom nome.

De três para mais de meia centena de funcionários nos últimos dez anos é um salto que desafia qualquer sistema gerencial e de treinamento. O curioso é que no Mocotó, até bem pouco tempo atrás, não havia nenhum cozinheiro que já tivesse cozinhado antes, nenhum garçom que já tivesse servido mesas. "Fomos aprendendo todos juntos", analisa Rodrigo. E que aprendizado! Entre outras coisas, foi abolida a palavra "funcionário". Todos no Mocotó funcionam, mas vão além, "lutam pela causa" e pela casa. São "as pessoas do Mocotó". O prazer de exercer a profissão fica patente no rosto de cada um deles, na preferência dos clientes – "Quero ser atendido por você" – e deles próprios, que, nos dia de folga, aproveitam para pegar a família, a namorada e dar um pulinho no... Mocotó.

2014
Além de mais premiações, o chef passa a assinar os menus de bordo da companhia aérea holandesa KLM; milhares de passageiros chegarão a Amsterdam com gostinho de Brasil na boca.

2015
O prestigiado *Guia Michelin* chega ao Brasil e o Mocotó é citado como um *Bib Gourmand*, distinção para os restaurantes de altíssima qualidade e preços camaradas. Rodrigo comanda por uma semana o restaurante oficial da EXPO, em Milão, sendo o único chef brasileiro convidado para o evento. Inaugurado o Mocotó Café, no Mercado de Pinheiros, uma versão ainda mais pop da casa-mãe.

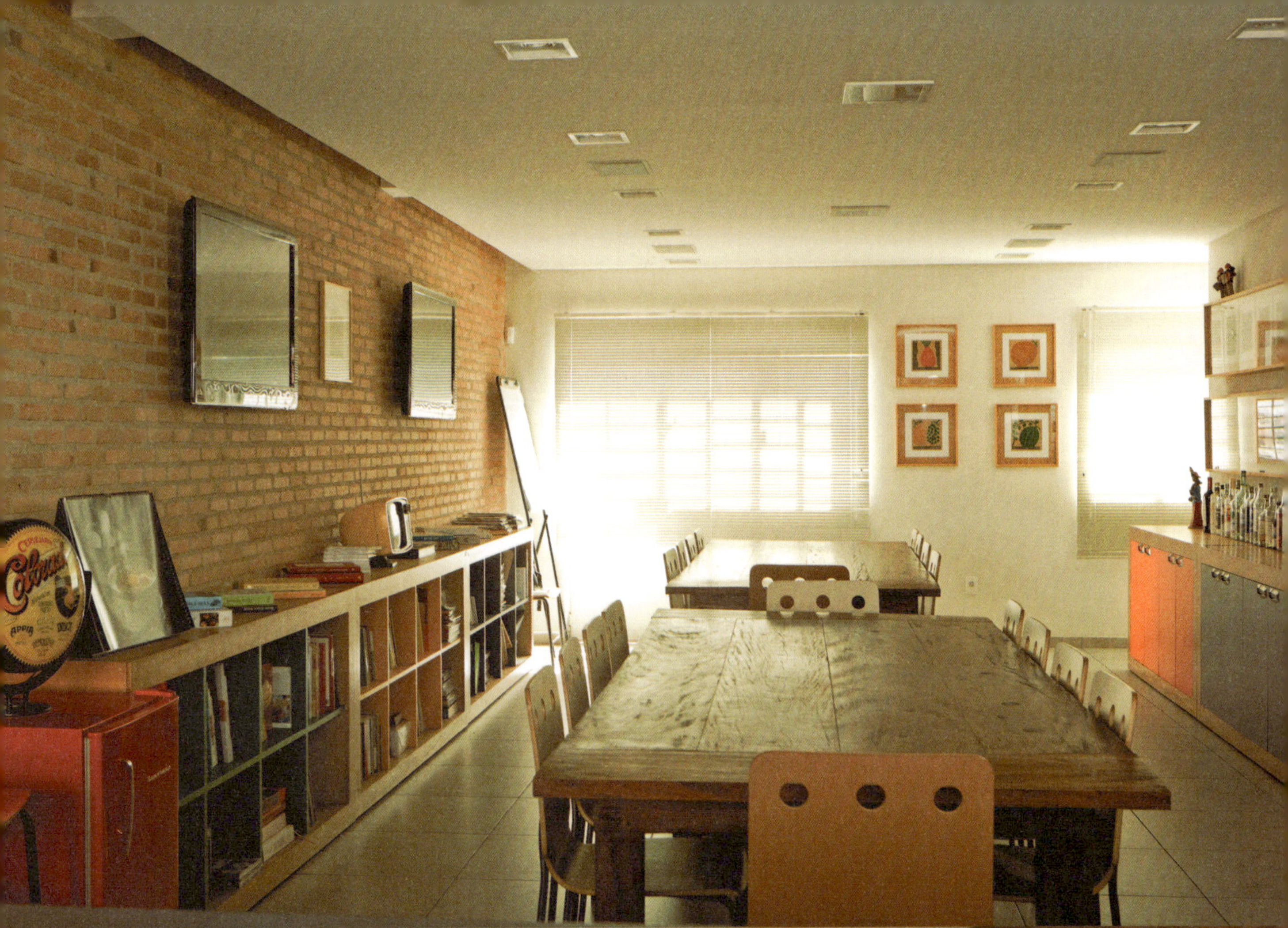

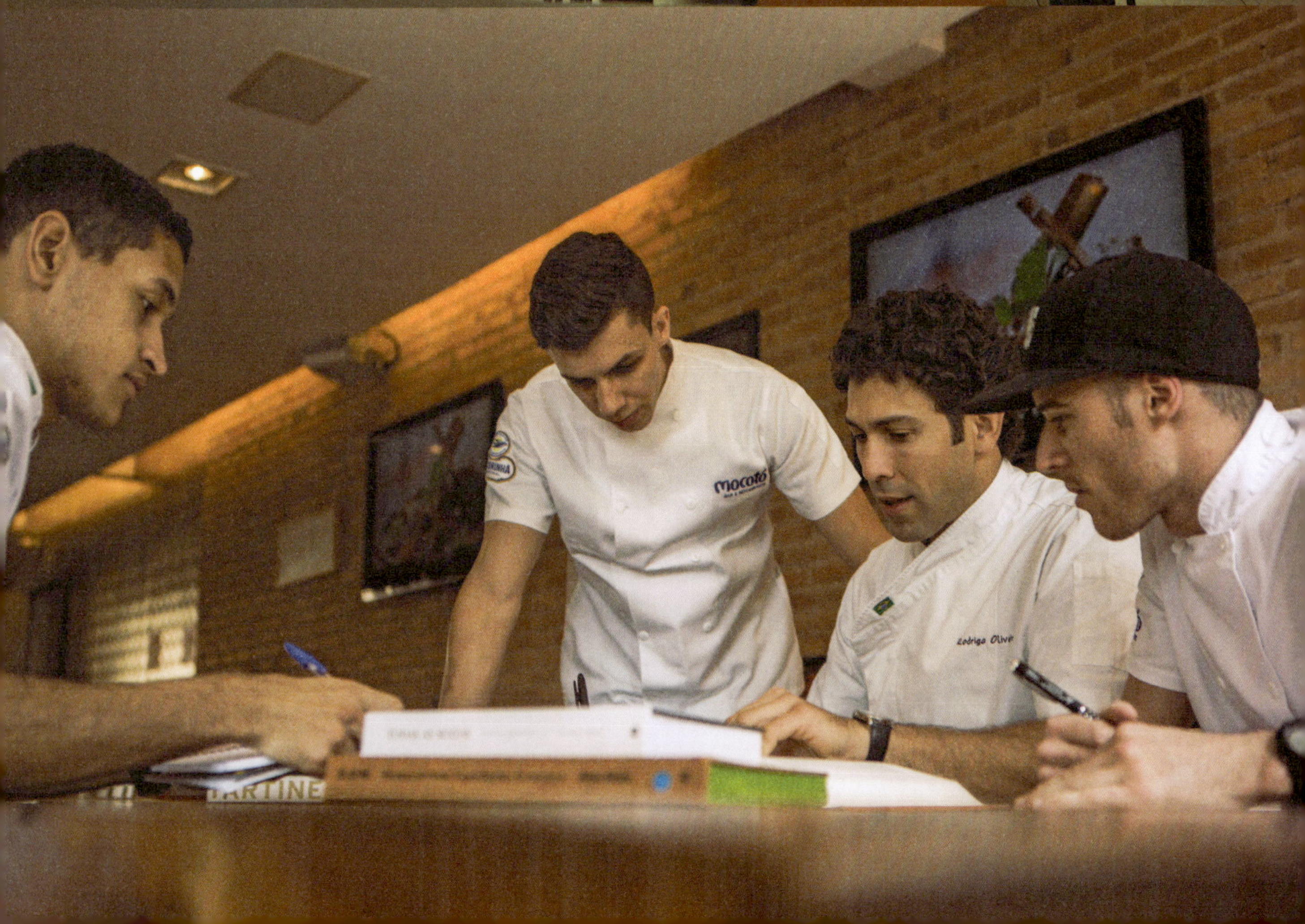
Mocotó

Engenho Mocotó:
um lugar de transformação

ENGENHO MOCOTÓ
(EXPERIMENTANDO O FUTURO)

Engenhos são lugares de transformação e compartilham sua raiz etimológica com engenharia ("engenho" vem do latim *ingenĭum*). "Capacidade inventiva, aptidão natural, criatividade, talento"; essa é a primeira definição de "engenho" no *Michaelis Dicionário Brasileiro da Língua Portuguesa*, daí a engenhosa escolha do nome da nossa cozinha experimental. O Engenho Mocotó é um lugar criado para transformar as pessoas que trabalham aqui e desenvolver assim a nossa culinária e o nosso serviço.

Numa sala acima do restaurante, construída com a ajuda de parceiros, esse espaço conta com uma biblioteca dedicada a gastronomia e hospitalidade, recursos de áudio, vídeo e internet e grandes mesas para estudos e reuniões. Nesse mesmo ambiente, há também uma cozinha equipada com o aparato mais moderno de cocção e processamento de alimentos e outra ao ar livre, a cozinha do fogo, com forno e fogão a lenha, defumador, grelha e estufa de fermentação. No último andar, um bar dedicado aos estudos de mixologia e destilação. Esses espaços nos dão condições de desenvolver diversas linhas de trabalho.

O tema de uma pesquisa no Engenho pode ser uma técnica ou um produto, fermentação ou porco-do-mato, por exemplo. Técnicas simples, como a extração de goma de mandioquinha, ou projetos mais complexos, como a participação na catalogação e na divulgação de plantas alimentícias não convencionais, também são exemplos do nosso escopo. Outros temas frequentes de trabalho são a elaboração de apresentações para congressos ou o desenvolvimento de produtos e receitas para a indústria alimentícia.

2016

O restaurante segue ganhando prêmios e evoluindo e inaugura a Pracinha Mocotó, uma área de espera aberta e cheia de charme. Um jardim vertical, um mirante e uma nova cozinha de panificação são algumas das melhorias implementadas dessa grande obra. A casa irmã, Esquina Mocotó, recebe sua primeira estrela Michelin, e o Mocotó Café ganha sua segunda unidade, no Shopping D.

O RESTAURANTE

Mesmo tendo sido feito para o nosso pessoal, o Engenho está de portas abertas a qualquer colega cozinheiro ou estudante de gastronomia que queira estudar, experimentar, debater, questionar e contribuir. Assim, em 2012, o Engenho Mocotó foi escolhido como sede do C5 — Centro de Cultura Culinária Câmara Cascudo. Idealizado pelo sociólogo Carlos Alberto Dória, esse grupo congrega chefs, produtores, pensadores, cientistas e especialistas de diversas áreas e tem como missão a divulgação de conhecimento gastronômico.

Mesmo que você não seja cozinheiro ou pesquisador, provavelmente vai provar os resultados de alguns dos experimentos feitos no Engenho, afinal os testes bem-sucedidos têm grande chance de parar no cardápio do restaurante.

Conheça algumas pesquisas de sucesso realizadas no Engenho Mocotó:

MANDIOCA PUBA

Na infância, um dos meus bolos preferidos era o de massa puba, uma pasta branca, úmida e cheirosa, que minha mãe lavava e pendurava no quintal, envolta num pano de algodão, para secar. À massa já seca ela acrescentava leite, ovos, açúcar, manteiga e sal. O bolo era uma iguaria de sabor e aroma complexos e profundos, mas raramente era feito, já que a massa, vinda de Pernambuco, dificilmente era encontrada por aqui.

Quando começamos os testes com fermentação, uma das nossas primeiras experiências foi justamente reproduzir a massa puba. Mandioca descascada, em toletes, deixada repousar em água mineral, sem cloro, por cerca de dez dias em lugar fresco. O resultado: mandioca puba de primeira qualidade. A raiz, já se

2017
Como nem tudo são flores, Rodrigo Oliveira ainda leva puxões de orelha de seu maior mentor e ídolo, seu Zé Almeida, que vai todos os dias ao Mocotó há mais de quarenta anos.

desfazendo depois desse tempo, é passada pela peneira e colocada para secar, exatamente como dona Lourdes fazia. O aroma pungente é o grande atrativo da massa, mas é preciso dosá-lo. Mesmo perdendo um pouco de sua potência ao longo do cozimento, preferimos balancear nossas receitas com uma parte da massa de mandioca *in natura*.

Repetimos os testes com outras raízes, como mandioquinha e batata-doce, e também com outros métodos, por exemplo, adicionando o líquido da fermentação anterior, bem como fermentos para pão e outras leveduras. Os resultados variaram desde massas com cheiro de salame a outras com aromas, digamos, não tão nobres...

GOMA, FARINHA E TUCUPI DE MANDIOQUINHA

Manipulando a mandioquinha, talvez um dos produtos brasileiros que mais encantam o mundo, percebemos a altíssima quantidade de amido que ela possui. Daí utilizamos o método tradicional da extração de amido de mandioca: processar, lavar a massa, coar e decantar. Pronto, conseguimos aí goma de mandioquinha. Com ela fizemos alguns testes, entre eles, pão de queijo e bolo de mandioquinha, mas o preferido foi talvez o mais simples: tapioca de mandioquinha com queijo minas curado. Delicioso! Provamos ainda o caldo coado e vimos potencial ali também. Fermentamos, concentramos e temperamos o caldo, utilizando o mesmo processo do tucupi tradicional. Preparamos farinha biju com o bagaço da raiz, prensamos no tipiti, secamos e torramos, um ingrediente também de bom potencial. Três produtos que carregam a essência da mandioquinha e que podem ser boa alternativa a produtores e consumidores, especialmente em períodos de excedente de produção.

ENVELHECIMENTO DE VINAGRES

O vinagre, desde a Antiguidade, é um dos principais condimentos – e medicamentos – em diversas culturas, tão distintas quanto a romana e a chinesa. O produto, fruto de duas fermentações seguidas – a primeira, alcoólica; a segunda, acética –, talvez seja um dos ingredientes mais subutilizados, e a acidez, um dos universos de sabor mais negligenciados na cozinha hoje em dia.

Na culinária sertaneja, em que não há presença de vinho nem de outros fermentados na cozinha, o vinagre é imperativo para o equilíbrio e o enriquecimento de cozidos e marinadas. Originalmente, o vinagre é feito a partir do vinho – daí seu nome, do francês *vin aigre*, literalmente "vinho azedo" –, mas os produtos industriais são normalmente feitos de cana-de-açúcar ou mesmo a partir de álcool de cereais. Um processo muito mais rápido, barato e, obviamente, com um resultado vulgar.

Dada a importância desse ingrediente na nossa cozinha, depois de uma grande busca por vinagres de qualidade no mercado brasileiro encontramos os orgânicos Dom Spinosa, em Assis, no interior de São Paulo. Wilma Spinosa, engenheira química especialista no assunto, faz o produto com frutas orgânicas, utilizando o método tradicional, no qual se desenvolve lentamente todo o seu potencial de sabor e aroma.

No Mocotó, utilizamos vinagres de manga, de maçã e de caju, este último desenvolvido especialmente para o nosso restaurante. Wilma, que produz a partir de mais de uma dúzia de frutas diferentes, já envelhecia alguns produtos em dornas de carvalho. Foi quando propusemos a ela testes com madeiras nativas. Já se vão alguns anos, e tivemos resultados surpreendentes, como o vinagre de caju envelhecido em jequitibá, o de maracujá envelhecido em umburana, o de abacaxi em bálsamo e até uma versão de vinagre balsâmico feita a partir de jabuticabas orgânicas. Os testes e os afinamentos para um vinagre brasileiro desse nível são trabalho para uma vida inteira, talvez para algumas gerações, haja vista que um autêntico balsâmico extravelho pode levar 25 anos ou mais para ficar pronto.

Aqui, estamos orgulhosamente dando os primeiros passos não só para a criação de um vinagre que tenha o espírito brasileiro, como também testando a aplicação do produto em coquetéis, sobremesas e em outras áreas onde não se costuma encontrá-lo.

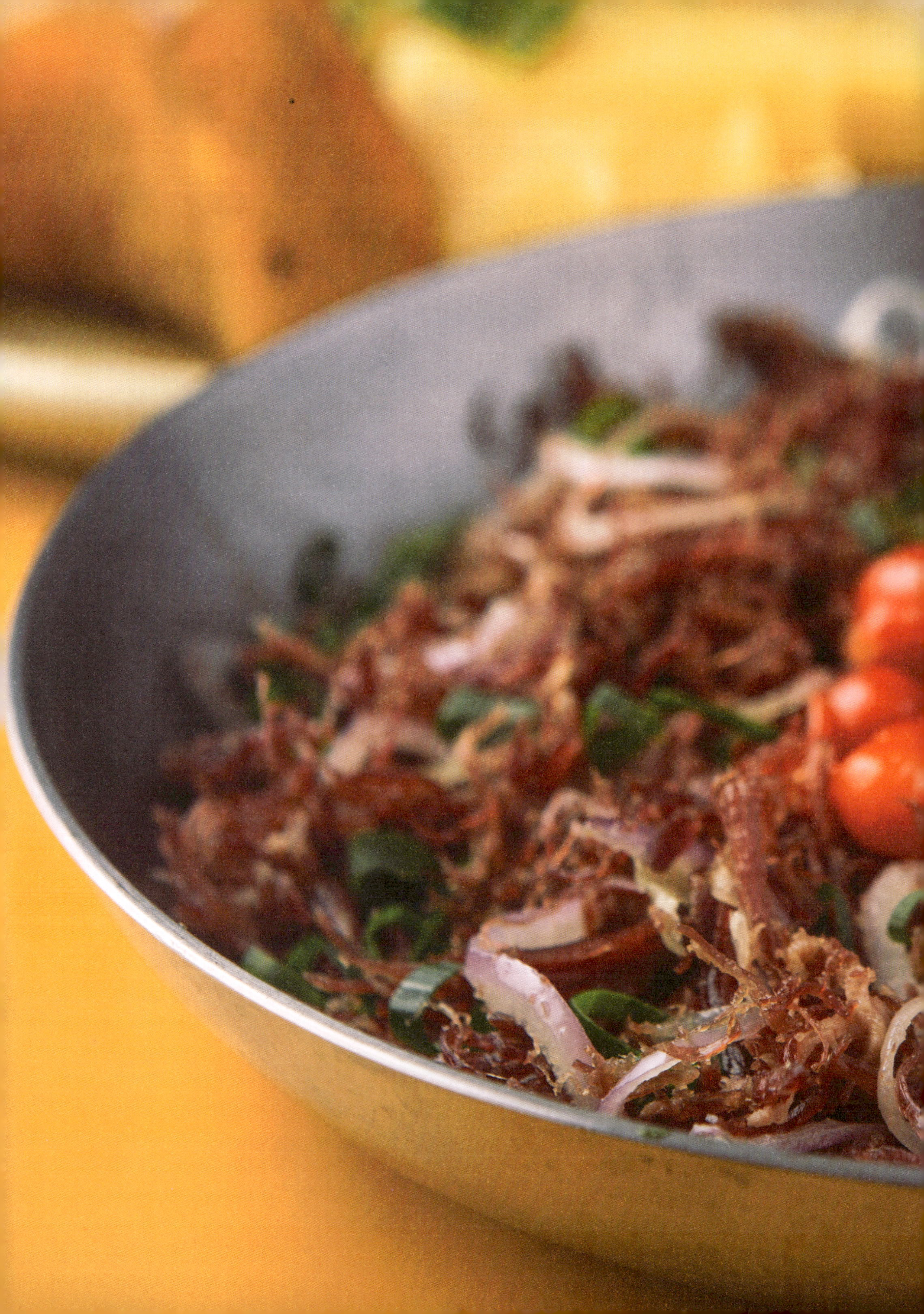

A COZINHA

POR RODRIGO OLIVEIRA

SERTÃO PARTICULAR
(A TRADIÇÃO E A PERIFERIA)

No Mocotó fazemos cozinha brasileira. Mais especificamente, fazemos cozinha nordestina. Sendo ainda mais precisos, o que fazemos aqui é a cozinha do sertão nordestino. Comida do agreste, da Caatinga, que conta a história da nossa família e do nosso chão. Tudo isso reproduzido no contexto de uma metrópole extraordinária, que nos influencia da concepção à forma como servimos nossas receitas.

Trabalhamos com elementos cotidianos e os tratamos como iguarias. Para o sertanejo, que se criou onde não havia abundância, tudo era valioso. Essa, sem dúvida, foi a lição mais importante que recebi de meu pai. O valor das coisas está relacionado essencialmente a sua qualidade, e não a seu custo ou a sua raridade. Assim, para nós o que importa é se as favas são da última safra, perfeitamente secas e uniformes; se o porco tem uma gordura rica e perfumada, com carne rosada e sabor intenso; se os maxixes estão frescos e tenros; se as abóboras estão bem maduras.

No Mocotó usamos os ingredientes menos óbvios, cortes secundários de carne, vegetais quase esquecidos, entranhas, extremidades e toda sorte de produtos dos quais conseguimos extrair sabor. Trabalhamos para agregar valor aos produtos mais singelos. Servimos os feijões-verdes de Pernambuco com o mesmo orgulho que um francês tem de suas lentilhas de Puy. Transformamos barriga de porco em torresmos contraditórios: suculentos e crocantes ao mesmo tempo. Dedicamos a eles sal, brasas e artesanato, num processo cuidadoso que consome um dia inteiro de trabalho.

Quando fazemos um cozido de favas, por exemplo, nós o fazemos com caldo de suã, alho, cebola, tomate, pimentão, cominho, urucum, pimenta, louro, banha de porco, manteiga de garrafa, vinagre de laranja, carne-seca, linguiça defumada, toucinho e coentro. Um universo dentro de um caldeirão. Respeitamos o momento de cada ingrediente, suas proporções e interações. Buscamos ao final uma amálgama, mas onde ainda se reconheçam as partes. Para nós, contudo, esse esforço só será legítimo se o elemento principal, a fava, neste caso, prevalecer.

Noutro exemplo, para nossa carne de panela usamos carne orgânica, de gado de origem e criação especiais, mas procuramos os cortes que outras cozinhas em geral não querem. Queremos aqueles pedaços de carne mais trabalhosos e que, por sua vez, nos proporcionam muito mais sabor. Não importa quanto custaram, nos debruçamos sobre eles e oferecemos nossos melhores esforços. Fazemos o mesmo com farinhas, feijões, castanhas, cachaças, açúcares e sais. Assim conseguimos ter o melhor produto e ainda um custo favorável. O luxo da simplicidade.

Mais um aspecto importante da nossa filosofia é a abordagem evolutiva das tradições, ao mesmo tempo respeitosa e questionadora. Se pensarmos como Massimo Montanari, para quem uma tradição é uma inovação que deu certo, novas tradições também podem ser criadas.

Quando fazemos carne de sol, usamos técnicas e equipamentos de última geração, mas preservamos e evidenciamos a essência do prato – a carne, o sal, o tempo e a brasa –, o que para nós é a renovação ou a atualização do método tradicional.

Os dadinhos de tapioca, por sua vez, uma receita simples, de apenas três ingredientes, criada aqui há alguns anos, me parece estar se tornando uma nova tradição, sendo reproduzida de norte a sul do país, em bares, restaurantes e lares diversos, com o mesmo êxito que encontramos aqui. Acredito que, um dia, alguém vai dizer que esses dadinhos são uma receita "típica" brasileira.

Para este livro, reunimos as receitas de grandes clássicos do Mocotó, de pratos que fazemos em eventos e ocasiões especiais, além de coquetéis preparados com cachaça. Incluímos pequenos textos sobre alguns ingredientes emblemáticos da nossa cozinha para elucidar questões básicas como, por exemplo, as diferenças entre carne-seca e carne de sol.

Mesmo com algumas técnicas ou métodos de cocção difíceis de serem reproduzidos em casa, as receitas são descritas exatamente como fazemos no restaurante. Contudo, haverá sempre uma indicação de métodos caseiros alternativos, todos testados na minha própria cozinha doméstica.

Espero que você desfrute cada uma dessas receitas!

Chips de mandioca

OS CLÁS-SI-COS

(AS RECEITAS CONSAGRADAS DO MOCOTÓ)

CALDINHOS

Mocofava [30 porções]

Este é um clássico da nossa família. Um prato rico, untuoso, revigorante! Combinação de dois preparos distintos, caldo de mocotó e favada, foi criado e batizado pelo grande Tio Tinô, do bar O Mocofava. Mas qual o segredo de um cozido servido com sucesso há tantos anos e que conta com admiradores ilustres como Alex Atala e Fernando Henrique Cardoso? Talvez as favas-amarelas, possivelmente as melhores do mundo, vindas da Paraíba e de Pernambuco. Quem sabe seja a alquimia sertaneja. Esta receita tem o que o nordestino chama de "todo tempero", o uso equilibrado de ervas, condimentos e especiarias, criando uma assinatura inconfundível. Ou seria a sua dinâmica? Uma carne curada, um embutido, um defumado, a gelatina do pé de boi, criando uma sensação diferente a cada colherada. O cheiro-verde enche o prato de frescor, algumas gotas de pimenta acendem a boca e um punhado de farinha lhe acrescenta ainda mais substância. O universo sertanejo dentro de uma cumbuca.

Ingredientes
- Caldo de mocotó (veja receita na página 90)
- Favada (veja receita na página 124)

Preparo
Prepare o caldo de mocotó e a favada conforme as explicações dadas em cada receita. No momento de servir, coloque a favada por baixo e finalize com o caldo de mocotó.

Caldo de mocotó [20 porções]

Esta é a receita que mudou a história da nossa família. O caldo de mocotó, servido nos nostálgicos copos americanos, foi o primeiro prato da casa e espontaneamente batizou o restaurante. Depois de servir mais de 1.200 porções do caldinho num dia, a casa e o cardápio foram crescendo. Até hoje vem pessoas de todos os cantos para provar esta iguaria, ainda preparada à moda do seu Zé Almeida. De sabor intenso e condimentado, vigoroso e nutritivo sem ser pesado, com tentadores pedaços de gelatina e incrementado no último segundo com coentro e cebolinha frescos. Para quem sabe o que é bom!

Ingredientes

2 peças	mocotó
3 folhas	louro
3	tomates
1	cebola-branca
½	pimentão verde
1	pimenta dedo-de-moça
6 dentes	alho
60 ml	vinagre
1 colher (sobr.)	colorau
1 colher (chá)	cominho
1 colher (chá)	semente de coentro
400 g	mandioca crua
•	sal a gosto
•	coentro fresco
•	cebolinha fresca

Curiosidade

Já reparou que também falamos "pé de boi" e "mão de vaca" para nos referirmos ao mocotó? Pois há sentido na distinção, como me disse Ana Rita Suassuna. Normalmente são preferidas dos entendidos as patas dianteiras da vaca e as traseiras do boi. Pura sabedoria popular: enquanto as primeiras urinam pra trás, marcando essas patas com o odor característico, os machos se aliviam pra frente, afetando assim as patas dianteiras.

Preparo

Escolha mocotós bem limpos, sem pelos nem manchas escuras. Peça ao seu açougueiro que os separe nas juntas e serre o osso maior ao meio.

Escalde o mocotó em água fervente por 5 minutos e descarte esse líquido. Cozinhe em bastante água com um pouco de sal e as folhas de louro. Na panela de pressão isso vai levar cerca de 50 minutos, em panela comum pelo menos 3 horas. Quando estiver macio, quase se soltando dos ossos, retire o mocotó e coe o caldo.

Desosse, retirando gorduras e as partes escuras, e corte essa gelatina em cubinhos.

Processe no liquidificador os legumes e os temperos usando um pouco do caldo para facilitar a tarefa. Volte com a mistura à panela e deixe cozinhar por mais 30 minutos, em fogo baixo. Usando uma parte desse mesmo caldo, bata a mandioca no liquidificador até que se desmanche por completo. Volte então a mandioca batida e os pedaços de mocotó à panela, mexendo sempre até engrossar. Acerte o sal, coloque o coentro, a cebolinha e sirva imediatamente.

Molho de pimenta e farinha de mandioca é tudo o que é preciso para acompanhar.

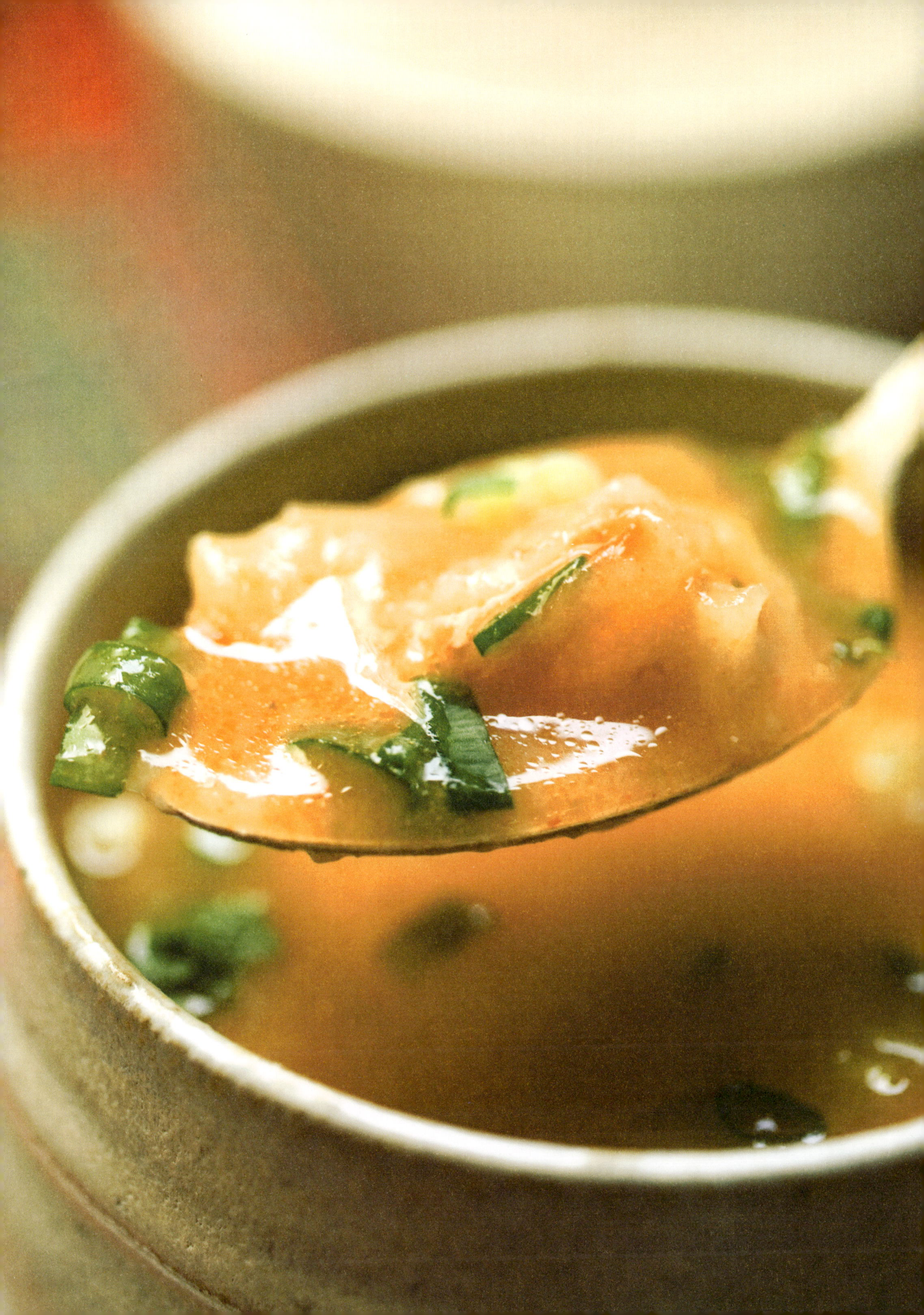

Caldo de feijão-de-corda [12 porções]

Este feijão, um dos grandes ícones da cozinha nordestina, é tão saboroso quanto versátil. Em cozidos, farofas, saladas ou caldinhos, verde ou seca, esta leguminosa estará presente onde houver um nordestino. Para o caldinho, nós o preparamos como um cozido e o finalizamos num processador de alta velocidade para uma textura aveludada. Em casa, o seu liquidificador fará um bom trabalho, e com o cuidado de passar tudo numa peneira o resultado será perfeito.

Ingredientes

- 50 ml manteiga de garrafa
- 50 g banha de porco
- 3 dentes alho
- 1 cebola em cubos
- 1 pimentão em cubos
- 3 pimentas-malagueta
- 3 tomates em cubos
- 1 folha louro
- 1 colher (chá) cominho
- 1 colher (sobr.) colorau
- 1 colher (café) semente de coentro
- 2 l caldo de carne (veja receita na página 202)
- 50 ml vinagre de maçã
- 600 g feijão-de-corda cozido e escorrido
- 100 g gelatina de bacon (veja receita na página 206)
- sal a gosto
- coentro fresco a gosto

Preparo

Faça um refogado com a manteiga, a banha, o alho, a cebola, o pimentão, a pimenta e o tomate, nessa ordem. Quando tudo estiver bem cozido, quase pegando no fundo da panela, junte os temperos e cozinhe por mais alguns instantes.

Adicione o caldo, o vinagre, o feijão, a gelatina de bacon e cozinhe por mais 30 minutos. Processe os feijões com o caldo, coe numa peneira e acerte a textura adicionando mais caldo se necessário. Acerte o sal, acrescente o coentro e sirva com molhinho de pimenta à parte.

Caldo de
feijão-de-corda

Caldinho de pirarucu
com farinha-d'água

Caldinho
de abóbora

Caldinho de pirarucu com farinha-d'água [12 porções]

A cabeça de um peixe tem mais sabor que qualquer outra de suas partes, e é com ela que se faz o melhor caldo. O pirarucu e o tucupi na nossa cozinha são pequenas licenças poéticas, já que não são exatamente produtos do nosso quintal. Espero que o amigo Thiago Castanho, chef do Remanso do Bosque, em Belém do Pará, aprove a receita.

Ingredientes

- 1 cabeça de pirarucu
- 1 espinha de pirarucu
- 1 l tucupi
- 3 pimentas-de-cheiro
- 3 dentes de alho
- 1 cebola picada em cubinhos
- 100 ml azeite
- 3 pimentas-cambuci em cubinhos
- 1 pimenta dedo-de-moça picadinha
- 2 tomates em cubinhos
- 100 g farinha-d'água
- 50 g farinha de mandioca torrada
- sal a gosto
- 1 limão-cravo
- 1 limão-taiti
- coentro fresco a gosto

Preparo

Para o caldo, deixe a cabeça e a espinha do peixe de molho em água salgada e fria por 1 hora. Escorra essa água, adicione o tucupi e complete com água até cobrir completamente. Junte as pimentas-de-cheiro e o alho e cozinhe em fogo baixo por 1 hora após a fervura. É importante não deixar o caldo entrar em franca ebulição em nenhum momento. Coe o caldo e reserve a cabeça para retirar toda a carne que conseguir.

Refogue a cebola no azeite até começar a dourar, então junte as pimentas e o tomate picados. Adicione também a carne reservada da cabeça e o caldo. Quando ferver, acerte o sal e vá incorporando as farinhas aos poucos, para não empelotar.

Quando atingir a textura ideal, adicione o coentro fresco picado e o suco dos dois limões. Sirva imediatamente.

Caldinho de abóbora [10 porções]

Esta é uma receita leve e ao mesmo tempo rica e suntuosa.

Ingredientes

1	abóbora-cabochã bem madura
100 ml	vinho branco
100 g	manteiga
•	sal a gosto
1	semente de cumaru
•	pimenta-do-reino a gosto
2 l	caldo de legumes (veja receita na página 204)
•	pesto de coentro a gosto (veja receita na página 121)
•	queijo de cabra tipo feta a gosto
•	castanha-de-caju caramelada a gosto

Preparo

Lave bem a casca da abóbora e asse-a inteira no forno a 190 °C por 1 hora ou até estar cozida e a casca, tostada. Esse processo acentua a doçura da abóbora e lhe dá um leve toque defumado.

Reduza o vinho a dois terços numa panela, adicione a manteiga, a polpa da abóbora assada e tempere com o sal, o cumaru ralado e a pimenta-do-reino. Adicione o caldo de legumes aos poucos, até ter uma consistência de purê leve. Com um mixer, processe a mistura com cuidado até ter um creme liso.

Na hora de servir, experimente com queijo de cabra, castanhas carameladas e pesto de coentro.

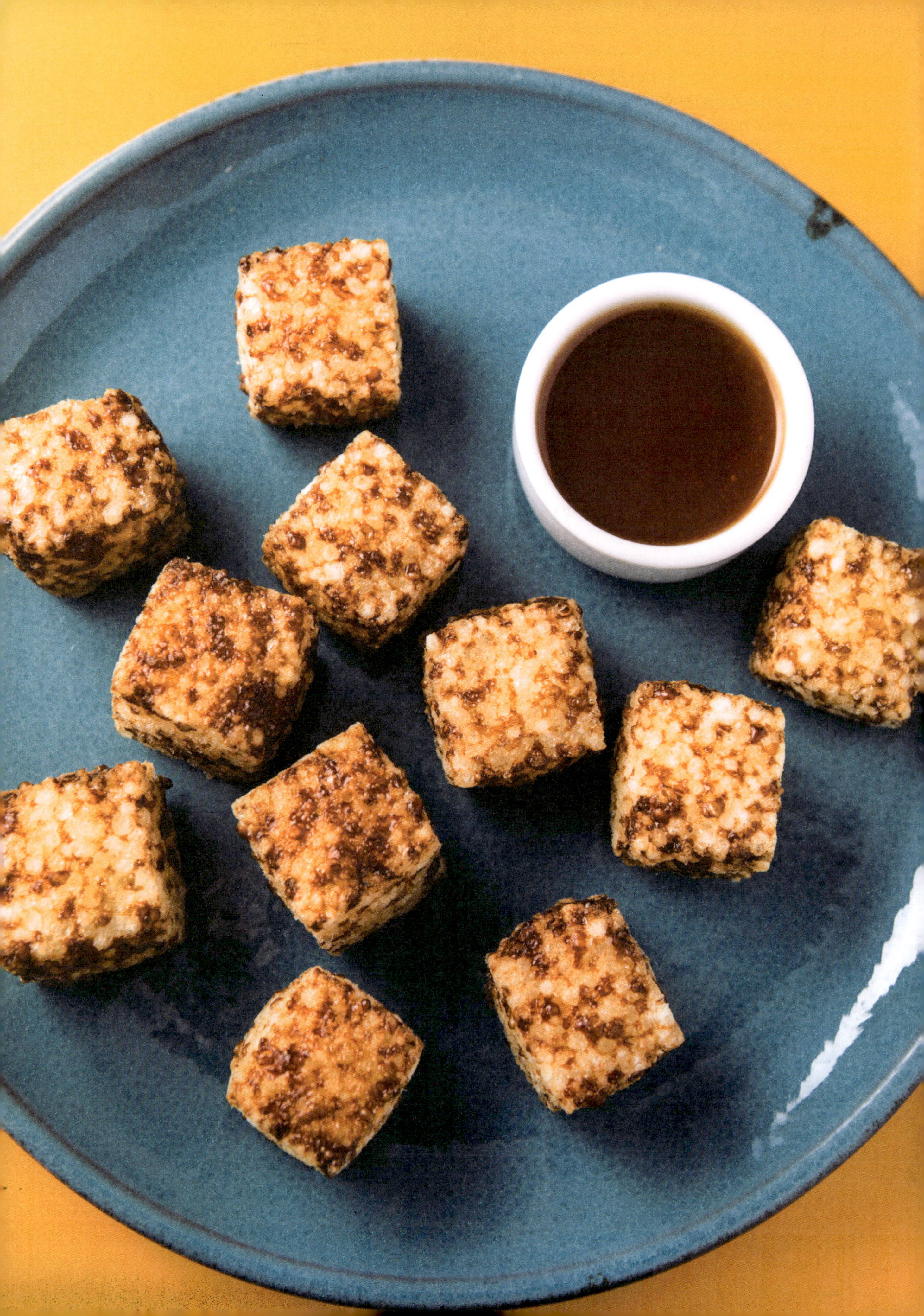

PETISCOS

Dadinhos de tapioca e queijo de coalho [10 porções]

Inspirados por uma receita da incrível Adri Cymes, do Arroz de Festa, grande amiga e chef de cozinha das boas, os dadinhos se tornaram nosso petisco mais pedido – e reproduzido – de todos os tempos. Centenas de bares, restaurantes e bufês de norte a sul do país servem alguma versão desses cubinhos. Sem contar as pessoas que os fazem em casa e nos escrevem agradecendo ou tirando dúvidas. A receita é muito simples, tem basicamente três ingredientes e um processo totalmente descomplicado. Além disso, é bastante fácil dar seu toque pessoal, seja com um punhado de ervas frescas, uma outra especiaria ou mesmo com outros tipos de queijo. Ah, mas não dá para negar que parte do mérito dos dadinhos vem do molho agridoce que os acompanha. Feito a partir de pimentas vermelhas, vinagre de manga, alho e caramelo, ele também vai se tornar um curinga na sua cozinha. Ao que me parece, os dadinhos de tapioca já são um novo clássico da culinária brasileira.

Ingredientes

300 g	queijo de coalho
250 g	tapioca granulada
8 g	sal (a quantidade pode variar de acordo com o sal do queijo)
1 pitada	pimenta-branca
500 ml	leite

Dicas

Os dadinhos podem ser guardados na geladeira por até três dias sem fritar.

Caso não tenha uma fritadeira com termostato em casa, é só ir regulando a chama do fogão até os dadinhos saírem da maneira desejada.

Preparo

Forre uma assadeira de aproximadamente 20 cm x 30 cm com papel-filme e deixe à mão. Rale o queijo no ralador fino e misture com a tapioca, o sal e a pimenta-branca. É importante que estejam bem misturados, para evitar a formação de grumos. Junte o leite fervente, mexendo sempre para que a tapioca hidrate uniformemente. Continue mexendo até a mistura se firmar.

Despeje na assadeira forrada e cubra com papel-filme ou um saquinho plástico culinário para evitar que se forme uma película. Deixe esfriar em temperatura ambiente e leve à geladeira por pelo menos 3 horas.

Corte em cubos e frite por imersão a 170 °C até dourar. É importante respeitar a temperatura de fritura, para que os dadinhos fiquem crocantes e sequinhos. Para quem preferir, o forno também é uma opção. Para isso, unte uma assadeira com manteiga e asse os dadinhos a 200 °C, até ficarem dourados. Sirva com o molho de pimenta agridoce (veja receita na página 212) ou uma geleia.

Torresmos [8 porções]

Curioso como um prato de um só ingrediente – barriga de porco – trouxe tanto reconhecimento para a nossa casa. Em qualquer lugar do mundo onde cozinhamos ou nos apresentamos, alguém sempre nos pergunta sobre estes torresmos. A verdade é que ainda estamos aprendendo a prepará-los. Há uns meses fazemos torresmos melhores que há um ano. E há um ano eles já eram melhores que dois anos atrás, e assim desde o princípio. A receita que se segue é a versão atualizada, com os novos truques, como separar cuidadosamente a pele da gordura e a fritura em duas temperaturas. Assim, temos uma pururuca perfeita sobre a carne ainda macia e suculenta, um pedaço de porco contraditório. .

Ingredientes

- 2 kg barriga de porco
- 80 g sal fino
- 20 g bicarbonato de sódio
- água até cobrir
- óleo vegetal ou banha para fritura

Preparo

Corte a barriga em tiras de 3 cm no sentido do comprimento. Elas devem ser "magras", e isso quer dizer tão magras quanto uma barriga de porco pode ser. Deixe-as de molho na geladeira com a água, o sal e o bicarbonato por uma noite.

Escorra a água e pendure as barrigas em um defumador com um pequeno braseiro, mantendo a temperatura em torno de 100 °C por cerca de 4 horas. No caso de não possuir um defumador, o topo de uma churrasqueira de alvenaria cumprirá bem o papel.

Depois desse tempo, a pele já estará rígida e a carne, levemente dourada. Retire as tiras de barriga e deixe-as esfriar. Corte em pedaços de 10 cm, retirando os excessos de gordura. Com uma faca pequena, separe cuidadosamente a pele da carne, sem destacá-la completamente, criando um canal.

Frite os torresmos a 150 °C por 8 minutos e deixe arrefecer. Na hora de servir, frite-os a 190 °C por 3 minutos. É nesse momento que a mágica acontece e a pele se transforma numa pururuca perfeita. Escorra e deixe repousar por alguns minutos.

Sirva com limão-cravo e limão-taiti. Nada mais é necessário.

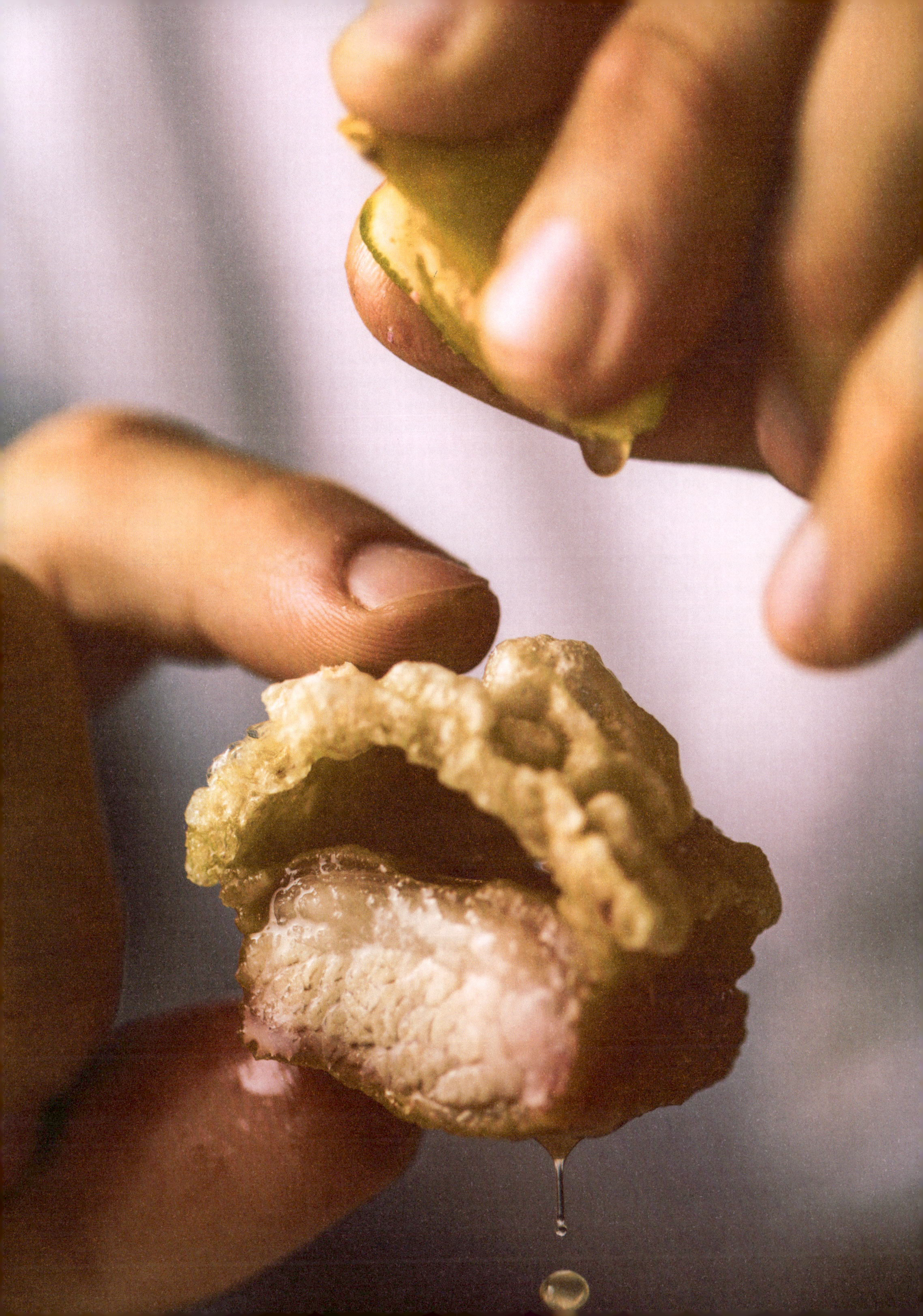

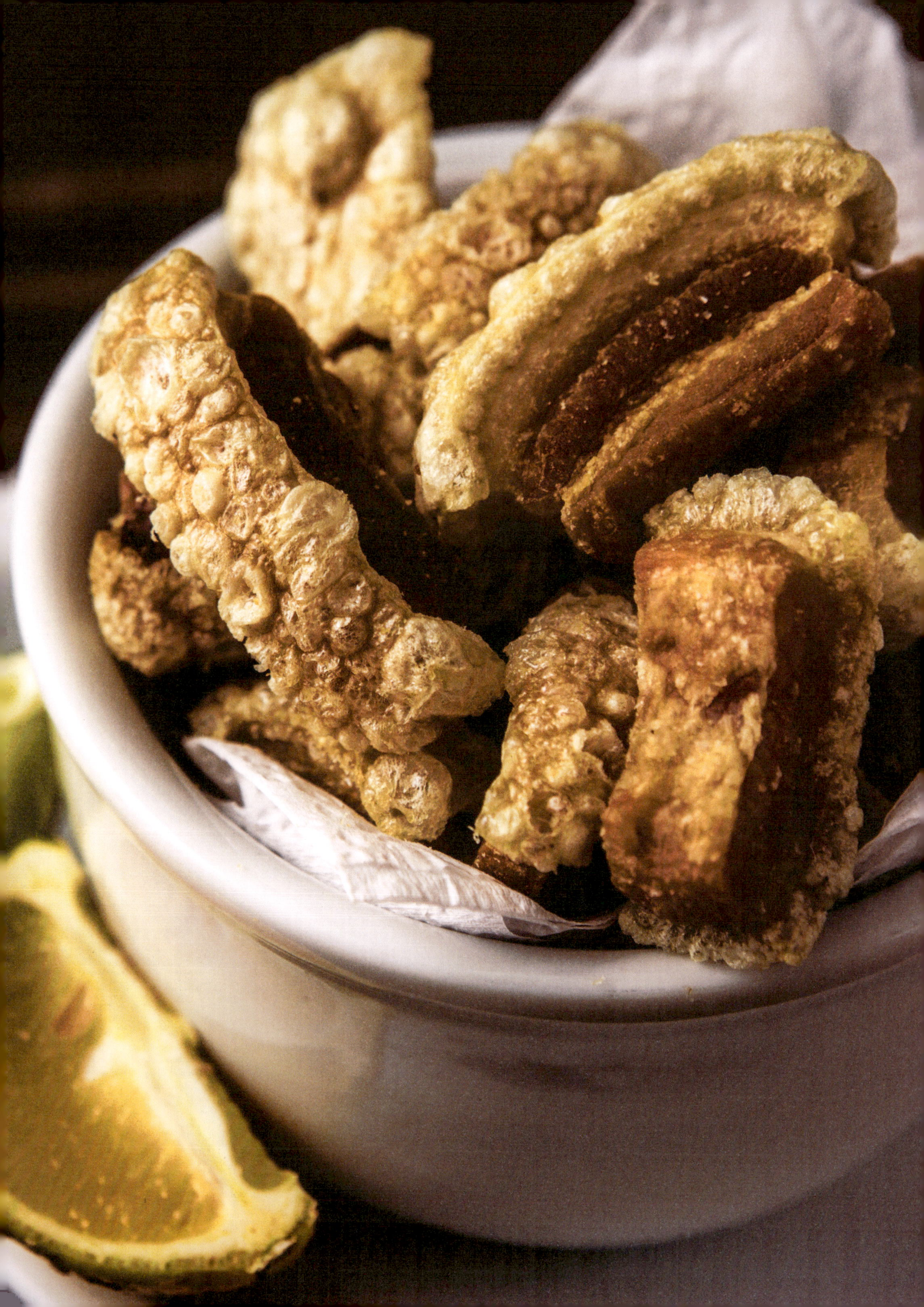

Bolinhos de abóbora e carne-seca [35 bolinhos]

Um dos nossos campeões de pedidos, estes bolinhos são uma verdadeira joia. A massa doce e levemente caramelada da abóbora assada, o recheio combinando a textura da carne-seca e a untuosidade do requeijão e da manteiga, tudo coroado por um fresquíssimo vinagrete de abóbora. Tenha certeza de que cada um desses bolinhos será disputado na sua casa!

Ingredientes

PARA A MASSA

- 1 abóbora-cabochã
- 60 g manteiga
- 140 ml leite
- 350 g farinha de trigo
- • sal a gosto

PARA O RECHEIO

- 1 cebola-roxa em cubos
- 650 g carne-seca cozida e desfiada (veja receita na página 205)
- 350 g requeijão do norte ralado
- • cebolinha picada a gosto
- • manteiga de garrafa para refogar

PARA EMPANAR

- 3 ovos
- 2 xícaras farinha de rosca
- • sal a gosto

Preparo

Asse a abóbora inteira a 190 °C por 1 hora, ou até ela ficar macia e com a casca caramelizada. Retire do forno, espere alguns minutos e abra a abóbora, remova as sementes e descarte-as. Em seguida, separe e reserve a polpa.

Em uma panela derreta a manteiga, acrescente 500 gramas de polpa da abóbora assada, mexendo para envolvê-la nessa gordura. Acrescente o leite e deixe cozinhar em fogo baixo por 5 minutos. Processe com um mixer e mexa sempre para que não grude na panela. Se você não tiver esse equipamento, pode usar também um processador ou um liquidificador, e o resultado será o mesmo. Tempere com sal.

Acrescente então a farinha de trigo. Nesse momento, use uma colher firme, pois a massa ficará pesada e é fundamental que cozinhe de forma homogênea. Ela estará cozida quando ficar firme ao toque, podendo ser modelada e não grudar na mão. Espalhe em uma assadeira, cubra com papel-filme e deixe esfriar.

Enquanto isso, refogue na manteiga de garrafa a cebola-roxa em cubos até que fique transparente. Acrescente a carne-seca cozida e desfiada, mexa bem e deixe dourar levemente. Retire da panela e espalhe em uma travessa para esfriar. Junte ao refogado frio o requeijão do norte ralado e a cebolinha picada, misturando bem.

Separe um pouco da massa, cerca de 15 g, e abra na mão, formando um disco. Acrescente um pouco do recheio, em torno de 20 g, no centro do disco, e vá fechando com cuidado para que o recheio não escape da massa. Repita o processo com toda a massa. ➲

Para empanar, bata três ovos com um pouco de água e uma pitada de sal. Passe os bolinhos por essa mistura e em seguida pela farinha de rosca.

Frite em óleo a 185 ºC, até que fiquem dourados.

Escorra em papel absorvente e sirva com vinagrete de abóbora (veja receita a seguir).

Vinagrete de abóbora [10 porções]

Mais fácil impossível!

Ingredientes

- 3 tomates em cubinhos
- 1 cebola-roxa em cubinhos
- 1 abóbora-moranga em cubinhos
- 2 pimentas-cambuci em cubinhos
- 1 pimenta dedo-de-moça picadinha
- 1 limão-cravo (suco)
- 30 ml vinagre de maçã
- 100 ml azeite
- gengibre ralado a gosto
- alho ralado a gosto
- coentro picado a gosto
- sal a gosto

Preparo

Misture todos os ingredientes e deixe que se conheçam melhor, por cerca de 30 minutos, na geladeira. Esse tempo vai deixar seu vinagrete mais gostoso e molhadinho.

Bolinhos de mandioquinha com linguiça defumada

Bolinhos de arroz

Bolinho de abóbora e carne-seca

Bolinhos de arroz [35 bolinhos]

Os nossos bolinhos de arroz foram inspirados nos arrozes do Chicão Ruzene, produtor do Vale do Paraíba. Os tipos usados podem variar, mas as proporções dentro da receita serão as mesmas. Experimente variar a receita com queijos e ervas diversas.

Ingredientes

- 200 g mix de arroz (veja receita na página 208)
- 240 g queijo de coalho
- 80 g queijo parmesão ralado ou 1 xícara
- 8 g pimenta dedo-de-moça picada (ou 1 colher de chá)
- 15 g pimenta-de-bico picada (ou 2 colheres de chá)
- 35 g polvilho doce (ou 4 colheres de sopa)
- 15 g farinha de arroz (ou 2 colheres rasas de sopa)
- 15 g coentro picado (ou 1 colher de sopa)
- 1 ovo
- sal a gosto

Preparo

Junte todos os ingredientes e misture bem. Modele os bolinhos em forma de pequenas *quenelles* com a ajuda de duas colheres de sobremesa. Deixe-os descansar na geladeira por cerca de 1 hora antes de fritá-los.

Aqueça um tacho ou uma fritadeira com óleo vegetal a 180 °C e frite os bolinhos até ficarem dourados e crocantes. Escorra em papel absorvente e sirva imediatamente.

Bolinhos de mandioquinha com linguiça defumada [35 bolinhos]

A combinação de mandioquinha com linguiça não tem muita chance de erro. Nesta receita, os dois ingredientes são coprotagonistas e dividem as glórias entre si. Certamente seus convidados vão se encantar com o sabor e a textura destes bolinhos, então prepare-se para compartilhar a receita.

Ingredientes
- 120 g linguiça calabresa assada e processada
- 200 g linguiça defumada processada
- 200 g queijo de coalho processado
- 350 g mandioquinha cozida e amassada
- 2 ovos caipiras
- 60 g polvilho
- cebolinha a gosto
- sal a gosto

Preparo
Misture bem todos os ingredientes até ter uma massa homogênea e leve à geladeira.

No momento de servir, modele os bolinhos com a ajuda de uma colher e frite a 180 °C, até ficarem dourados e crocantes.

Escorra em papel absorvente e sirva imediatamente.

Chips de mandioca [6 porções]

Ingredientes
- 12 unidades mandioca sem casca *in natura*
- óleo para fritar
- sal a gosto

Preparo
Com a ajuda de um mandoline, lamine a mandioca inteira em fatias finas de aproximadamente 1 mm. Aqueça o óleo até que chegue a 180 °C. Frite as fatias de mandioca por imersão, sem sobrepô-las. Quando os chips estiverem bem dourados, retire-os da fritura e deixe-os descansar em um recipiente com muito papel-toalha para absorver todo o excesso de óleo. O ideal é que os chips descansem sobre o papel por algumas horas.

Dica
Tente também fazer chips com mandioquinha ou batata-doce, seguindo o mesmo processo. Eles são tão gostosos como o de mandioca.

Para servir, reaqueça os chips no forno, a 180 °C, por menos de 1 minuto. Esse processo vai garantir que os chips fiquem ainda mais crocantes do que quando estão frios. Tempere com o sal e sirva quentinho.

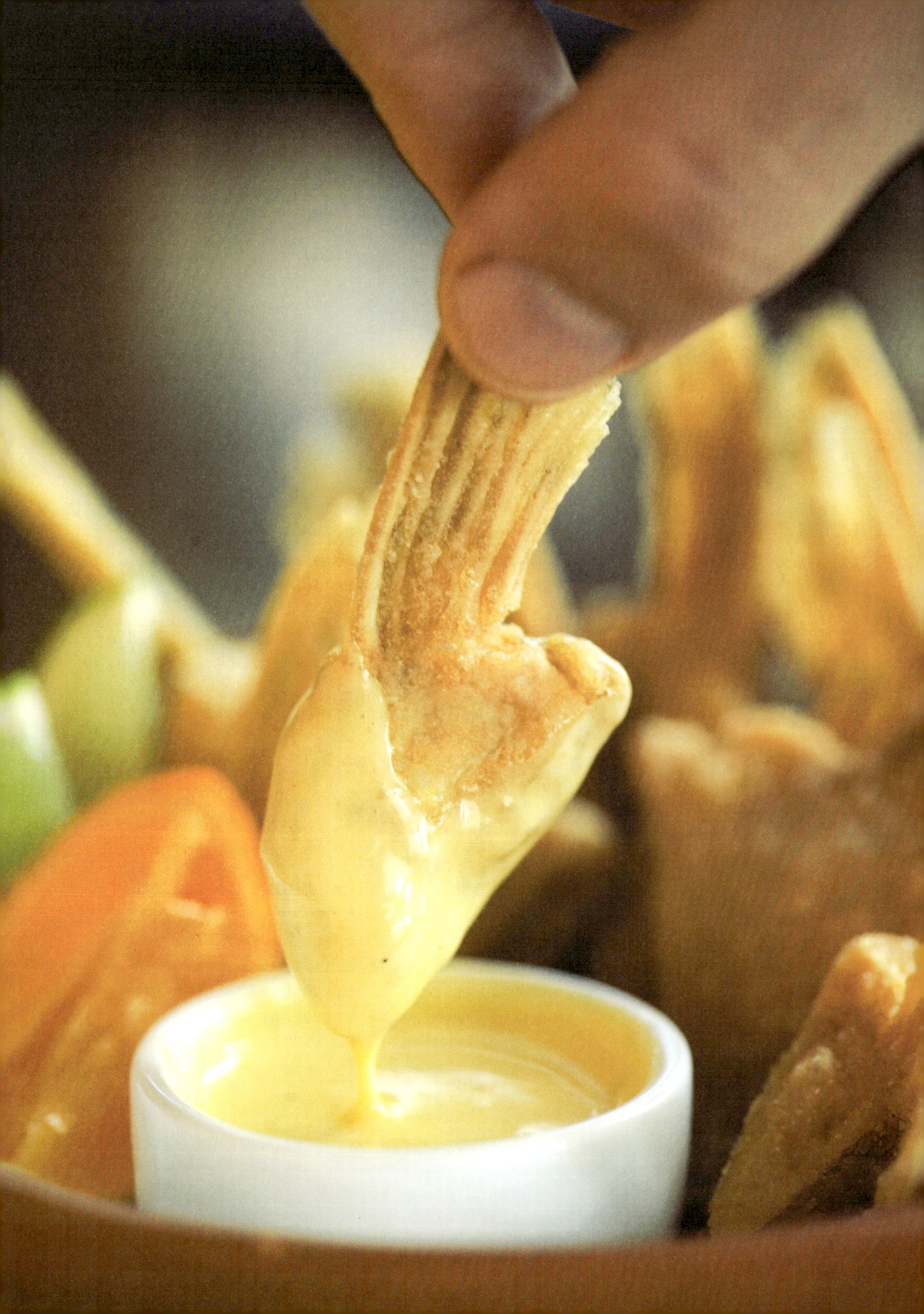

Asinhas de pintado [10 porções]

Conheci este corte do peixe numa visita ao nosso fornecedor, no meio do Estado de Mato Grosso do Sul. Mas ele não estava no catálogo de produtos da empresa, e sim no refeitório dos funcionários. Foi amor à primeira vista: o lindo formato, a carne com textura firme e a nadadeira em si perfeitamente crocante. O petisco perfeito: sirva com limão ou uma maionese cítrica, como a nossa, de limão-cravo e pimenta-de-cheiro.

Ingredientes

500 g	asinhas de pintado (aproximadamente 20 asinhas)

PARA A MARINADA

1 colher (chá)	sementes de coentro
30 ml	cachaça branca
1	limão-cravo
•	sal a gosto

PARA EMPANAR

100 g	polvilho doce
•	sal a gosto

Preparo

Tempere as asinhas com o sal, as sementes de coentro, a cachaça e o suco do limão e deixe descansar na geladeira por 1 hora.

Escorra bem as asinhas e empane-as levemente com o polvilho doce temperado com sal. Aqui colocamos o polvilho num potinho, uma porção das asinhas por vez, e o chacoalhamos até todas ficarem bem cobertas. Daí é só retirar o excesso e fritar as asinhas em óleo quente, a 180 °C, até ficarem bem douradas e crocantes.

Sirva com a maionese de limão-cravo e pimenta-de-cheiro (veja receita a seguir).

Maionese de limão-cravo e pimenta-de-cheiro [10 porções]

Ingredientes

2	ovos
30 ml	suco de limão-cravo
1	pimenta-de-cheiro picada
300 ml (aprox.)	azeite
•	sal a gosto

Preparo

Numa tigela, misture os ovos, o suco de limão e uma pitada de sal. Usando um mixer ou um fouet, vá adicionando o azeite em fio até obter uma textura cremosa e homogênea. Adicione a pimenta picada finamente, sem as sementes, e acerte o sal.

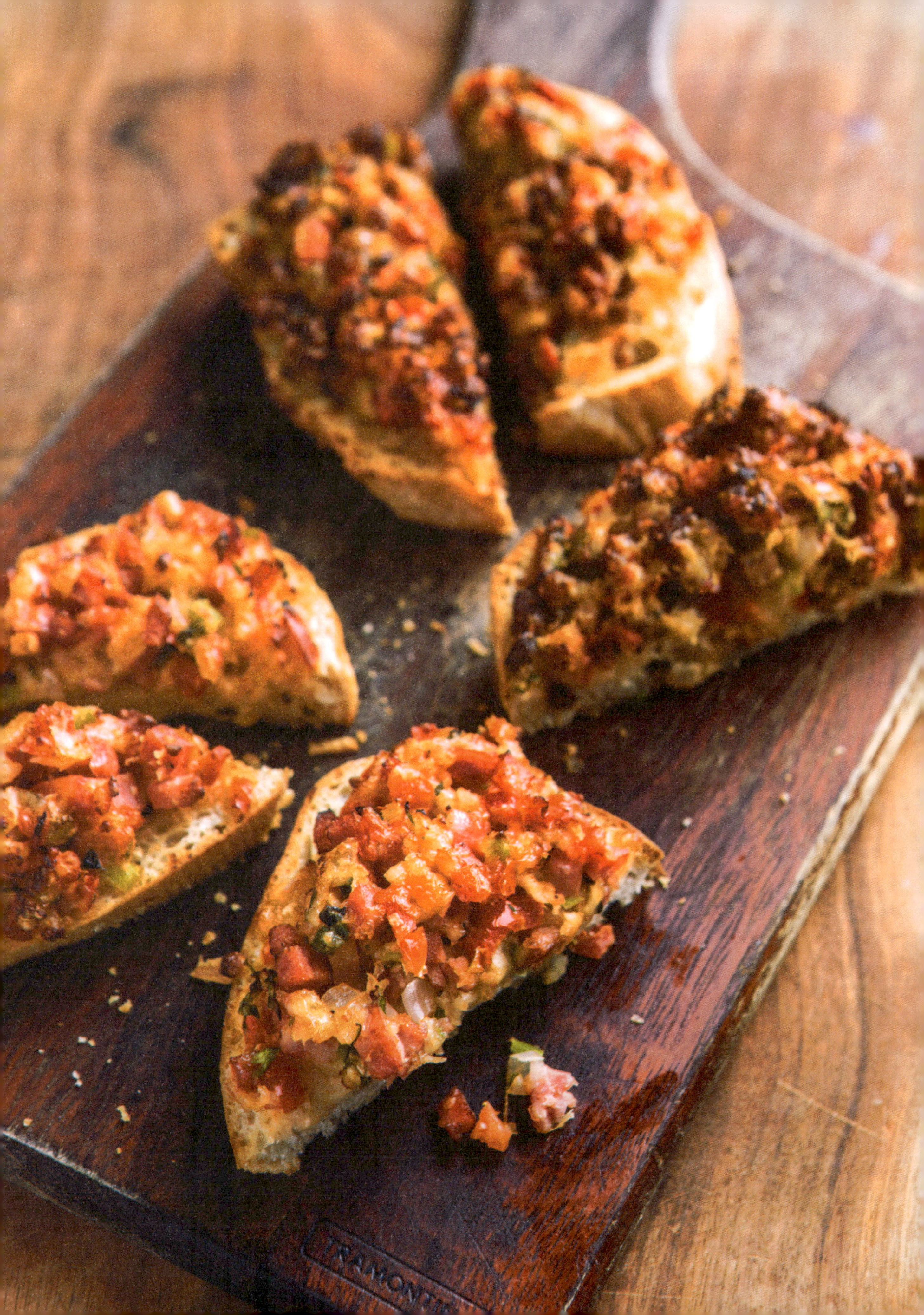

Torradinhas de carne de sol [20 torradinhas]

Deliciosas e fáceis de fazer, estas torradinhas – pode chamar de *bruschettas*, se quiser – são viciantes. É importantíssimo usar um pão de qualidade; eles são a alma da receita. Depois de pegar a mão, experimente criar suas próprias versões. Aqui, além da versão original, as de linguiça defumada e as de legumes e queijo de cabra são as mais pedidas.

Ingredientes

- 300 g cebola-roxa em cubos
- 80 ml manteiga de garrafa
- 300 g carne de sol assada em cubos
- 15 g pimenta-cambuci sem sementes em cubinhos
- 10 g pimenta dedo-de-moça sem sementes picada
- 250 g queijo de coalho processado
- 250 g tomate sem sementes em cubinhos
- 15 g coentro picado
- 15 g cebolinha picada
- 2 pães italianos (filões)
- manteiga para o pão

Preparo

Refogue a cebola na manteiga de garrafa até que fique transparente. Acrescente a carne de sol cortada cuidadosamente em cubinhos e mexa bem até que comece a dourar. Retire do fogo e espalhe para esfriar. Acrescente os demais ingredientes e misture bem. Reserve, resfriada, até a hora de montar as torradinhas.

Corte o pão italiano em fatias grossas, com cerca de 2 cm de largura, e passe manteiga no lado que ficará em contato com a assadeira. Cubras as torradas com a mistura de carne de sol e leve ao forno a 200 °C por 10 minutos, ou até que fiquem douradas. Sirva imediatamente.

Linguiça da casa [30 linguiças médias]

Mesmo neste momento em que a chamada "cozinha contemporânea" extrapola todos os limites da gastronomia, ainda acredito que não há nada mais ousado que moer a carne de um animal e enfiá-la dentro de suas próprias tripas. Parece extremo, e é. Essa foi uma das muitas técnicas aprendidas com o mestre Jefferson Rueda. Uma receita artesanal, com presença marcante do vinagre e das especiarias, e que usa exclusivamente copa de lombo, um dos meus cortes preferidos do porco. Pode ser servida acebolada, como aqui, ou ainda assada, com diversas farofas, cozidos, e o que mais vier à mente. Linguiça com gosto de sertão.

Ingredientes

- 2 kg copa de lombo
- 500 g gordura de porco
- 60 g sal
- 15 g açúcar refinado
- 5 g cominho
- 2 g sementes de coentro moídas
- 2 g pimenta-do-reino moída
- 50 g alho assado (veja receita na página 210)
- 5 g pimenta dedo-de-moça assada
- 75 ml vinagre de maçã
- • tripa hidratada

Preparo

Moa a copa de lombo e a gordura usando o disco grosso da máquina. O ideal é que a carne e a gordura estejam bem geladas ou quase congeladas. Isso vai garantir uma carne mais íntegra depois do processamento e uma linguiça mais gostosa e suculenta.

Adicione os outros ingredientes e misture até que a distribuição do tempero fique uniforme. Para testar o tempero da massa, separe uma pequena porção e cozinhe numa frigideira ou no micro-ondas.

Utilizando o equipamento apropriado, encha as tripas, evitando a entrada de ar. Deixe as linguiças descansar na geladeira por pelo menos 12 horas, de preferência sem cobri-las.

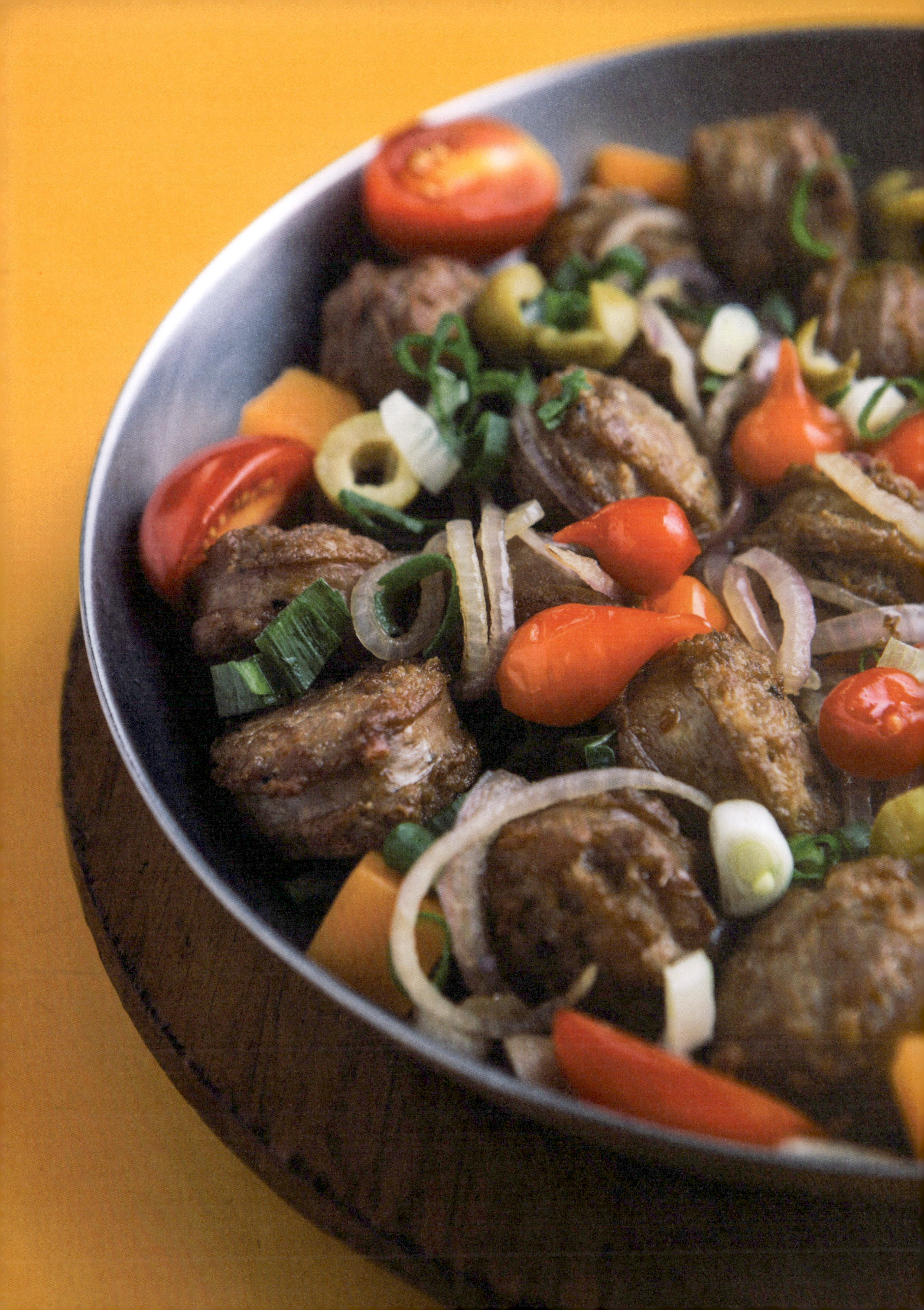

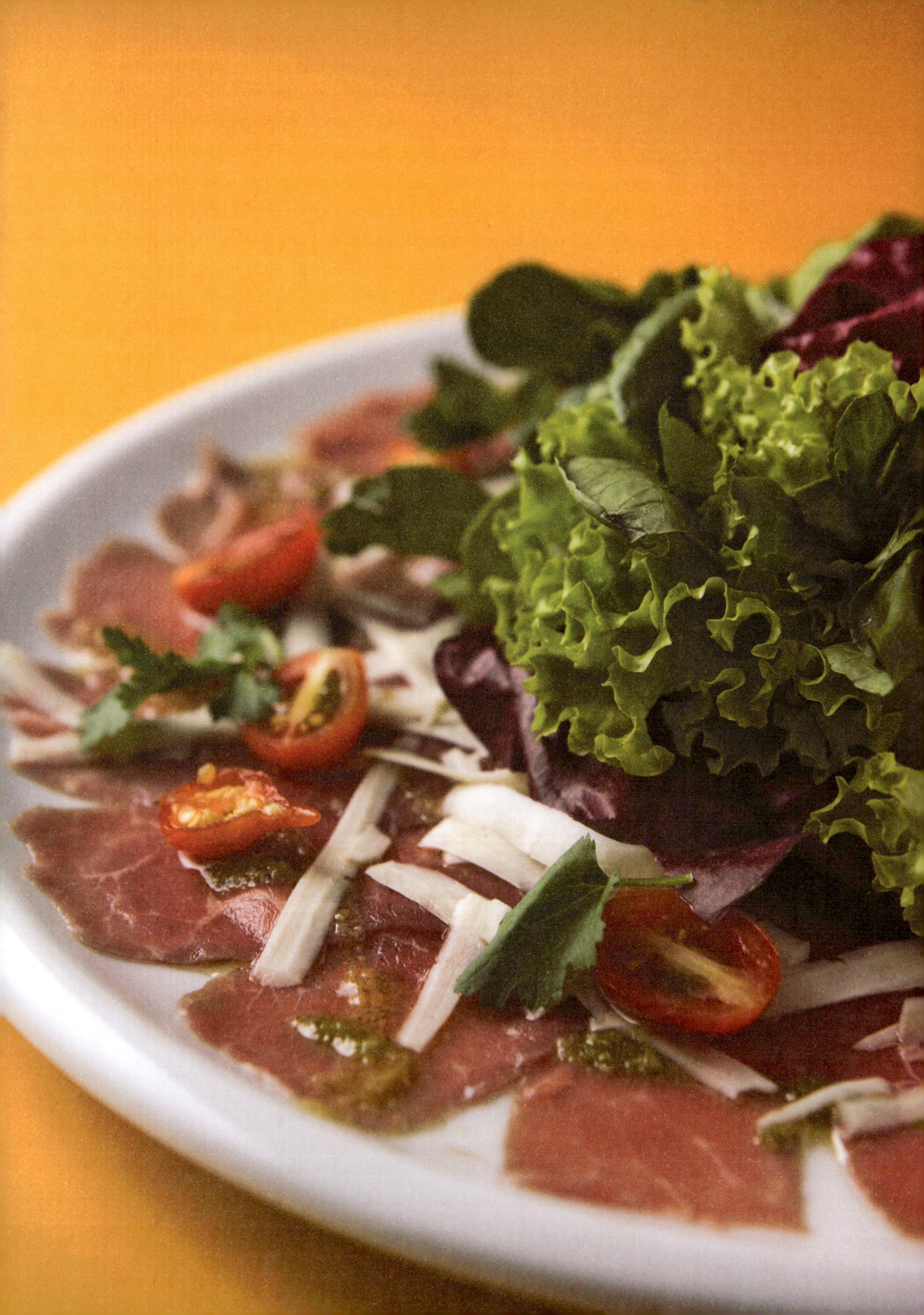

REFRESCÂNCIA

Carpaccio de carne de sol [1 porção para duas pessoas]

A carne curada traz um apelo ainda maior para este carpaccio. Com seus sabores desenvolvidos e concentrados pela cura, cada fatia de carne se torna uma explosão de sabor. Tempere com delicadeza, para que os molhos apenas despertem a boca para a carne. Sirva e consuma sem moderação.

Ingredientes

- 150 g   carne de sol (veja receita na página 128)
- pesto de coentro a gosto (veja receita na página 121)
- molho da casa a gosto (veja receita na página 120)
- 50 g   queijo de coalho
- 6   pimentas-de-bico
- 6   tomates-cereja
- folhas de coentro

Preparo

Fatie a carne finamente, de preferência numa laminadora de frios.

Em um prato grande, espalhe uma pequena porção do pesto de coentro. Arranje as fatias de carne até formar uma camada completa.

Tempere então com o molho da casa e arranje por cima as lascas de queijo de coalho, as pimentas-de-bico, os tomates-cereja e as folhas de coentro.

O carpaccio pode ser servido com folhas variadas, também temperadas com os dois molhos. Fica delicioso.

Salada da roça

Salada sertaneja

Salada do cajueiro

Salada sertaneja [4 porções]

Uma salada simples, como a maioria que comemos em casa. Por si só, o trio onipresente do tomate, da cebola-roxa e do coentro já faz a vez de uma entrada completa numa mesa sertaneja. Para uma salada mais rica, como a que fazemos aqui, cubinhos de queijo de coalho crocantes deixam tudo irresistível.

Ingredientes

- 100 g queijo de coalho em cubos
- 1 cebola-roxa cortada em meias-luas
- 3 tomates maduros cortados em rodelas
- folhinhas de coentro
- mix de folhas frescas
- molho da casa (veja receita na página 120)
- óleo de girassol para fritura

Preparo

Frite os cubinhos de queijo de coalho por imersão, assim eles ficarão crocantes e pururucados. Outra opção: com um fio de óleo numa frigideira, salteie os cubos até ficarem dourados.

Numa tigela, junte todas as folhas, a cebola e os tomates. Tempere levemente com o molho e misture bem, com delicadeza para não machucar as folhas.

Por cima de tudo, salpique os cubinhos de queijo fritos e decore com as folhas de coentro. Sirva imediatamente.

Salada do cajueiro [4 porções]

Uma das mais pedidas da casa, ela junta a refrescância e a carnosidade do caju com a untuosidade e a crocância das castanhas. Junte a isso queijo meia-cura e um toque de pimenta agridoce e o sucesso está garantido.

Ingredientes
- mix de folhas
- 2 cajus
- 24 castanhas-de-caju torradas
- vinagrete de mel e limão (veja receita na página 121)
- molho de pimenta agridoce (veja receita na página 212)
- 80 g queijo meia-cura em lascas
- coentro a gosto

Preparo

Cozinhe cada caju no micro-ondas por cerca de 40 segundos na potência máxima e deixe esfriar. Esse método é pouco ortodoxo, mas é o que garante o máximo de cor e suculência para a fruta, que deve ser cozida para aplacar sua adstringência. Quando os cajus estiverem frios, corte-os ao meio e cada metade em 8 pedaços.

Para a montagem, tempere as folhas e os pedacinhos de caju com o vinagrete de mel e limão e arranje-os num prato ou travessa. Disponha as castanhas, o queijo meia-cura em lascas, o coentro e o molho agridoce a gosto. Sirva imediatamente.

Salada da roça [4 porções]

"Saladinha" sem dúvida não é um bom termo para esta receita. Com os ovos de codorna e o torresmo, se torna uma salada suntuosa que por si só já vale uma deliciosa refeição.

Ingredientes
- mix de folhas
- 1 cenoura cortada em tirinhas
- 12 tomates-cereja cortados ao meio
- molho da casa (veja receita na página 120)
- 12 ovos de codorna cozidos e cortados ao meio
- 12 cebolas-pérola em conserva (veja receita na página 210)
- 1 xícara torresmos picados (veja receita na página 98)
- salsinha a gosto

Preparo

Numa tigela, junte todas as folhas, a cenoura e os tomates. Tempere levemente com o molho e misture bem, com delicadeza para não machucar as folhas.

Por cima arranje os ovinhos e a cebola em conserva e salpique com o torresmo. Decore com as folhas de salsinha e sirva imediatamente.

Dica

No Mocotó, o nosso mix de folhas é feito com alface-americana, crespa e roxa, além de rúcula, radicchio e agrião. Cada uma aporta uma textura e um sabor diferente, além do jogo de cores, que é fundamental para uma salada apetitosa. Procure ter sempre folhas picantes e amargas na mistura; elas deixam tudo mais interessante.

Vinagrete de feijão-verde, queijo de cabra e castanha-de-caju
[4 porções]

Nesta receita, o feijão-verde é a grande estrela. Esses feijões são uma verdadeira iguaria e, junto com o queijo de cabra e a castanha-de-caju, fazem dessa salada um *hit* dos nossos eventos. Outros feijões que funcionam bem aqui são o fradinho e o guandu.

Ingredientes
- 200 g feijão-verde cozido e escorrido
- 200 g tomate em cubos
- 100 g cebola-roxa em cubinhos
- 100 g abóbora-de-pescoço em cubinhos
- 3 pimentas-cambuci em cubinhos
- 2 pimentas-malagueta bem picadas
- 1 limão-cravo (suco)
- 30 ml vinagre de mel
- 100 ml azeite
- gengibre ralado a gosto
- alho ralado a gosto
- coentro picado
- sal a gosto
- queijo de cabra a gosto
- castanha-de-caju a gosto

Preparo
Mais fácil impossível: é só misturar todos os ingredientes e deixá-los se conhecerem melhor, por cerca de 30 minutos, na geladeira. Este tempero vai deixar sua salada mais gostosa e molhadinha.

Amasse com um garfo o queijo de cabra e pique a castanha-de-caju em pedaços grandes. Numa tigela ou num copo – ou mesmo numa travessa –, sirva o vinagrete por baixo, cubra com o queijo e salpique as castanhas. Algumas folhinhas de coentro também vão bem na decoração e dão um toque a mais de frescor.

Dica
Procure a castanha-de-caju artesanal, que é torrada dentro da própria casca e tem um sabor extraordinário, com notas defumadas inconfundíveis. Na indústria, eles retiram a castanha crua e a fritam por imersão. Nesse processo, além de se adicionar gordura, se perdem o sabor e o aroma dos óleos contidos na casca da castanha.

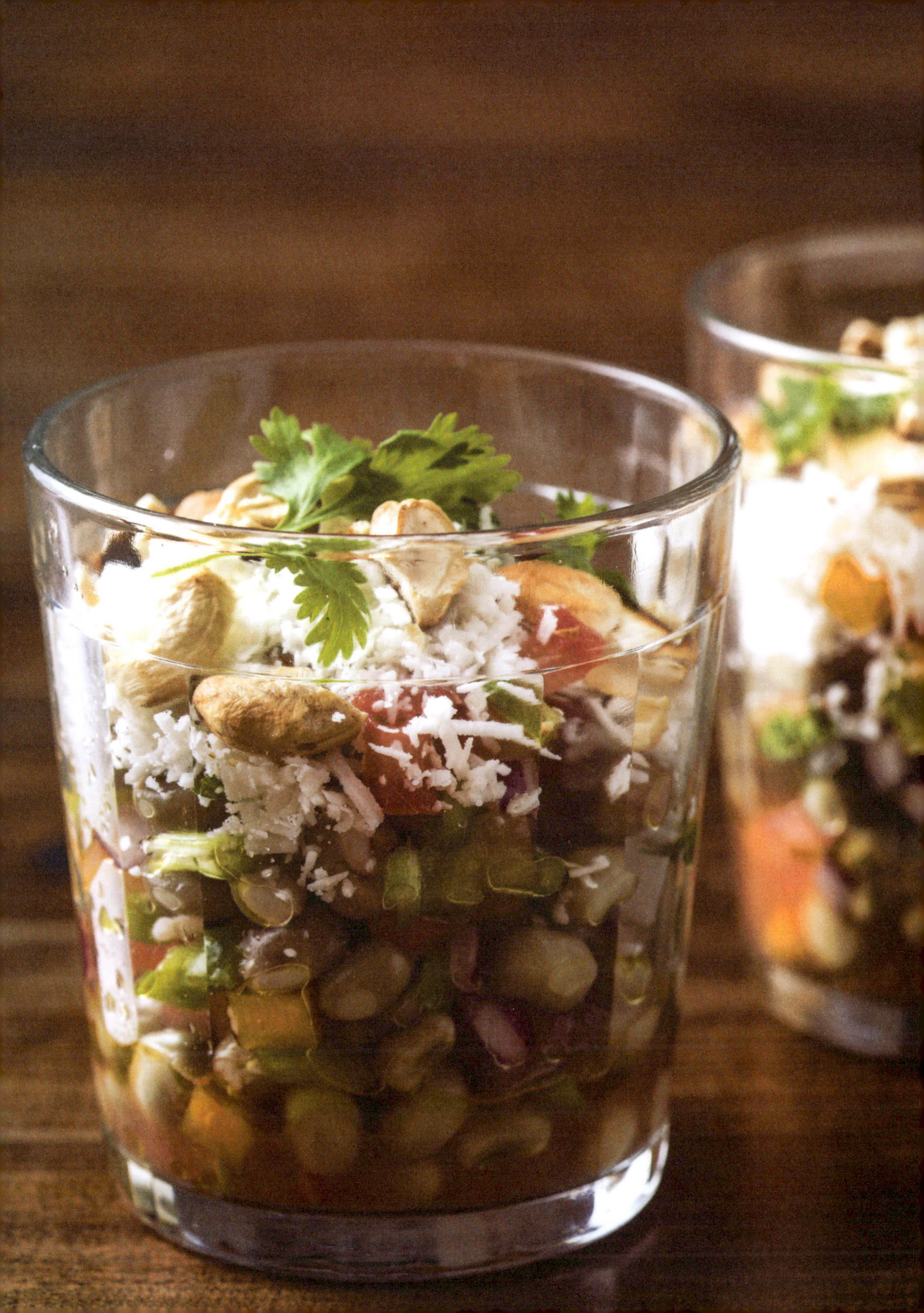

Molho da casa [500 g]

A alma de uma salada é um bom molho. Nossa receita orgulhosamente já converteu não apreciadores de folhas em adeptos das nossas saladas. É um molho rico e equilibrado, que pode ser usado em diversas receitas e vai deixar suas saladas do dia a dia mais interessantes e apetitosas.

Ingredientes

- 50 g polpa de cajá
- 60 ml vinagre de manga
- 150 ml óleo de girassol
- 150 ml azeite extravirgem
- 20 g maionese
- 20 g sal
- 25 ml água
- 10 g açúcar refinado
- 5 g semente de coentro moída
- 18 g alho assado (veja receita na página 210)

Preparo

Não há mistérios aqui. Coloque todos os ingredientes no liquidificador e bata na velocidade mínima, até o molho emulsionar.

Guarde o molho em bisnagas – como aquelas de ketchup – na geladeira por até uma semana. Na hora de usar, é só agitar e servir.

Vinagrete de mel e limão [10 porções]

Ingredientes

100 ml	azeite
20 ml	suco de limão-taiti
1	limão-taiti (raspas)
20 ml	suco limão-cravo
1	limão-cravo (raspas)
20 g	mel de abelhas
•	sal a gosto

Preparo
Misture todos os ingredientes num recipiente hermético (uma garrafinha de suco ou um potinho de geleia funcionam perfeitamente!) e agite bem sempre que for usar.

Guarde o restante na geladeira.

Pesto de coentro [350 g]

Ingredientes

100 g	coentro
100 ml	óleo de girassol
100 ml	azeite extravirgem
30 g	castanha-de-caju
30 g	queijo de coalho
5 dentes	alho assados
•	sal a gosto

Preparo
Processe todos os ingredientes no liquidificador até obter um molho bem liso.

Acerte o sal e reserve.

Dica
Você pode guardar seu pesto em potinhos herméticos na geladeira, já que esta receita rende mais do que o necessário para o carpaccio. Encha bem os potinhos e cubra com azeite antes de fechar, assim ele se conserva muito melhor!

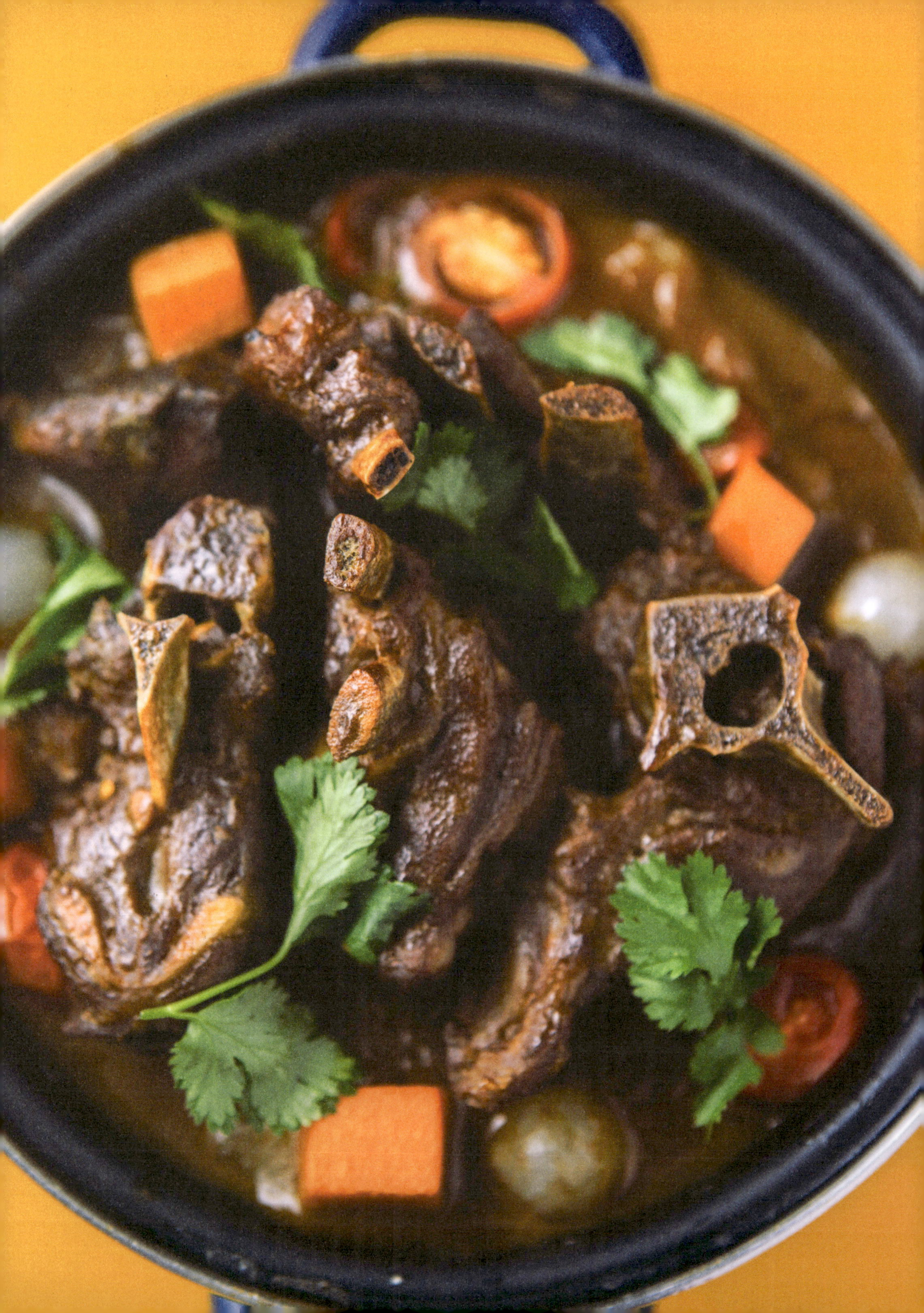

SUBSTÂNCIA

Atolado de bode [10 porções]

Um dos nossos pratos mais famosos, o atolado de bode é na verdade um atolado de cabrito. O animal é o mesmo, o que muda é a idade; o cabrito está para o bode assim como o cordeiro está para o carneiro, ou seja, é mais jovenzinho. Escolhi chamá-lo de bode para provocar os clientes, que invariavelmente associam esse nome a um único prato, a mítica buchada de bode. Mas a carne de cabrito anda em alta, depois de ser anunciada internacionalmente como a carne do futuro por causa das suas propriedades nutricionais. Nosso prato foi até capa de um caderno de saúde e bem-estar num dos maiores jornais do país. Bode agora é *cult*.

Ingredientes

- ½ cabrito, cortado em pedaços pequenos (aproximadamente 3,5 kg)
- 50 ml cachaça
- 80 ml vinagre de maçã
- 50 ml azeite
- 5 tomates
- 2 cebolas
- 1 pimentão verde
- 1 pimenta dedo-de-moça
- 50 g alho
- 100 g extrato de tomate
- 5 g sementes de coentro
- 5 g cominho
- 100 g colorau
- 2 l caldo de carne ou de cabrito (veja receita na página 202)
- 3 folhas louro
- 100 g gelatina de bacon (veja receita na página 206)
- • sal a gosto

Preparo

Tempere o cabrito cortado em pedaços – seu açougueiro pode fazer isso para você – com sal, cachaça, vinagre e um pouco do azeite. Deixe descansar por pelo menos 2 horas na geladeira.

Numa panela de fundo grosso, doure a carne aos poucos, uniformemente, e reserve.

Para o molho, processe os tomates, as cebolas, o pimentão, a pimenta, o alho, o extrato de tomate e as especiarias com o caldo e coe numa peneira fina. Use esse molho para deglaçar a panela e, ali mesmo, cozinhe todo o cabrito, pois é esse fundo de panela que vai enriquecer o cozido. Acrescente as folhas de louro, a gelatina de bacon e uma pitada de sal.

Cozinhe por aproximadamente 1 hora, até a carne ficar macia, quase soltando dos ossos. Quando estiver nesse ponto, acerte os temperos a seu gosto.

Para servir, monte uma travessa com mandioca cozida e por cima arrume o cabrito e o molho. Decore com tomates-cereja, cebola-pérola, conserva de abóbora (veja receita na página 206) e coentro.

Favada [20 porções]

Ingredientes

1 kg	fava-amarela escolhida e lavada
3	tomates
1	cebola
1	pimentão verde
1	pimenta dedo-de-moça
10 dentes	alho
1 colher (chá)	cominho
1 colher (sobr.)	colorau
70 ml	vinagre de maçã
1 colher (chá)	sementes de coentro
3 folhas	louro
3 folhas	limão-cravo
150 g	gelatina de bacon (veja receita na página 206)
50 g	banha de porco
50 ml	manteiga de garrafa
300 g	carne-seca cozida em cubos (veja receita na página 205)
300 g	bacon cozido em cubos
300 g	linguiça curada em cubos
•	sal a gosto
•	coentro a gosto
•	cebolinha a gosto

Preparo

Lave as favas-amarelas – as brancas e rajadas também são boas – e deixe-as de molho por uma noite. Descarte esse líquido e cozinhe em bastante água até ficarem completamente macias, mas sem se desmanchar.

Para temperar, processe no liquidificar os temperos e os legumes com um pouco do caldo do cozimento e volte tudo à panela. Nesse momento, adicione o louro, as folhas de limão, a gelatina, a banha, a manteiga, a carne-seca, o bacon e a linguiça.

Cozinhe em fogo manso até obter um caldo encorpado. As favas devem estar cremosas, mas ainda íntegras. Acerte o sal, junte coentro, cebolinha e sirva.

Dica

Este preparo fica delicioso também com a adição de legumes, como abóbora, chuchu, maxixe, quiabo, dentre outros, podendo inclusive ter uma versão vegetariana. Caso queira incrementar a receita com seus legumes preferidos, é só juntá-los ao cozido logo após os temperos e manter o fogo baixo até ficarem macios e criarem uma relação verdadeira com o caldo.

Baião de dois [10 porções]

Este é um daqueles pratos que têm infinitas versões. Com feijão-de-corda ou fradinho, com queijo de coalho ou nata, com ou sem carne-seca. Bem, o nosso baião é um prato único, que dispensa acompanhamentos, com tantos ingredientes que é quase um baião de doido. Carne-seca, toucinho e linguiça, além de tomate, cebola, pimentão, cheiro-verde e um toque de manteiga de garrafa, fazem parte da nossa receita clássica. Contudo, a alma do prato está no arroz, cozido em um delicioso caldo de carne ou de frango, e no feijão, cozido ao ponto, macio mas sem se desmanchar. É um prato perfeito para as grandes reuniões de família.

Ingredientes

PARA O ARROZ

10 dentes	alho bem picados
50 g	manteiga de garrafa ou banha de porco (ou uma mistura das duas)
5 g	colorau
1 kg	arroz-agulhinha (pode ser o parboilizado, se preferir)
2,5 l (aprox.)	caldo de galinha ou carne (veja receitas nas páginas 202 e 204)
2 folhas	louro
•	sal a gosto

PARA A MONTAGEM

500 g	carne-seca cozida e desfiada (veja receita na página 205)
300 g	toucinho defumado em cubos
300 g	linguiça defumada em cubos
800 g	feijão-fradinho cozido e escorrido
3	tomates em cubinhos
1	cebola grande em cubos
1	pimentão verde em cubos
200 g	queijo de coalho em cubos
•	manteiga de garrafa
•	coentro fresco picado

Preparo

Numa caçarola de fundo grosso, frite o alho na manteiga ou na banha. Antes de dourar acrescente o arroz, o colorau e mexa bem. Junte então o caldo fervente, o louro e o sal, mexa e deixe cozinhar por aproximadamente 10 minutos, sem a tampa, até que os grãos tenham absorvido quase todo o líquido. Nesse meio-tempo, uma ou duas mexidas são bem-vindas; isso garantirá um cozimento perfeitamente uniforme e é fundamental quando se cozinham grandes quantidades de arroz. Ao tampar a panela, abaixe o fogo e deixe por mais 5 minutos. Desligue a chama e mantenha abafado até a hora de usar.

Em uma grande panela, frite rapidamente as carnes na manteiga de garrafa. Ali mesmo acrescente o feijão, o tomate, a cebola e o pimentão. Mexa com cuidado, envolvendo todos os ingredientes sem que os legumes cozinhem.

Acrescente o arroz já soltinho, em seguida o queijo de coalho. Por último, acrescente o coentro picado e sirva imediatamente.

A abóbora assada (veja receita na página 208) é ótima companhia para o baião, mas se preferir também pode servi-lo como acompanhamento para a carne de sol (veja receita na página 128), o atolado de bode (veja receita na página 123) ou mesmo para o seu churrasco de fim de semana.

Feijão-de-corda
com legumes

Baião de dois

Feijão-de-corda com legumes [10 porções]

Este feijão, um dos grandes ícones da cozinha sertaneja, é tão saboroso quanto versátil. Verde ou seco, em cozidos, farofas, saladas ou caldinhos, esta leguminosa estará presente onde houver um nordestino. Servimos este cozido com legumes, como abóbora, maxixe e chuchu. Caso prefira, o feijão-de-corda pode ser enriquecido com caldo de carne ou de porco, carne-seca, linguiça e bacon. Perfeito para servir com arroz, farofa de quiabo e bacon (veja receita na página 158) e abóbora assada (veja receita na página 208).

Ingredientes

- 50 ml manteiga de garrafa
- 50 g banha de porco
- 150 g abóbora-de-pescoço em cubos
- 200 g maxixe em cubos
- 250 g chuchu em cubos
- 1 cebola-branca em cubinhos
- 30 g alho picadinho
- ½ pimentão verde em cubinhos
- 3 tomates em cubinhos
- 1 colher (sobr.) colorau
- 1 colher (chá) cominho
- 60 ml vinagre
- 1 kg feijão-de-corda, cozido e escorrido
- 150 g gelatina de bacon (veja receita na página 206)
- 2 folhas louro
- 2 l caldo de legumes (veja receita na página 204)
- sal a gosto
- coentro a gosto
- cebolinha a gosto

Preparo

Em caçarolas diferentes, cozinhe a abóbora, o maxixe e o chuchu até que estejam cozidos mas ainda firmes. Reserve os legumes e refogue numa das caçarolas a cebola, o alho, o pimentão e o tomate, nessa ordem.

Adicione os temperos, volte os legumes e misture bem. Hora de juntar o feijão cozido, o louro e o caldo. Salgue levemente e deixe cozinhar até começar a encorpar. Acerte o sal e finalize com o coentro e a cebolinha.

Carne de sol [10 porções]

Este foi o primeiro prato que adicionei ao cardápio original do Mocotó, e ele segue até hoje como o mais pedido da casa. Para nós, a essência da carne de sol é a própria carne, o sal, o tempo e a brasa. Assim começamos escolhendo o melhor corte, bem como o melhor gado. Os cortes de coxão-duro das raças angus, hereford e bonsmara tinham tudo o que precisávamos em sabor e textura. Logo em seguida trabalhamos na salga, encontrando uma proporção precisa de sal para cada quilo de carne, onde a dessalga não seria necessária. Nesse processo, inspirados por uma técnica centro-americana de cura de carnes, adicionamos açúcar mascavo na mistura. Criamos também uma câmara especial para a sua maturação, que pode durar até três dias. Daí as peças seguiram para a brasa, onde ganharam as características finais da nossa carne de sol ideal. Coroando esse processo, o cozimento em temperatura controlada garante maciez uniforme e intensifica os sabores desenvolvidos em todo o processo. Na hora de servir, manteiga de garrafa, pimenta-de-bico, alho assado e chips de mandioca. Um clássico do Mocotó.

Ingredientes

- 3 kg coxão-duro de gado angus ou bonsmara (1 peça limpa)
- 100 g sal grosso
- 10 g açúcar mascavo

Preparo

Comece limpando a carne, retirando toda parte de membrana ou cartilagem e mantendo uma pequena capa de gordura. Corte a peça no sentido do comprimento, em pedaços de 5 centímetros de largura. Salgue essas peças espalhando bem o sal já misturado com o açúcar. Toda a superfície da carne deve ser temperada. Deixe-a descansar na geladeira por pelo menos 24 horas, virando-a na metade desse tempo. Se puder estender o processo por mais um ou dois dias, o sabor e a textura da carne se desenvolverão ainda mais.

Numa defumadora ou churrasqueira, faça um braseiro forte de carvão e deixe as labaredas cessar. Pendure as peças a uma distância de 1 metro da brasa e deixe secar por cerca de 1 hora e meia, ou até ficarem secas ao toque. Avive a brasa e doure as peças rapidamente, cuidando para que não aqueçam demais no interior. Resfrie-as imediatamente e embale as peças a vácuo. Cozinhe-as por 12 horas a 63 °C num termocirculador ou em um forno combinado de precisão, e mais uma vez resfrie imediatamente após o cozimento.

Na hora de servir, doure a carne fatiada em manteiga de garrafa e sirva com seus sucos reduzidos, pimenta-de-bico, alho assado e chips de mandioca.

Dica

Se não tiver um termocirculador ou forno combinado, repita o mesmo processo utilizando contrafilé ou alcatra. A maciez e a textura desses cortes dispensam o cozimento em baixa temperatura.

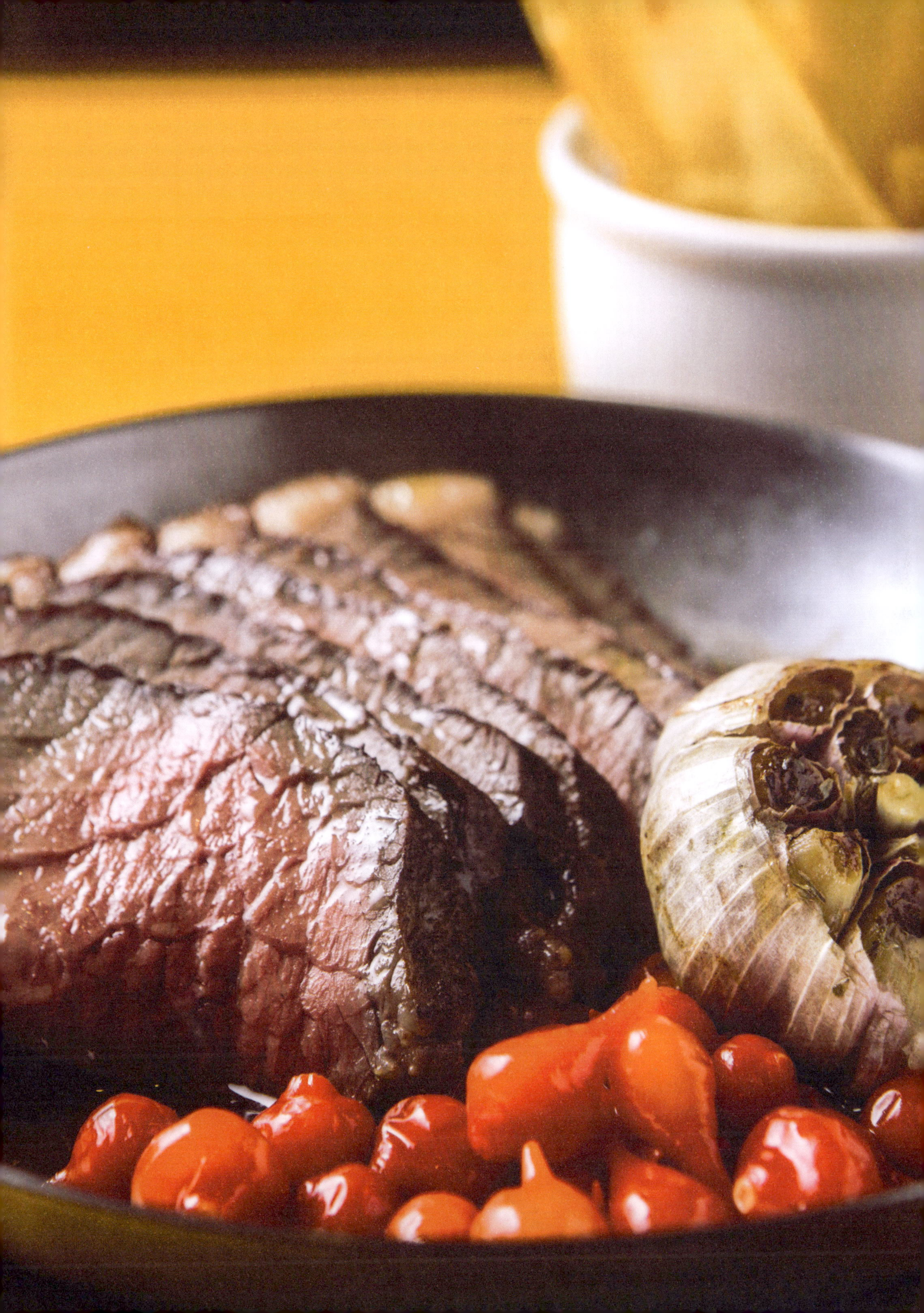

Costelinha de engenho

Paleta de cordeiro

Paleta de cordeiro [4 porções]

O cordeiro está se incorporando cada vez mais ao nosso cotidiano, e isso, além de saudável, é delicioso. De todos os seus cortes, a paleta é o meu preferido, cheia de sabor e, se bem preparada, macia e suculenta. No recheio, temos ainda a copa de cordeiro, um corte untuoso e intenso, tornando a paletinha ainda mais especial. Aqui no restaurante, nós a servimos com cuscuz de farinha-d'água e o seu próprio molho. Leva ainda vinho shiraz do Vale do São Francisco e as nossas especiarias.

Ingredientes

PARA A PALETA

- 1 paleta de cordeiro desossada (mantenha o ossinho da canela)
- 80 ml vinho tinto
- 1 colher (chá) açúcar mascavo
- cominho, sementes de coentro e pimenta-do-reino a gosto
- sal a gosto

PARA O RECHEIO

- 250 g copa de cordeiro moída finamente
- 25 g gordura de porco moída finamente
- 15 g alho assado (veja receita na página 210)
- 20 m vinho tinto
- 4 g sal
- pimenta-do-reino moída a gosto

PARA O MOLHO

- 150 ml vinho tinto, shiraz de preferência
- 150 ml caldo de carne reduzido (veja receita na página 202)
- sal a gosto
- pimenta-do-reino a gosto

Preparo

Tempere a paleta com as especiarias, o vinho e o sal e deixe marinar por pelo menos 2 horas na geladeira. Depois desse tempo, tire o excesso de tempero e recheie.

Para o recheio não há segredos: misture bem todos os ingredientes. Para testar o tempero dessa massa, uma técnica simples é fazer uma bolinha e cozinhá-la no micro-ondas por cerca de 30 segundos, assim fica fácil acertar o ponto de sal, por exemplo.

O recheio ocupará exatamente o lugar deixado pelos ossinhos superiores da paleta. Modele a paleta para que ela vá retomando a forma original, e embale a vácuo em saco próprio para cozimento. Mais uma vez, modele a peça e cozinhe em um termocirculador a 73 °C por 12 horas.

Após esse período, retire a paleta do cozimento e resfrie em um banho de gelo por alguns minutos. Abra o saco e retire os sucos do cozimento, reduzindo-os numa panela em fogo moderado. Para finalizar, coe o molho do cordeiro reduzido, junte o vinho e o caldo de carne e deixe reduzir até tomar corpo. Acerte os temperos e reserve.

No momento de servir a paleta, pincele-a com o molho já reduzido e leve ao forno preaquecido a 200 °C. Repita as pinceladas de 3 em 3 minutos, até a paleta ficar dourada e crocante na superfície. Agora é só fatiar e servir com o molho e o cuscuz de milho com feijão-verde e abóbora (veja receita na página 160).

Costelinha de engenho [4 porções]

Esta receita já é um clássico dos sábados no Mocotó. A costela recheada com as suas próprias aparas faz com que se tenha uma peça surrealmente maciça e macia. O cozimento lento, feito por uma noite inteira no forno, garante que tenhamos uma amálgama perfeita entre todos os elementos. Servida com abacaxi e mandioca cozida, é arredondada com um molho à base de suã, vinagre e melado de cana.

Ingredientes

- 1 costela suína caipira desossada (700 g aproximadamente)
- 250 g aparas da própria costela, moídas
- 20 g banha de porco moída
- 1 colher (sobr.) alho batido
- 1 colher (sopa) vinagre de tangerina
- • pimenta-do-reino a gosto
- • sal a gosto

PARA O MOLHO

- 1 l caldo de porco (veja receita na página 203)
- 250 ml vinho tinto
- 1 dente alho
- 1 folha louro
- 60 ml vinagre de maçã
- 2 colheres (sopa) melado de cana
- • sal a gosto
- • pimenta-do-reino a gosto

Preparo

Caso não consiga comprar a costelinha desossada, não tem problema. Em casa, com uma faca pequena e afiada, vá contornando os ossos, algo que você fará sem grande dificuldade. Tempere a costela com sal e pimenta-do-reino moída, deixando por pelo menos 2 horas na geladeira antes de rechear.

Para o recheio, misture as aparas moídas, a banha de porco, o alho batido, o vinagre, a pimenta-do-reino e o sal. O ideal é que esse preparo também descanse um pouco na geladeira.

Recheie a costela preenchendo os espaços deixados pelos ossos. Vá remontando a peça com cuidado e embale a vácuo, com uma folha de louro.

Num termocirculador ou forno de precisão, cozinhe por 12 horas a 63 °C. Após esse tempo, resfrie e reserve a costelinha.

Para o molho, reduza o caldo de porco com o vinho a um quarto do volume original. Junte o alho, o louro, o vinagre e o melado e cozinhe por mais 20 minutos, ou até o molho encorpar. Coe num *étamine* ou numa peneira finíssima e acerte o sal e a pimenta.

Para finalizar

Pincele a costela com o molho e leve ao forno preaquecido a 220 °C por cerca de 5 minutos, repetindo o processo por mais duas ou três vezes, até a costela ficar brilhante e caramelada. Retire do forno e deixe descansar alguns minutos.

Corte a costela no sentido das ripas e sirva com o molho e mandioca cozida. ➲

Dica

Para um resultado semelhante em casa, embrulhe as costelas em papel celofane próprio para assados e asse a 160 °C por cerca de 1 hora, baixando a temperatura para 125 °C e cozinhando por mais 1 hora e meia pelo menos, ou até perceber que a costela está macia.

Assim que retirar a costela do forno, coloque outra assadeira com um peso – uma panela de ferro funciona bem – por cima da peça e deixe descansar por 30 minutos. Isso vai deixar a costelinha mais uniforme e fácil de cortar.

Carne-seca acebolada [4 porções]

Esse é um dos grandes ícones da cozinha nordestina. Facilmente encontrada em toda parte, a carne-seca é muitas vezes confundida com a carne de sol (veja as diferenças na página 194). A carne-seca e sua fiel escudeira, a cebola-roxa, estão em recheios, cozidos, refogados e outros pratos tradicionais e moderninhos de todo o Brasil. Difícil é achar um preparo mais delicioso do que simplesmente passá-la pela frigideira com um pouco de manteiga de garrafa. Aqui damos um toque de frescor com uso de cítricos. Faz toda a diferença!

Ingredientes

- 250 g carne-seca cozida e desfiada (veja a receita na página 205)
- 25 g manteiga de garrafa
- 1/2 cebola-roxa fatiada
- infusão de cítricos
- pimenta-do-reino preta a gosto
- cebolinha a gosto
- pimenta-de-bico a gosto

PARA A INFUSÃO DE CÍTRICOS

- 200 ml água fria
- 2 rodelas laranja
- 3 rodelas limão (se tiver mais de um tipo, pode usar!)
- 1 dente alho quebrado

Preparo

Para a infusão, misture todos os ingredientes num recipiente e deixe descansar por pelo menos 1 hora. Coe e use a infusão o mais fresca possível.

Em uma frigideira antiaderente, aqueça a manteiga de garrafa e refogue a carne-seca até começar a tostar, em fogo médio. Junte a cebola-roxa e frite por mais alguns minutos. Tempere com a pimenta-do-reino e vá pingando a infusão de cítricos. Esse processo vai dar sabor, deixar a carne mais úmida e aquecer a mistura por igual.

Para finalizar, salpique a cebolinha e as pimentas-de-bico. Aqui servimos com mandioca cozida, batata-doce e abóbora assada. O luxo da simplicidade.

Escondidinho de carne-seca [6 porções]

Este é um novo clássico da cozinha brasileira. Não se sabe exatamente onde surgiu, mas inúmeras versões da receita hoje são feitas país afora. A base é simples – purê de mandioca, carne-seca e requeijão –, e em torno dela você pode preparar um escondidinho mais "molinho" ou, se preferir, um escondidinho com cara de suflê, como o nosso. A partir desta receita você poderá variar o recheio – linguiça, frango e camarão são ótimas pedidas – e também o formato: travessas ou cumbuquinhas funcionarão igualmente bem.

Ingredientes

PARA O PURÊ

	Veja receita do purê base na página 205

PARA O RECHEIO

600 g	carne-seca cozida e desfiada (veja receita na página 205)
50 ml	manteiga de garrafa
2 dentes	alho picados
2	cebolas-roxas cortadas em rodelas finas
1 talo	salsão picado
1	pimenta dedo-de-moça
•	cebolinha a gosto
350 g	requeijão

PARA A FINALIZAÇÃO

50 g	queijo de coalho ralado
•	pimenta-de-bico

Preparo

Numa frigideira de fundo grosso, refogue a carne na manteiga. Quando começar a dourar, junte o alho e cozinhe por alguns instantes. Acrescente a cebola, o salsão e a pimenta dedo-de-moça e deixe ali por mais alguns minutos. Nesse momento você pode deglaçar sua frigideira com um pouco de água ou caldo de carne, se tiver à mão. Pronto, junte um pouco de cebolinha e reserve.

Para a montagem do escondidinho, faça um "cesto" com uma parte do purê, espalhando a massa do fundo para as laterais do recipiente, seja ele uma cumbuca ou uma travessa. Comece o recheio com a carne-seca temperada, que deve estar fria nesse momento. Espalhe por cima dela uma camada generosa de requeijão e cubra com a outra parte do purê. Pressione bem o purê contra o recheio, para que não fique espaço com ar. É justamente a pressão nessa montagem que vai fazer com que o escondidinho infle no cozimento.

Para terminar, espalhe queijo de coalho ralado sobre o escondidinho, decore com uma pimenta-de-bico e asse a 200 °C no forno preaquecido, até ficar bem dourado. Ah, se quiser preparar o prato com antecedência, guarde-o montado e coberto na geladeira por até três dias. Daí é só tirá-lo da geladeira cerca de 1 hora antes de assar, e o resultado será perfeito. Contudo, depois de assado, o ideal é consumi-lo imediatamente.

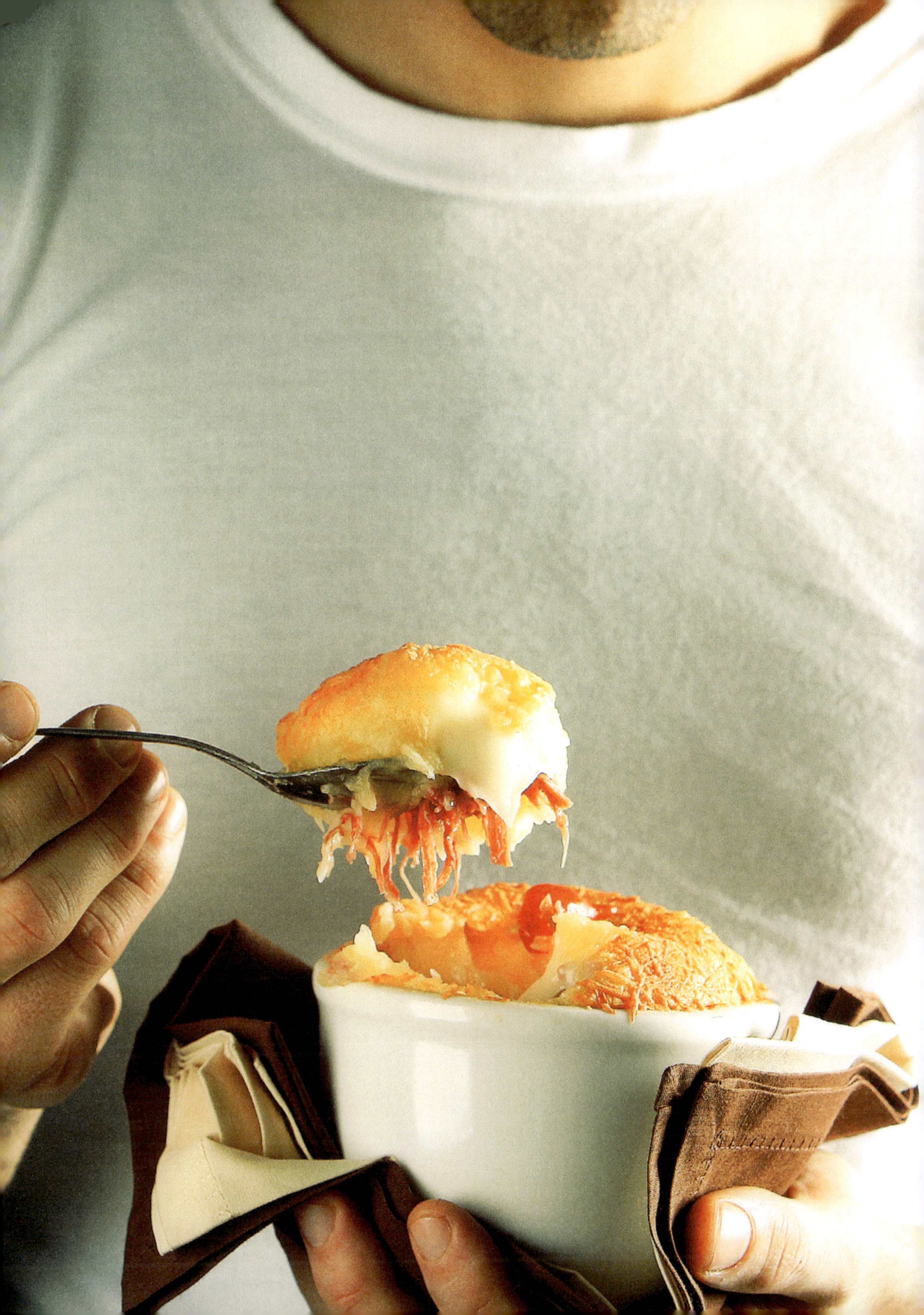

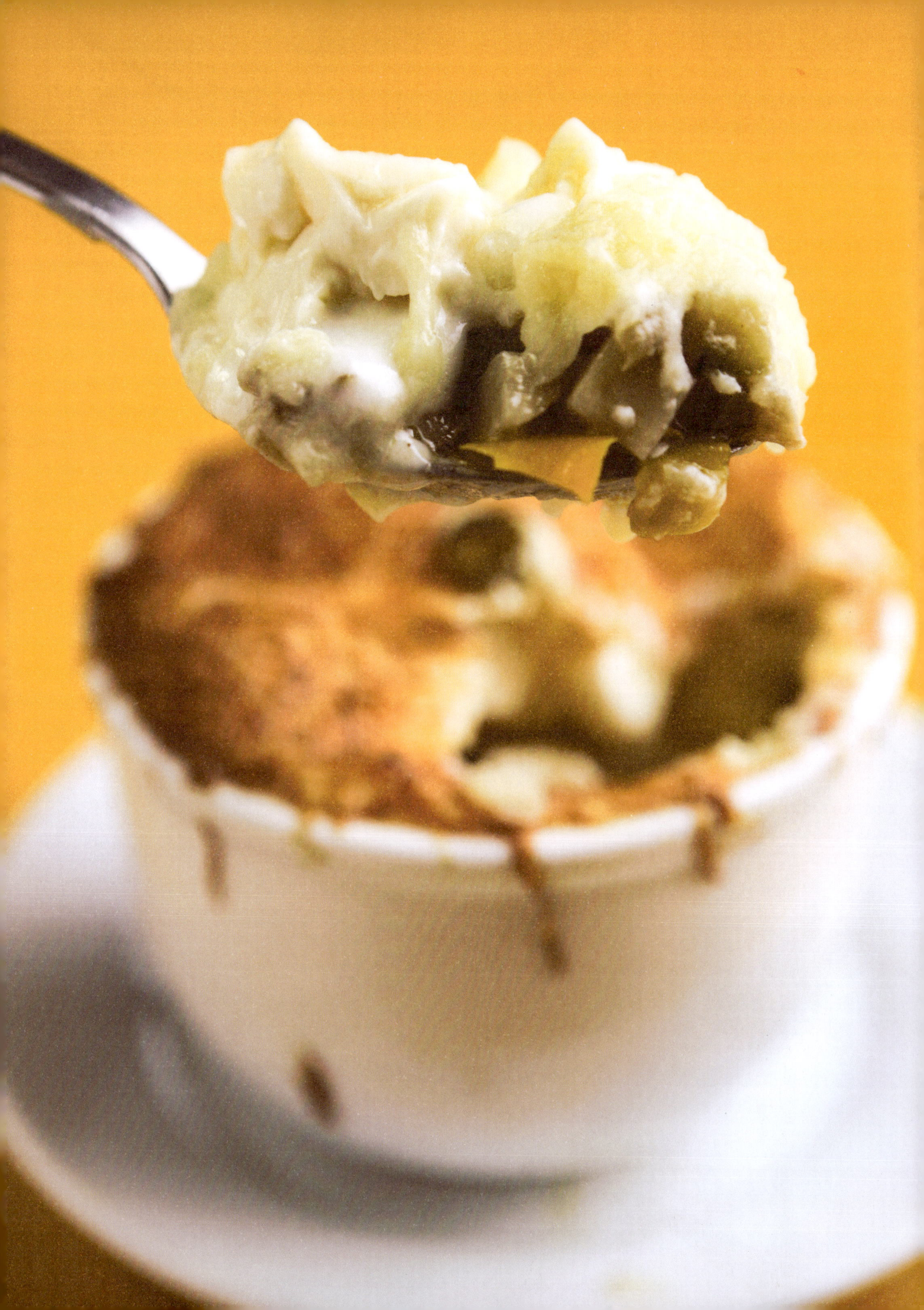

Escondidinho de queijo de cabra e legumes [6 porções]

Esta versão foi criada para agradar aos vegetarianos que ocasionalmente apareciam no restaurante, acompanhando turmas de amigos comedores de carne. No entanto, a aceitação foi tão grande que acabou entrando no cardápio e está lá até hoje. Curiosamente, mesmo com uma frequência cada vez maior de vegetarianos ao restaurante, o escondidinho de queijo de cabra é um dos favoritos também dos nossos clientes carnívoros. Aqui usamos um queijo do interior do Estado de São Paulo, do tipo feta. Na escolha dos legumes, aproveite o que encontrar de melhor na feira, no mercado ou na sua geladeira.

Ingredientes

PARA O PURÊ

Veja receita do purê base na página 205

PARA O RECHEIO

5 dentes	alho picadinho
200 ml	azeite
200 g	pimentão amarelo em cubinhos
1 ramo	tomilho
200 g	chuchu em cubinhos
200 g	berinjela em cubinhos
200 g	abobrinha em cubinhos
•	sal a gosto
•	pimenta-do-reino a gosto
400 g	queijo de cabra
400 g	requeijão cremoso

para a finalização

50 g	queijo de coalho ralado
•	azeitonas

Preparo

A massa do escondidinho de queijo de cabra é a mesma do de carne-seca, assim como a sua montagem. Para o recheio, corte os vegetais em cubinhos bem uniformes e reserve-os separadamente. Para a berinjela e o pimentão, manter a pele é opcional; faça de acordo com seu gosto ou com a sensibilidade do estômago de seus convidados.

Comece refogando o alho bem picadinho no azeite e, antes de dourar, junte os pimentões e o raminho de tomilho. Depois de alguns instantes, adicione o chuchu e refogue por cerca de 3 minutos. Acrescente então a berinjela e a abobrinha, cozinhando por mais 3 minutos. Tempere com sal e pimenta e reserve. Lembre-se de que este é apenas um pré-cozimento, pois o escondidinho ainda será assado.

Faça a montagem espalhando a massa numa cumbuca ou travessa, formando um "cesto" para acolher o recheio. Com o mix de legumes já frio, distribua o recheio entre os recipientes, procurando escorrer o máximo do líquido que se soltou dos vegetais. Mais uma vez, a quantidade depende do gosto do freguês, mas pense sempre no equilíbrio entre todos os elementos. Coloque agora o queijo de cabra também em cubinhos e uma porção de requeijão, que é importantíssimo para dar untuosidade ao prato. Cubra com o purê, pressionando o recheio para que não se formem bolhas de ar no interior da cumbuca ou travessa. Espalhe por cima o queijo ralado e decore com fatias de azeitona.

Asse a 200 °C em forno preaquecido até ficar bem dourado, ou guarde na geladeira por até três dias e asse no momento de servir.

Dobradinha [10 porções]

Este é mais um dos pratos e ingredientes que aprendi a manipular com meu pai. Compramos o bucho na feira, de um açougueiro que nos atende há mais de trinta anos. Recebemos as tirinhas de bucho uniformemente cortadas, alvinhas como peito de frango. O aroma, característico, não deve ser intenso a ponto de incomodar o nariz; se o produto estiver fresco e bem limpo, tudo nele será apetitoso. Nesta receita é possível também usar um pouco de feijão-branco, que deve ser cozido separadamente, escorrido e então adicionado à dobradinha quase pronta.

Ingredientes

- 1 kg bucho em tirinhas
- 150 ml vinagre comum
- 4 tomates
- 2 cebolas-brancas
- 1 pimentão verde
- 1 pimenta dedo-de-moça
- 80 g extrato de tomate
- 1,5 l caldo de carne (veja receita na página 202)
- 200 g bacon em tiras
- 200 g linguiça defumada em meia-lua
- 1 colher (sopa) azeite
- 5 dentes alho picadinhos
- 1 colher (chá) colorau
- 1 colher (café) cominho
- 1 colher (café) sementes de coentro
- 50 ml vinagre
- 2 folhas louro
- sal a gosto

Preparo

Escaldar é o primeiro passo para o preparo do bucho, processo que repetimos praticamente com todos os miúdos.

Aqui usamos água e vinagre; para 1 litro de água, adicione cerca de 150 ml de vinagre comum. Reserve seus vinagres especiais para o tempero do prato. Coloque a água e o vinagre para ferver e então junte o bucho. Deixe cozinhar por mais 15 minutos e escorra.

Nesse intervalo, vá preparando o molho: bata no liquidificador 2 tomates, 1 cebola, metade do pimentão, 1 pimenta dedo-de-moça e o extrato de tomate. Use parte do caldo de carne para ajudar na tarefa.

Numa panela grande o suficiente para acolher todo o cozido, refogue o bacon e a linguiça com o azeite; quando dourar levemente, retire da panela e reserve. Ali mesmo refogue o alho rapidamente e junte o molho coado, o restante do caldo, o colorau, o cominho, as sementes de coentro, 50 ml de vinagre, as folhas de louro e o bucho escaldado. Salgue levemente e cozinhe por aproximadamente 1 hora, ou até ficar macio. Junte o bacon e a linguiça reservados e cozinhe por mais 10 minutos.

Momentos antes de servir, acrescente o restante dos tomates, da cebola e do pimentão, cortados cuidadosamente em cubinhos. Para terminar, acerte o sal.

Junte um punhado de coentro fresco, tomatinhos e conserva de abóbora (veja receita na página 206).

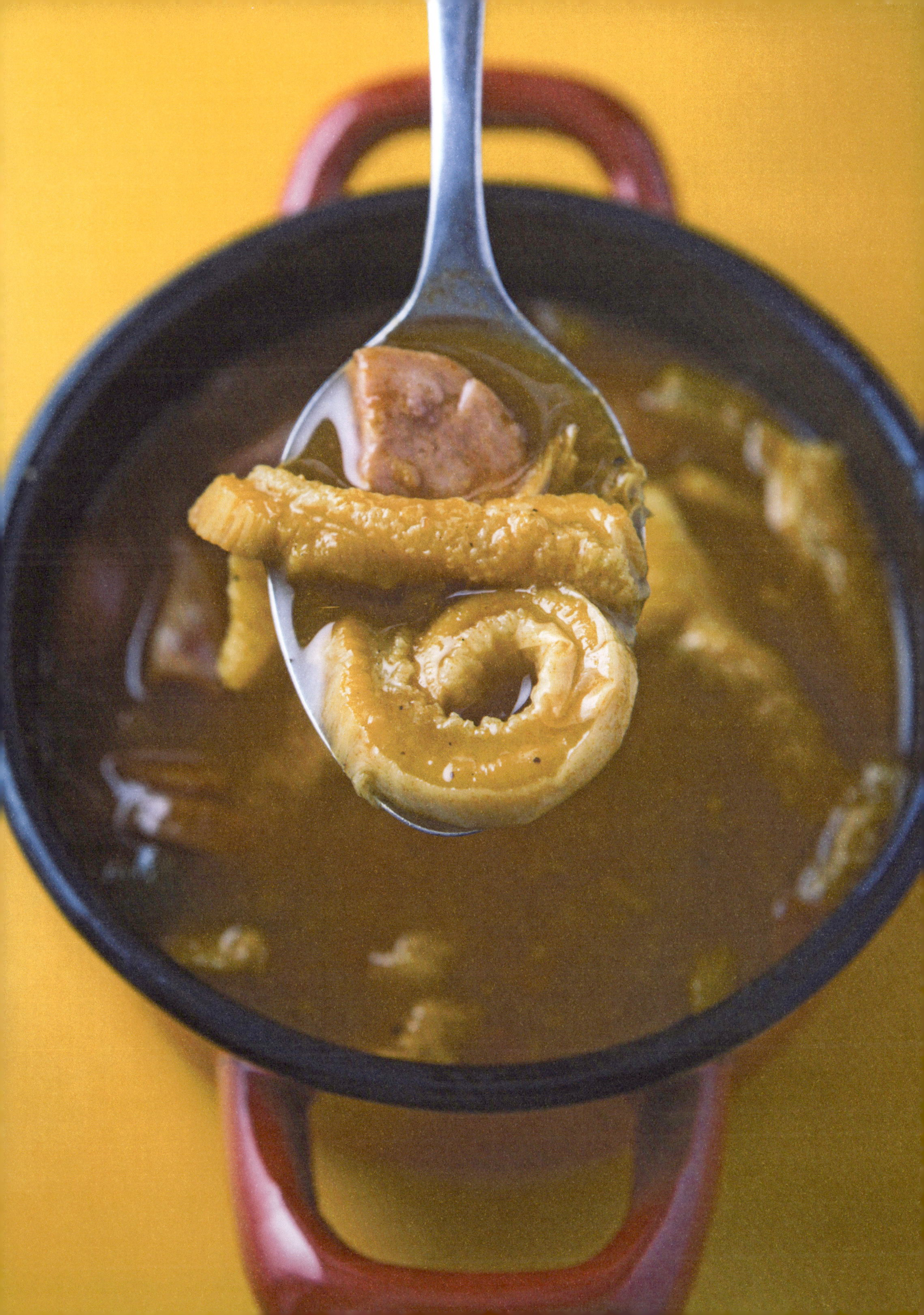

Pirarucu [4 porções]

Neste prato usamos a banda do pirarucu, ou seja, o lombo e a barriga do peixe. Selamos a carne rapidamente numa frigideira e depois o finalizamos no forno, com uma farofinha de castanha-do-pará e torresmo. O pirarucu, a castanha e o porco são como três irmãos separados no nascimento e criados em mundos distantes. Em comum eles têm a untuosidade, a pungência e a versatilidade de usos. E juntos, enfim, formam um trio imbatível.

Ingredientes

- 800 g banda de pirarucu, sem pele e sem espinhas
- 40 g sal
- azeite para dourar

PARA O VINAGRETE

- 200 g feijão-fradinho cozido e escorrido
- 200 g tomate em cubos
- 100 g cebola-roxa em cubinhos
- 100 g abóbora-de-pescoço em cubinhos
- 3 pimentas-cambuci em cubinhos
- 2 pimentas-malagueta bem picadas
- 1 limão-cravo (suco)
- 30 ml vinagre de mel
- 100 ml azeite
- gengibre ralado a gosto
- alho ralado a gosto
- coentro picado a gosto
- sal a gosto

PARA A FAROFA

- 70 g torresmo (veja receita na página 98)
- 100 g castanha-do-pará
- 50 g farinha biju
- 80 g manteiga
- 5 g flor de sal
- 30 ml água
- 10 g polvilho

Preparo

Para uma salga uniforme e delicada, prepare uma salmoura com 500 ml de água e 40 g de sal e deixe o peixe marinar por cerca de 40 minutos antes do preparo.

Numa frigideira antiaderente, doure o peixe dos dois lados com um fio de azeite. Misture todos os ingredientes da farofa até ter uma massa homogênea e espalhe sobre o peixe sem compactar essa cobertura.

Asse em forno preaquecido a 180 °C por 10 minutos.

Para o vinagrete de feijão-fradinho, misture todos os ingredientes, menos o coentro, e deixe descansar na geladeira por pelo menos 2 horas.

Antes de servir, é importante que ele esteja frio, mas não gelado. Adicione o coentro no último minuto e sirva ao lado do peixe com mandioca cozida ou frita.

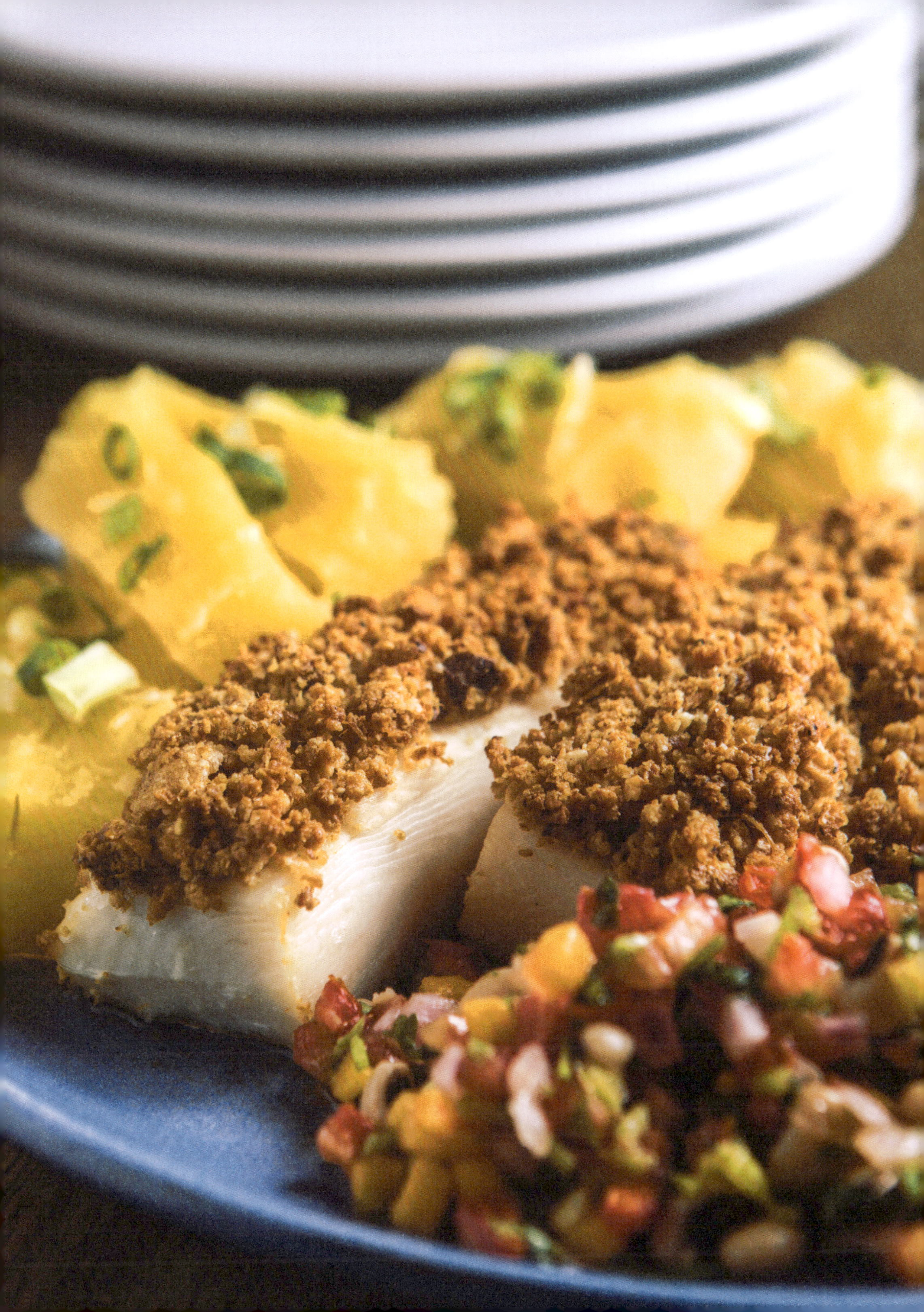

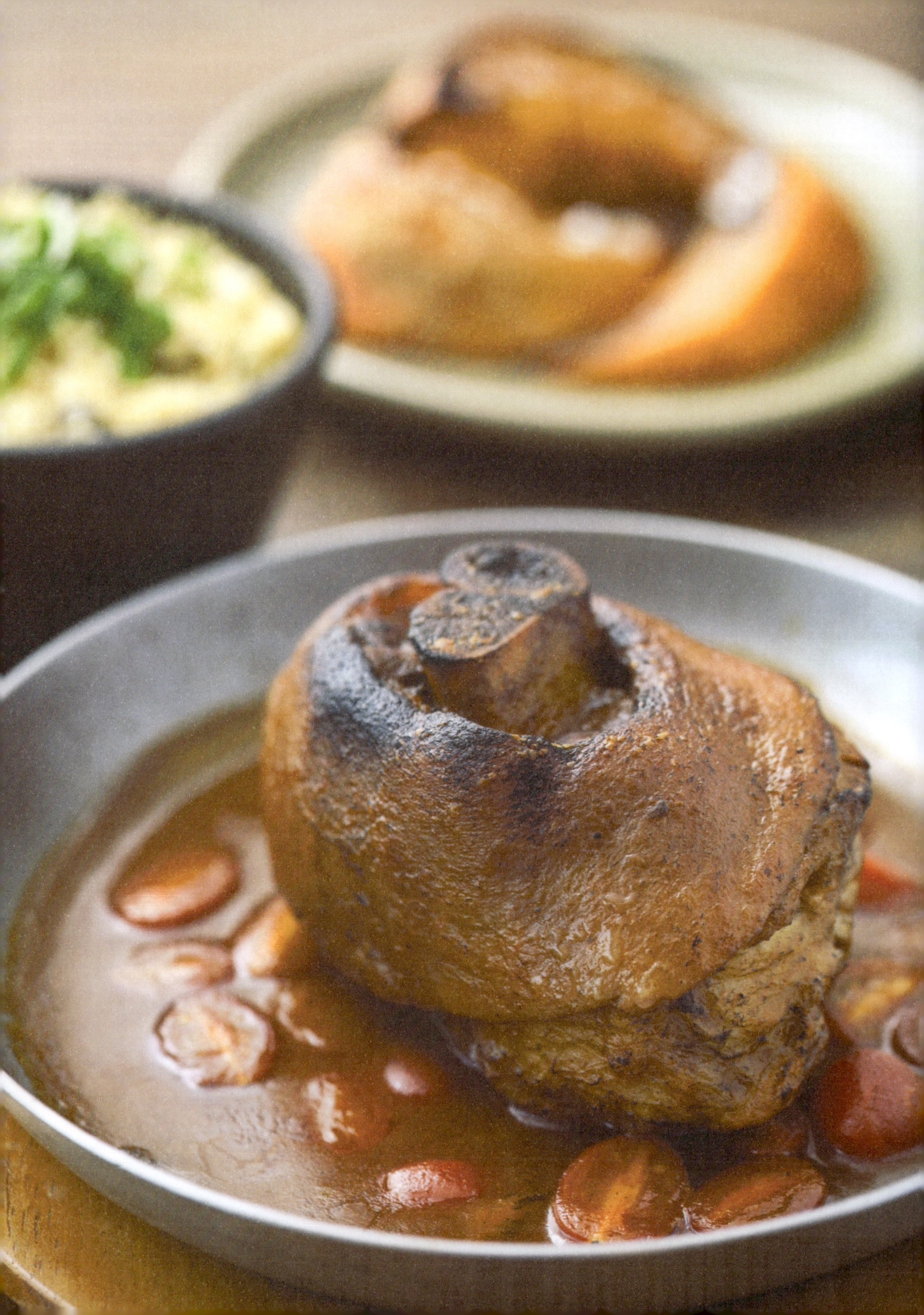

Joelho de porco braseado [4 porções generosas]

Este corte, competindo com a barriga e a copa de lombo, talvez seja o meu pedaço preferido do porco. Proporção perfeita entre carne suculenta, gordura e colágeno, é ideal para um preparo clássico como o braseado, em que as peças de carne são cuidadas por algumas horas, abafadas em forno moderado. O resultado será uma textura delicadíssima e um sabor intenso, resultado das longas horas de cozimento e dos temperos generosos, podendo ser cortado – e comido – com a colher. Sirva com cuscuz de milho com folhas refogadas e azeitona (veja receita na página 155) e abóbora assada (veja receita na página 208).

Ingredientes

- 2 joelhos de porco (cortados em 2 pedaços)
- 6 dentes alho
- 1 cebola grande
- 1 pimentão pequeno
- 1 pimenta dedo-de-moça
- 4 tomates
- 80 ml vinagre de maçã
- 120 g extrato de tomate
- 1 colher (sobr.) colorau
- 1 colher (chá) cominho
- 1 colher (chá) sementes de coentro
- 3 colheres (café) pimenta-do-reino
- 2 l caldo de carne (veja receita na página 202)
- 3 folhas louro
- 200 g gelatina de bacon (veja receita na página 206)
- • sal a gosto
- • cebolinha
- • tomates-cereja

Preparo

Escalde os joelhos em água fervente por 10 minutos. Isso é importante para depurar o joelho e obter um caldo mais delicado. Retire da água, deixe arrefecer e queime as peças diretamente na chama do fogão. Isso vai queimar os pelos e tostar levemente a pele.

Processe o alho, a cebola, o pimentão, a pimenta, o tomate, o vinagre, o extrato de tomate e os temperos com uma parte do caldo no liquidificador. Junte essa mistura de vegetais ao caldo restante e cozinhe por 15 minutos após fervura.

Coe o molho, adicione o louro, a gelatina de bacon e salgue levemente. Arrume os joelhos numa caçarola ou assadeira com tampa e junte o molho, que deve cobrir cerca de dois terços da altura das peças.

Asse por cerca de 2 horas a 160 ºC, virando os joelhos na metade desse tempo. Destampe e asse por mais 30 minutos, virando na metade desse tempo. Ao final do cozimento, a carne deve estar macia, mas sem se desfazer.

Acerte o sal do molho e sirva imediatamente, guarnecendo com cebolinha e tomates-cereja.

Sarapatel [10 porções]

Prefiro pensar nos miúdos como iguarias, até porque iguarias não são para serem comidas todos os dias. Uma ocasião especial, o seu noivado ou o fechamento de um grande negócio, por exemplo, talvez seja o momento ideal para preparar o seu sarapatel. Enfim, deixando de lado a sugestão – que seu noivo ou noiva talvez desaprovasse –, o sarapatel é uma verdadeira ode ao mundo íntimo de um porco. Uma comunhão intensa e suntuosa de sabores, texturas e aromas que deve ser apreciada com a devida cerimônia.

Ingredientes

- 1 fissura completa (língua, garganta, pulmões, coração, fígado e outras vísceras)
- 5 tomates maduros
- 3 cebolas
- 2 pimentões médios
- 1 pimenta dedo-de-moça
- 1 cabeça alho
- 100 g extrato de tomate
- 3 l caldo de porco (veja receita na página 203)
- 1 colher (café) sementes de coentro
- 1 colher (café) cominho
- 1 colher (chá) colorau
- 200 g gelatina de bacon (veja receita na página 206)
- 50 g banha de porco
- 3 folhas louro
- 500 g chouriço (de tempero leve)
- sal a gosto
- pimenta-do-reino a gosto
- coentro a gosto
- cebolinha a gosto

Preparo

Cozinhe os miúdos inteiros em água e sal por 15 minutos. Isso vai depurá-los e firmá-los para o corte, que deve ser bem miudinho.

Processe no liquidificador 3 tomates, 2 cebolas, 1 pimentão, a pimenta, o alho e os temperos todos, menos o louro, até obter uma pasta leve. Adicione um pouco do caldo para ajudar na tarefa.

Leve essa mistura mais o caldo restante ao fogo, cozinhando por 20 minutos e escumando, se necessário. Retorne à panela e junte a gelatina de bacon, a banha, os miúdos picados e o louro e salgue levemente.

Cozinhe por aproximadamente 30 minutos em fogo baixo e com a panela tampada e então adicione os tomates, a cebola e o pimentão restantes, cortados cuidadosamente em cubinhos. Junte também o chouriço retirado da tripa e acerte o sal.

Cozinhe até tudo estar resolvido; você vai perceber esse momento. O molho se espessa e ganha brilho, as carnes se entregam completamente e os aromas entram em comunhão, criando um verdadeiro espetáculo.

No momento de servir, adicione coentro e cebolinha e deixe farinha e pimenta ao lado. Nada mais é necessário.

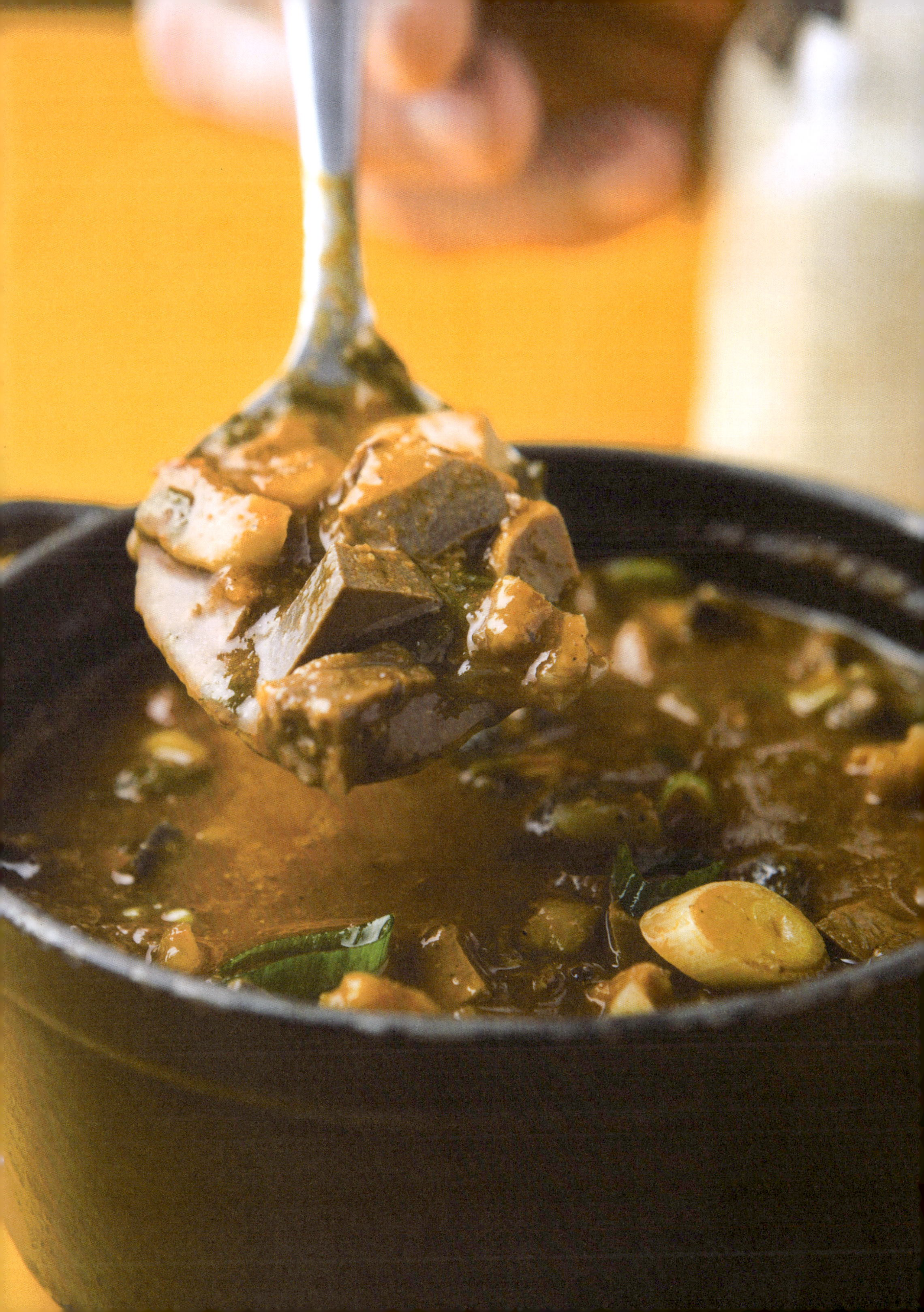

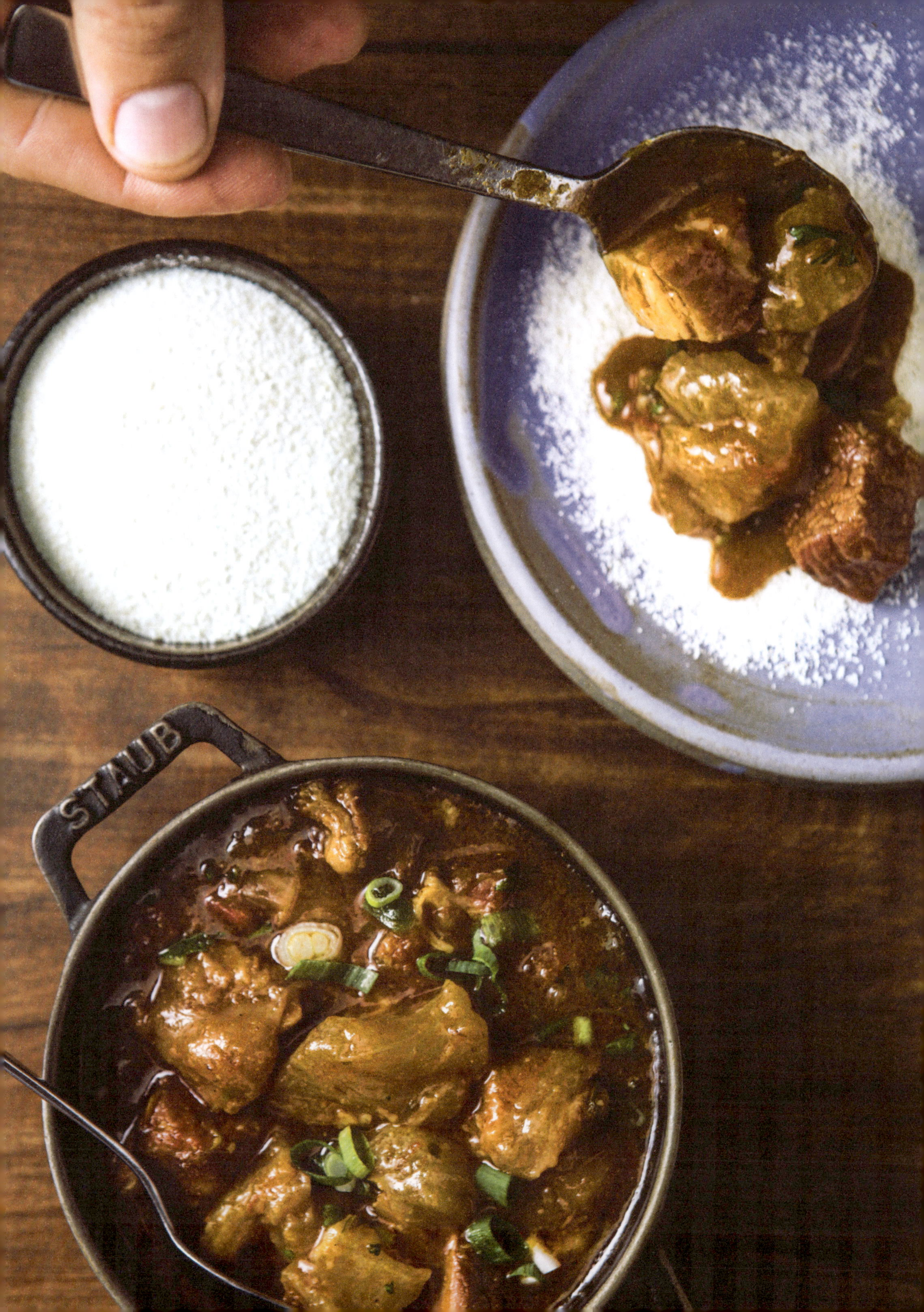
STAUB

Panelinha do seu Zé [10 porções]

Este é um dos pratos que fazem parte da mítica do Mocotó. Com apreciadores tão ilustres quanto Drauzio Varella e Alex Atala, este cozido de garrão feito exclusivamente pelo seu Zé não tem data certa para aparecer. Açougueiros aliciados pela própria iguaria vão juntando esses tendões dos quartos traseiros bovinos e nos entregam cerca de 3 quilos por mês. Enriquecido com músculo, linguiça, bacon e carne-seca, mais "todo tempero" onipresente na cozinha do seu Zé, o prato é sem dúvida um dos tesouros do receituário do meu pai.

Ingredientes

- 1 kg garrão (tendão bovino)
- 500 g músculo
- • manteiga para refogar
- 5 dentes alho
- 3 cebolas-roxas
- 1 pimentão verde
- 1 pimenta dedo-de-moça
- 3 tomates
- 3 folhas louro
- 70 ml vinagre
- 1 colher (sobr.) colorau
- 1 colher (sobr. rasa) cominho
- 1 colher (chá) pimenta-do-reino
- 250 g bacon
- 250 g linguiça defumada
- • sal a gosto
- • coentro fresco a gosto
- • cebolinha a gosto

Preparo

Escalde o garrão por 10 minutos; isso vai limpar as peças e deixar o caldo mais delicado. Escorra, e em outra água cozinhe na panela de pressão por 30 minutos. Retire a pressão e junte o músculo, cozinhando por mais 30 minutos depois de a panela começar a chiar. Desligue e deixe arrefecer.

Numa panela de fundo grosso refogue na manteiga o alho, a cebola, o pimentão, a pimenta e o tomate, todos bem picados e nessa ordem. Cozinhe por 10 minutos e então junte os temperos, as carnes cozidas, o bacon e a linguiça defumada.

Cubra com o caldo do cozimento e deixe em fogo baixo até perceber que se formou um molho espesso. Finalize com coentro e cebolinha e sirva com arroz branco e vinagrete. Ou, como meu pai prefere, só com farinha.

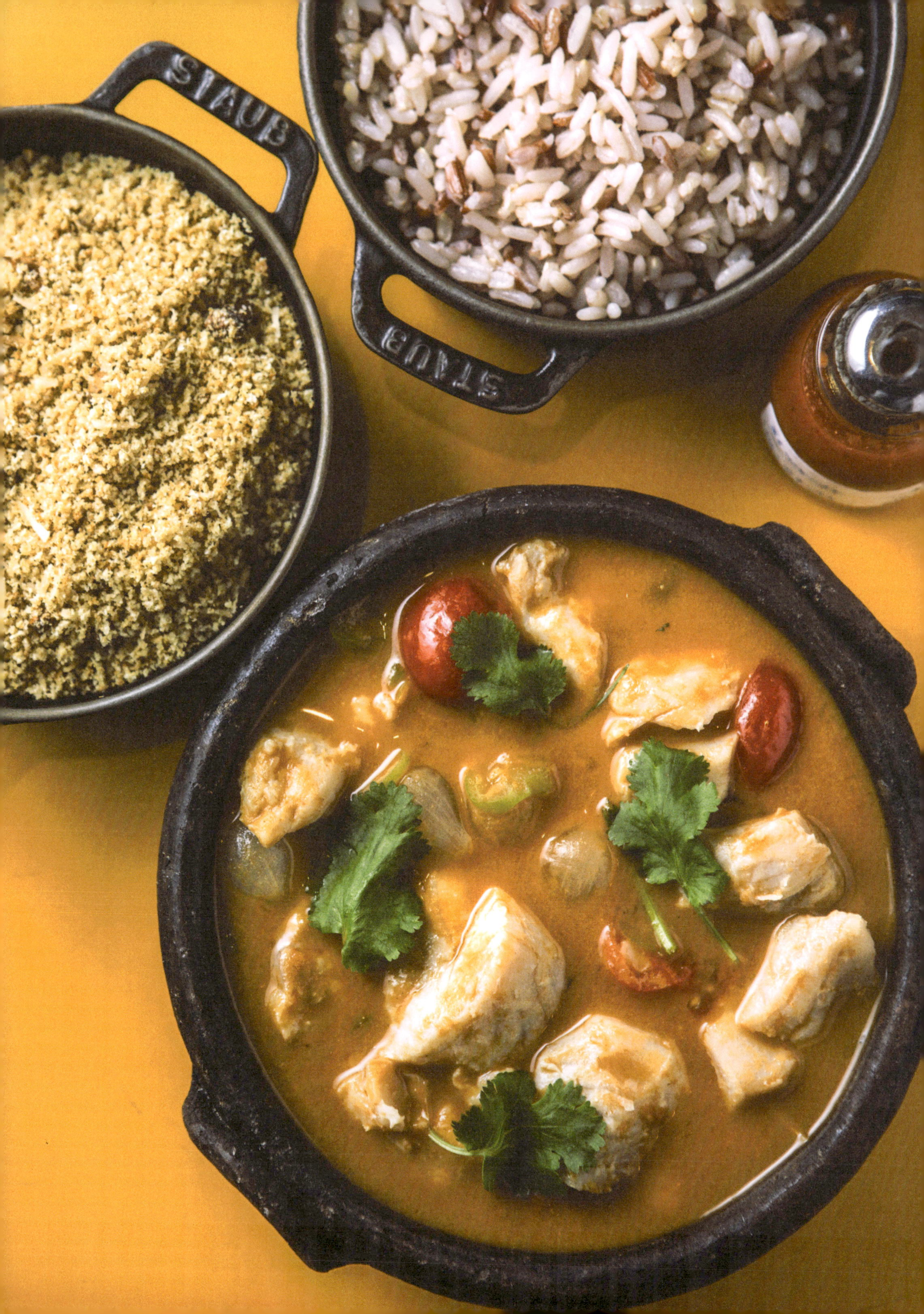
STAUB
STAUB

Peixadinha do São Francisco [10 porções]

Este, acredito, foi o primeiro prato de peixe a entrar no nosso cardápio, e é um sucesso desde o primeiro dia. A peixadinha é um cozido de surubim ou pintado, peixes típicos da bacia do Rio São Francisco, e seu molho, enriquecido com leite de coco, leite de castanha-de-caju, caldo de peixe e pimenta fresca, é uma atração à parte. Não posso me esquecer, contudo, de dar o devido crédito à farofa de castanha e coco queimado que acompanha este peixe, pois é comum as pessoas saírem com potinhos dela depois de provarem o prato. Ah, esta é uma receita que também pode funcionar muito bem com peixes brancos de mar.

Ingredientes

1,5 kg	filés de surubim ou pintado
•	sal

PARA O MOLHO

3	tomates maduros
1	cebola-branca
1	pimentão verde
2	pimentas-malagueta
8 g	gengibre
200 g	leite de coco
700 ml	água de coco
100 g	castanha-de-caju
500 g	aparas ou cabeças de peixe

PARA FINALIZAR

50 ml	azeite
30	tomates-cereja
5	pimentas-cambuci
20	cebolas-pérola
•	sal a gosto
•	limão-cravo ou limão-taiti a gosto
folhas	coentro a gosto

Preparo

Salgue o peixe levemente e deixe descansar por 1 hora na geladeira.

Processe no liquidificador o tomate, a cebola, o pimentão, a pimenta, o gengibre, o leite, a água de coco e as castanhas. Coe esse caldo numa peneira fina e leve ao fogo numa caçarola funda. Junte as cabeças ou aparas de peixe e cozinhe em fogo moderado por 1 hora após levantar uma fervura leve. É importante não deixar o caldo entrar em franca ebulição, o que garantirá um molho ainda mais perfumado e saboroso. Escume qualquer resíduo que se forme na superfície. Coe uma vez mais o molho e reserve.

Para a finalização, numa caçarola ou panela de barro, disponha o peixe cortado em pedaços médios e cubra com o molho, azeite, tomates-cereja, pimenta-cambuci e cebola-pérola. Leve ao fogo moderado e cozinhe por aproximadamente 8 minutos. Acerte o sal e a acidez, usando limão-cravo ou limão-taiti ou os dois.

Arranje por cima as folhinhas de coentro e sirva com mix de arroz do Vale do Paraíba (veja receita na página 208) e farofa de castanha e coco queimado (veja receita na página 159).

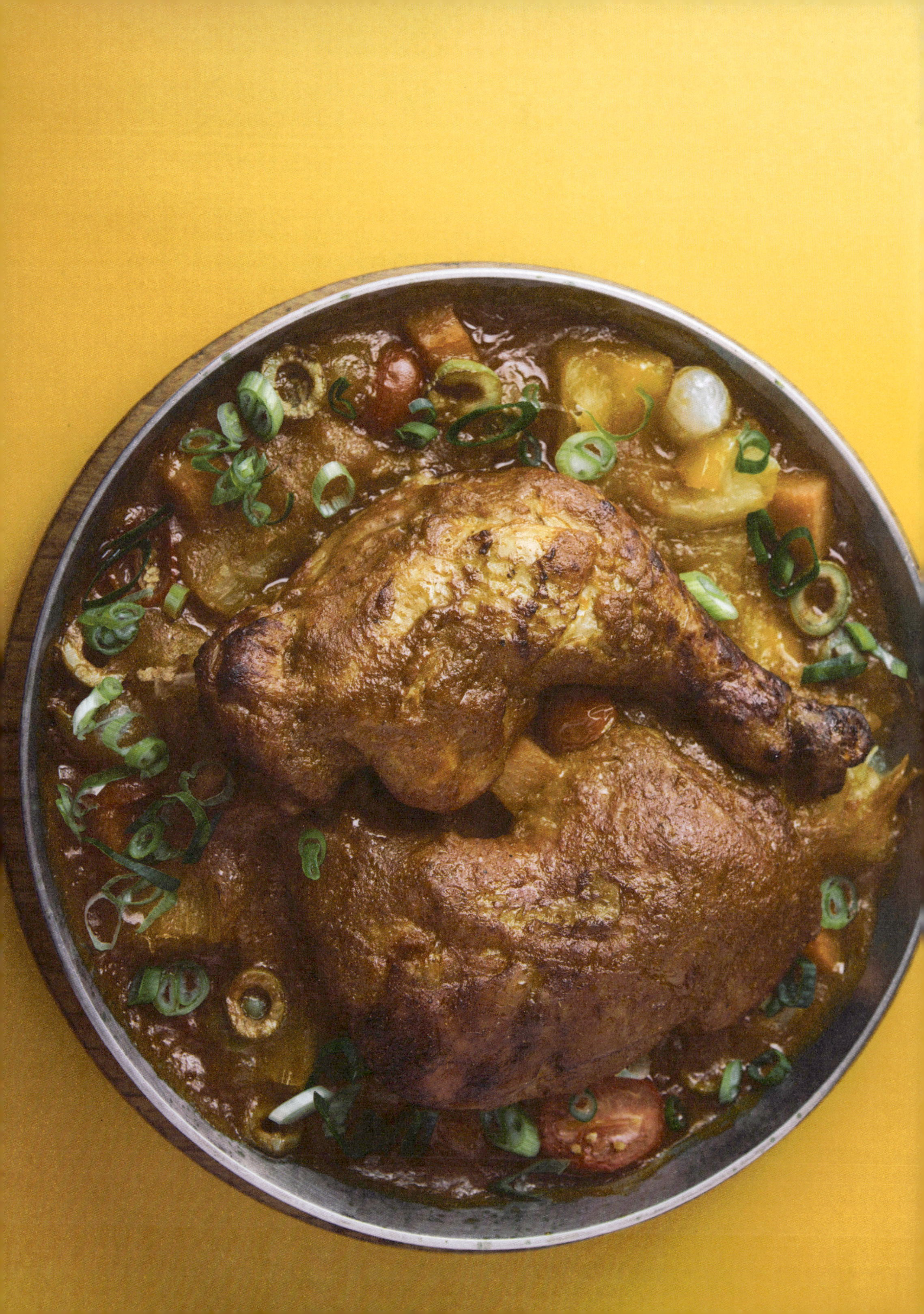

Atolado de frango [8 porções]

Este clássico do Mocotó é sempre um sucesso quando reproduzo em casa. Rica e bem temperada, a receita pode ser acompanhada de polenta, arroz, farofa, batatas e o que mais você pensar. Funciona também com o peito, caso você compre o frango inteiro; é só deixar um pouco menos no forno para que não fique ressecado. Ah, prefira os frangos orgânicos, pois o sabor e a textura são incomparáveis.

Ingredientes

- 2 kg — coxas e sobrecoxas (de 6 a 8 coxas e sobrecoxas)
- 200 ml — vinho branco
- 5 dentes — alho
- 2 — cebolas-roxas pequenas
- 3 — tomates
- 2 colheres (sopa) cheias — extrato de tomate
- 1 colher (café) — sementes de coentro
- 1 colher (café) — pimenta-do-reino moída
- 1 colher (chá) — colorau
- 500 ml (aprox.) — caldo de galinha (veja receita na página 204)
- sal a gosto

Preparo

Mais um preparo bastante simples. Processe todos os ingredientes do tempero e deixe o frango marinar por pelo menos 2 horas na geladeira.

Retire o frango da marinada e arrume-o numa assadeira.

Misture a marinada com o caldo de galinha, adicionando um pouco mais, caso seja necessário. O ideal é que o frango esteja dois terços coberto.

Tampe ou cubra a assadeira e leve ao forno preaquecido a 180 °C por 1 hora. Nesse momento, descubra a assadeira e eleve a temperatura do forno para 220 °C. Retorne a assadeira ao forno, regando as coxinhas até dourarem.

Sirva com mandioca cozida, conserva de abóbora (veja receita na página 206), conserva de cebola-pérola (veja receita na página 210), azeitonas e tomatinhos ou com o que preferir, pois vai bem com tudo.

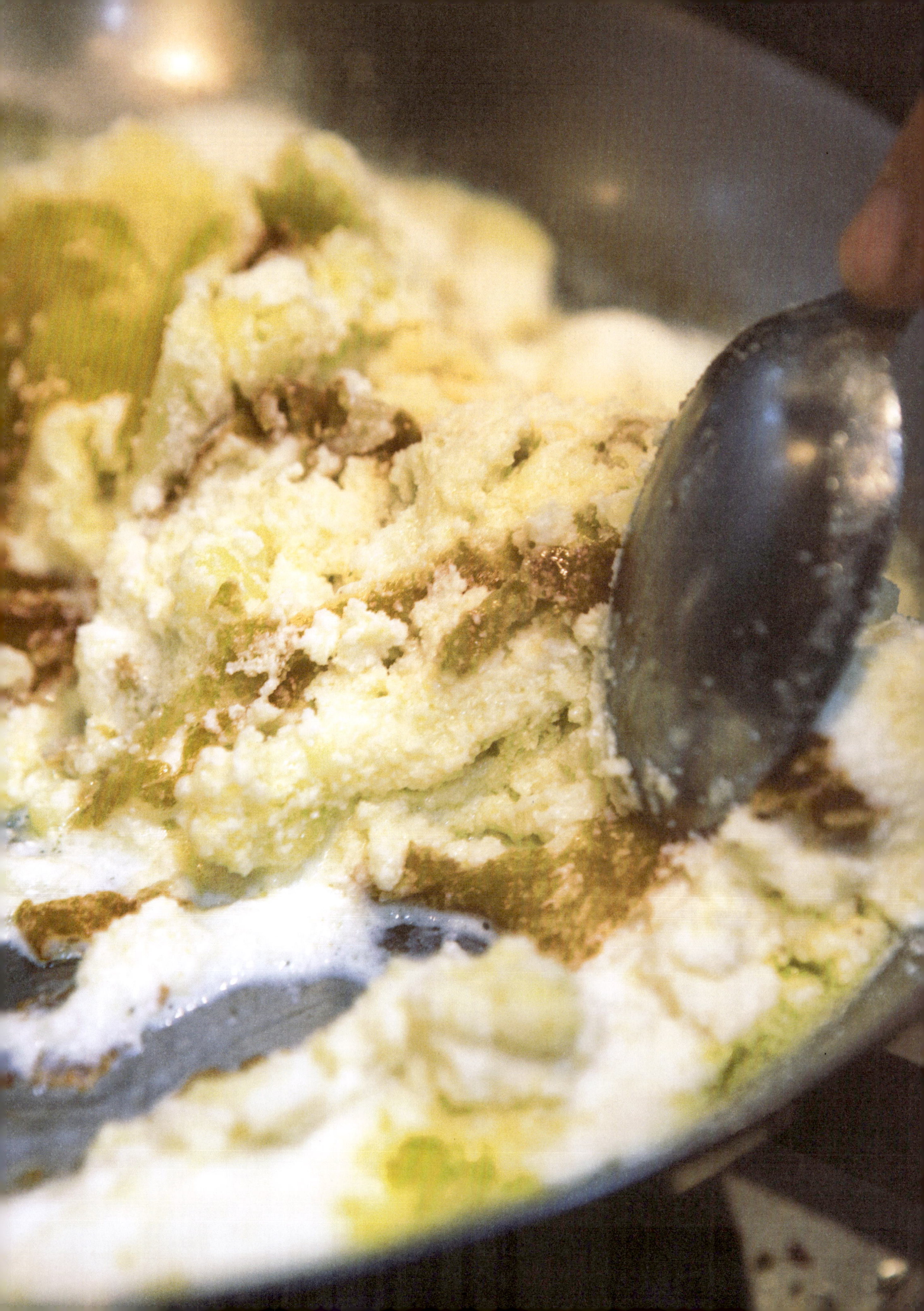

FAROFAS

A farinha é a liga do Brasil culinário, presente em inúmeros preparos, desde o churrasco gaúcho, passando pela feijoada carioca até o chibé amazônico. E as farofas, sem dúvida, são sua expressão máxima. Aqui no Mocotó, preparamos dezenas de versões diferentes dela. Algumas são úmidas e de textura macia, outras são crocantes e sequinhas. Temos farofas suntuosas como a de torresmo e espartanas como a farofa-d'água. Usamos farinhas de milho e de mandioca em suas infinitas versões, e praticamente qualquer ingrediente pode virar farofa. Escolhi aqui as nossas receitas preferidas e que certamente vão inspirá-lo a criar as suas próprias especialidades.

Farofa de requeijão do norte [6 porções]

Ingredientes
- 250 g   requeijão do norte
- 250 ml leite
- 50 ml   manteiga de garrafa
- 250 g   farinha de mandioca torrada
- •   sal a gosto

Preparo
Corte o requeijão em cubinhos e derreta em fogo moderado, numa panela de fundo grosso, preferencialmente de ferro ou de inox. Quando o fundo estiver completamente caramelizado, junte o leite e a manteiga e mexa até ferver e o queijo começar a derreter. Retire do fogo e deixe amornar. Tempere com sal.

Junte a farinha aos poucos e, com uma colher, raspe o fundo da panela para que esse tostado se incorpore à farofa.

Sirva imediatamente, sem reaquecer.

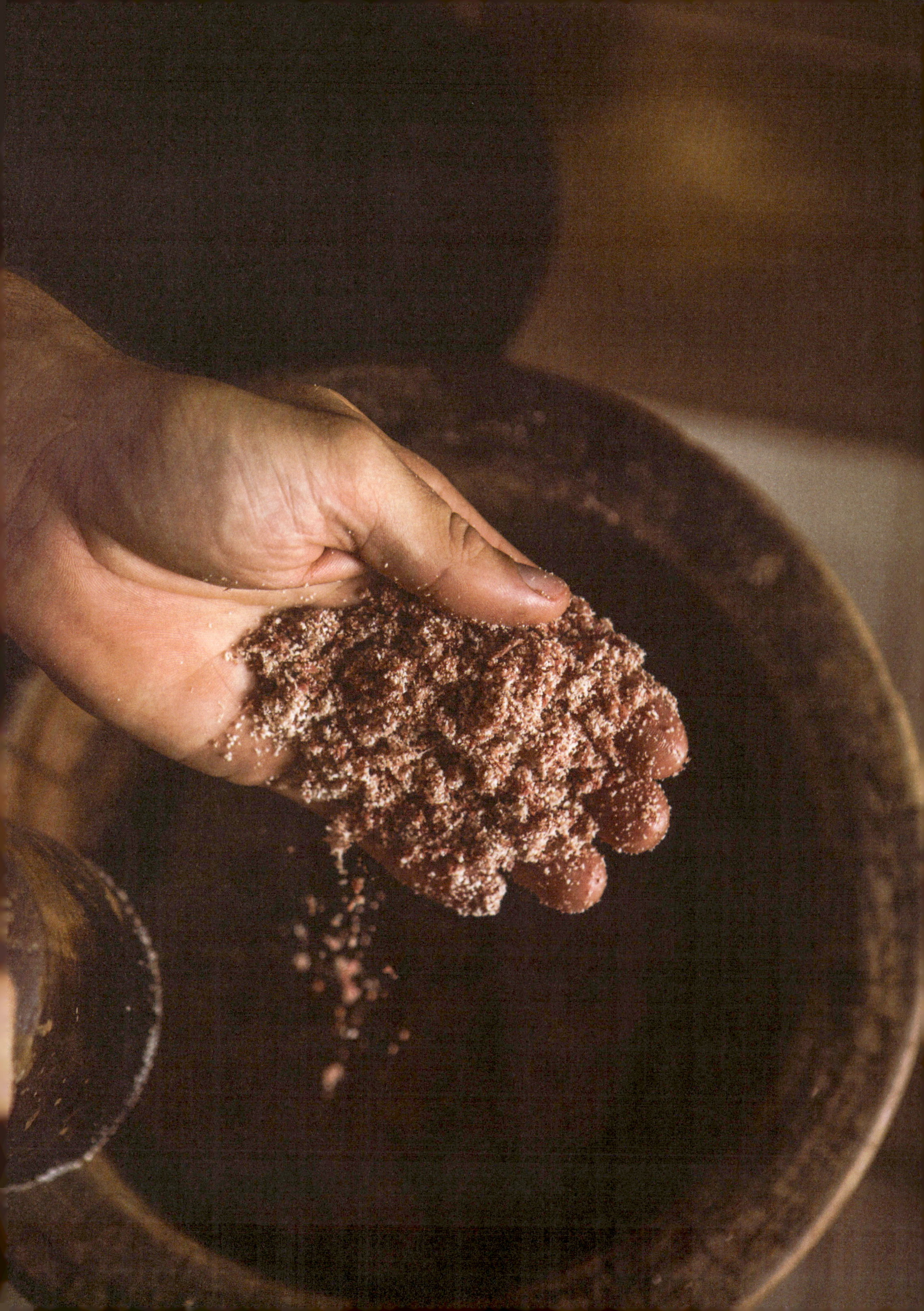

Paçoca de carne-seca [6 porções]

Ingredientes

300 g	carne-seca cozida em cubos (veja receita na página 205)
60 ml	manteiga de garrafa
100 g	cebola-roxa fatiada finamente
½	pimenta dedo-de-moça fatiada finamente
150 g	farinha de mandioca torrada
•	cebolinha a gosto
•	coentro a gosto
•	sal a gosto

Preparo

Puxe a carne na manteiga até dourar e reserve. Na mesma panela, refogue a cebola até ficar bem cozida e dourada, colocando um pouco mais de manteiga, se necessário.

Pouco antes de desligar, junte a pimenta, retire do fogo e reserve também.

Coloque a carne num pilão e pise até que se desmanche. Junte a farinha aos poucos para que se incorpore bem. Adicione a cebola e pise até que a paçoca fique homogênea.

Acrescente coentro, cebolinha, acerte o sal e sirva.

Cuscuz de milho com folhas refogadas e azeitona [6 porções]

Ingredientes

50 ml	azeite
1	cebola-branca fatiada finamente
1 punhado de folhas	repolho fatiadas
1 maço	couve rasgada
1 punhado de folhas	acelga rasgadas
•	azeitona verde a gosto
•	sal a gosto
500 g	cuscuz de milho básico (veja receita na página 199)
•	cebolinha a gosto

Preparo

Refogue a cebola no azeite até que ela amoleça, mas sem ganhar cor. Acrescente as folhas de repolho. Quando estiver começando a amolecer, junte a couve e a acelga, cozinhando por mais um minutinho. Tempere com sal e acrescente as azeitonas verdes picadas.

Adicione o cuscuz e misture bem. Finalize com a cebolinha e sirva imediatamente.

Farofa de milho e couve crocante [6 porções]

Ingredientes
- óleo para fritura
- 1 maço couve fatiada finamente
- 5 dentes alho bem picados
- 50 ml azeite
- 500 g farinha de milho biju
- sal a gosto

Preparo
Comece fritando a couve fatiada o mais finamente possível em bastante óleo, um pouco por vez. A couve deve ficar crocante, mas não queimada, então controle a temperatura cuidadosamente. Reserve-a.

Numa pequena panela, refogue o alho picado no azeite.

Quando estiver levemente dourado, adicione a farinha de milho, mexendo por alguns minutos.

Por fim, misture à couve frita e sirva imediatamente.

Paçoca de torresmo com limão [8 porções]

Ingredientes
- 200 g torresmo pisado no pilão (veja receita na página 98)
- 200 g farinha de milho biju
- 50 ml azeite
- 2 dentes alho
- sal a gosto
- raspas de limão-siciliano, taiti e cravo

Preparo
Misture o torresmo pilado com a farinha de milho, o azeite e o alho ralado ou picado finamente.

Leve ao forno preaquecido a 160 °C por cerca de 15 minutos, mexendo a cada 5 minutos.

Quando estiver bem tostada, retire do forno, junte as raspas dos limões e acerte o sal. Deixe esfriar e sirva imediatamente ou reserve em um pote bem fechado.

- Farofa de banana-da-terra
- Farofa de castanha e coco queimado
- Farofa de quiabo e bacon
- Farofa de milho e couve crocante
- Cuscuz de milho com folhas refogadas
- Farofa de requeijão do norte

Farofa de quiabo e bacon [6 porções]

Ingredientes

1	cebola-roxa em cubinhos
1	pimenta dedo-de-moça picadinha
2	pimentas-de-cheiro picadinhas
50 ml	azeite
150 g	bacon em cubinhos
300 g	quiabo em rodelinhas
200 g	farinha de mandioca
•	sal a gosto
•	salsinha a gosto

Preparo

Comece refogando rapidamente a cebola e as pimentas no azeite; reserve. Doure o bacon em fogo moderado, para que fique bem dourado e crocante. Retire-o da panela, mantendo sua gordura e refogando ali mesmo o quiabo, em fogo alto, por alguns minutos.

Junte agora todos os ingredientes na panela, retire do fogo e misture bem. Tempere com sal e vá incorporando a farinha aos poucos. Finalize com a salsinha e sirva imediatamente.

Dica

Se quiser variar e substituir o quiabo, esta receita também fica ótima com alho-poró fatiado ou com jiló em cubinhos, todos preparados da mesma maneira.

Farofa matuta [4 porções]

Ingredientes

1	cebola-roxa em fatias
50 ml	manteiga de garrafa
300 ml	água
•	sal a gosto
•	coentro fresco a gosto
200 g	farinha de mandioca

Preparo

Refogue rapidamente a cebola na manteiga e junte a água. Retire do fogo antes de levantar fervura. Acerte o sal e deixe amornar.

Nesse momento, acrescente o coentro picado e adicione a farinha aos poucos, sem mexer. Em seguida, comece a "cortar" a farinha com a colher, formando "bolinhos" de farinha.

Farofa de banana-da-terra [6 porções]

Ingredientes

1	cebola-roxa em cubinhos
100 ml	manteiga de garrafa
3	pimentas-cambuci bem picadinhas
1	pimenta dedo-de-moça bem picadinha
2	bananas-da-terra em cubos
1	pitada de sementes de coentro
1	pitada de colorau
300 g (aprox.)	farinha de mandioca
•	coentro fresco picado a gosto
•	sal a gosto

Preparo

Refogue a cebola na manteiga até começar a dourar. Junte as pimentas e cozinhe um pouco mais. Com o fogo alto, adicione as bananas picadas, que devem estar maduras mas ainda firmes.

Salteie por alguns instantes, após temperar com sal, as sementes de coentro e o colorau. Retire do fogo e junte a farinha aos poucos, mexendo até ficar completamente incorporada.

Acerte o sal e finalize com o coentro fresco picado no último minuto.

Farofa de castanha e coco queimado [6 porções]

Ingredientes

100 ml	manteiga de garrafa
100 ml	azeite
100 g	castanha-de-caju
100 g	coco ralado
500 g	farinha biju
•	flor de sal a gosto

Preparo

Frite, na mistura de manteiga e azeite, as castanhas e o coco ralado até começarem a dourar. Quando já estiverem sequinhos, tempere com sal e junte a farinha aos poucos, mexendo bem. Retire da panela, deixe esfriar e sirva.

Cuscuz de milho com feijão-verde e abóbora [6 porções]

Ingredientes

50 ml	manteiga de garrafa
50 ml	azeite
1	cebola-roxa pequena
100 g	abóbora em cubos
3	pimentas-cambuci em cubinhos
1	pimenta dedo-de-moça fatiada
1	tomate em cubinhos
150 g	feijão-verde cozido e escorrido
1	limão-taiti (suco)
500 g	cuscuz de milho básico (veja receita na página 199)
•	coentro a gosto
•	sal a gosto

Preparo

Em uma panela de fundo grosso, refogue a cebola-roxa na mistura de manteiga e azeite. Cozinhe até começar a dourar. Junte a abóbora e cozinhe por mais 3 minutos.

Adicione as pimentas, misture bem e acrescente finalmente o tomate e o feijão. Tempere com sal e cozinhe por mais alguns instantes.

Acrescente o cuscuz, tire do fogo e tempere com o suco do limão. Finalize com um punhado de coentro e sirva imediatamente.

Dica

Você pode fazer uma versão igualmente deliciosa trocando o feijão por uma seleção de legumes frescos como jiló, abobrinha e pimentões coloridos.

Cuscuz de farinha-d'água com castanha-de-caju e laranja
[8 porções]

Ingredientes

½	cebola em cubinhos
½ talo	alho-poró
100 ml	manteiga de garrafa
½	pimenta dedo-de-moça
100 g	vagem branqueada e fatiada
100 g	tomate em cubinhos
300 g	farinha-d'água de Uarini
300 ml	água
1	laranja (raspas e suco)
50 g	castanhas-de-caju torradas e picadas
•	sal a gosto
•	pimenta a gosto
•	cebolinha a gosto

Preparo

Refogue a cebola e o alho-poró picados na manteiga, cozinhando por alguns minutos. Junte a pimenta e espere mais alguns instantes. Nesse momento, adicione a vagem e o tomate e tempere com sal.

Retire do fogo e junte a farinha, fazendo com que ela se incorpore bem ao refogado; isso vai evitar a formação de grumos. Adicione a água até quase cobrir a mistura, tampe e deixe descansar por cerca de 20 minutos. Solte com ajuda de um garfo, adicione as raspas de laranja, o suco, a cebolinha e as castanhas e sirva em temperatura ambiente.

Dicas

Caso não consiga encontrar a farinha-d'água de Uarini, e não vai ser fácil, use uma farinha-d'água fina.

Fica ótimo também com castanha-do-pará no lugar da castanha-de-caju.

- Pirão de leite
- Purê de mandioca com alho assado
- Purê de batata-doce assada
- Purê de inhame com requeijão
- Purê de mandioquinha

PURÊS E PIRÕES

Difícil resistir a um simples purê. Mesmo quando o cozinheiro comete algum deslize, como alguns grumos na mistura ou uma massa muito mole, a combinação de uma raiz ou tubérculo com creme, leite e manteiga será sempre arrebatadora. Aqui temos algumas das receitas preferidas de purês que se alternam diariamente no nosso menu. Vão bem com carnes, aves, peixes ou mesmo com legumes assados e folhas refogadas.

Outro universo próximo a esse é o do pirão, basicamente um caldo muito saboroso espessado com farinha de mandioca. Daí para a frente é a sua imaginação – e sua geladeira – que manda. Seja um bom purê ou um caprichado pirão, vai fazer todo mundo feliz, isso é infalível.

Purê de inhame com requeijão [6 porções]

Ingredientes
- 1 kg inhame
- 120 g manteiga sem sal
- 200 ml creme de leite
- 300 ml leite
- 200 g requeijão cremoso
- sal a gosto

Preparo

Cozinhe o inhame descascado na água com sal até que fique macio. Escorra e deixe o inhame esfriar por alguns instantes.

Passe os pedaços de inhame no espremedor de legumes e junte todos os ingredientes numa panela de fundo grosso (leite e creme já devem estar quentes!).

Processe com um mixer de mão para ter uma textura perfeitamente lisa. Cozinhe em fogo baixo, mexendo sempre para não pegar no fundo. Acerte o sal e sirva.

Purê de mandioca com alho assado [6 porções]

Ingredientes

1 kg	mandioca
20 g	alho assado (veja receita na página 210)
100 g	manteiga
200 ml	leite
100 ml	creme de leite
•	sal a gosto

Preparo

Cozinhe a mandioca em água com um pouco de sal até que esteja macia. Ah, comece com a água fria, para garantir um cozimento mais homogêneo. Escorra e deixe a mandioca esfriar um pouco antes de processar. Amasse o alho e reserve. Agora passe a mandioca por um passador de legumes ou moedor de carnes; é o jeito mais prático de se livrar dos talos e ter um purê bem homogêneo.

Leve uma panela ao fogo, acrescente a manteiga até que ela derreta completamente e comece a tostar. Acrescente o alho amassado e mexa para aromatizar bem a manteiga.

Acrescente a mandioca e, com uma colher de pau, misture tudo muito bem. Incorpore aos poucos o leite e o creme de leite; a quantidade vai variar de acordo com o tipo de mandioca e o seu cozimento.

Deixe esquentar bem e com um mixer de mão processe o purê até que fique acetinado e brilhante. Acerte o sal e sirva.

Purê de batata-doce assada [6 porções]

Ingredientes

1 kg	batata-doce
300 ml	leite
150 ml	creme de leite
100 g	manteiga
•	sal a gosto

Preparo

Numa assadeira coberta, asse as batatas-doces inteiras e com casca, até que fiquem bem macias por dentro e tostadas por fora. Deixe esfriar e descasque cuidadosamente, retirando o mínimo possível da polpa. Reserve as cascas e ferva-as com o leite e o creme, deixando em infusão por 10 minutos para que absorvam bem esse sabor caramelizado.

Passe as batatas por um espremedor de legumes. Coe a mistura de leite e creme sobre o purê e leve todos os ingredientes ao fogo, mexendo bem para obter um mistura homogênea. Junte a manteiga no último momento e retire do fogo. Para uma textura ainda mais lisa e delicada, processe com um mixer de mão. Acerte o sal e sirva.

Purê de mandioquinha [6 porções]

Ingredientes

- 1 kg mandioquinha
- 100 g manteiga
- 200 ml leite
- 100 ml creme de leite
- sal a gosto

Preparo

Cozinhe a mandioquinha em água fervente, com cuidado para que não absorva muita água. Ela deve ficar macia, porém firme. Ah, importante: se a mandioquinha estiver com a casca bonita, sem machucados, cozinhe-a e processe-a com a casca. Escorra e deixe a mandioquinha esfriar um pouco antes de espremer. Assim que estiver fria o suficiente para manipulá-la, esprema e reserve.

Em uma panela no fogo, coloque a manteiga até que ela derreta completamente e comece a tostar. Acrescente a mandioquinha e, com uma colher de pau, misture tudo muito bem. Incorpore aos poucos o leite e o creme de leite; a quantidade vai variar de acordo com o tipo da mandioquinha e o seu cozimento.

Deixe esquentar bem e, com um mixer de mão, processe o purê até que fique acetinado e brilhante. Acerte o sal e sirva.

Pirão de leite [4 porções]

Ingredientes

- 100 g cebola-branca
- 40 g alho-poró
- 35 g salsão
- 50 ml manteiga de garrafa
- 500 ml leite
- 1 dente alho
- 1 folha louro
- 40 g farinha de mandioca
- sal a gosto

Preparo

Pique a cebola, o alho-poró, o alho e o salsão. Leve uma panela de fundo grosso ao fogo, acrescente a manteiga e refogue rapidamente a cebola, mexendo sempre para que não ganhe cor. Acrescente o louro, o alho-poró, o alho e o salsão, deixe refogar por mais um minuto, com cuidado para não ganhar cor, e acrescente o leite.

Quando começar a ferver, cozinhe por 10 minutos em fogo baixo e coe, retornando o leite para a panela. Com o fogo bem baixo, vá acrescentando a farinha de mandioca lentamente, num fio constante, mexendo para engrossar e dar o ponto de pirão. Acerte o sal e sirva imediatamente.

Dica

A quantidade de farinha na receita varia de acordo com a quantidade de amido que ela possui, mas praticamente qualquer tipo pode fazer um bom pirão. As minhas preferidas para esse preparo são as brancas, não muito finas.

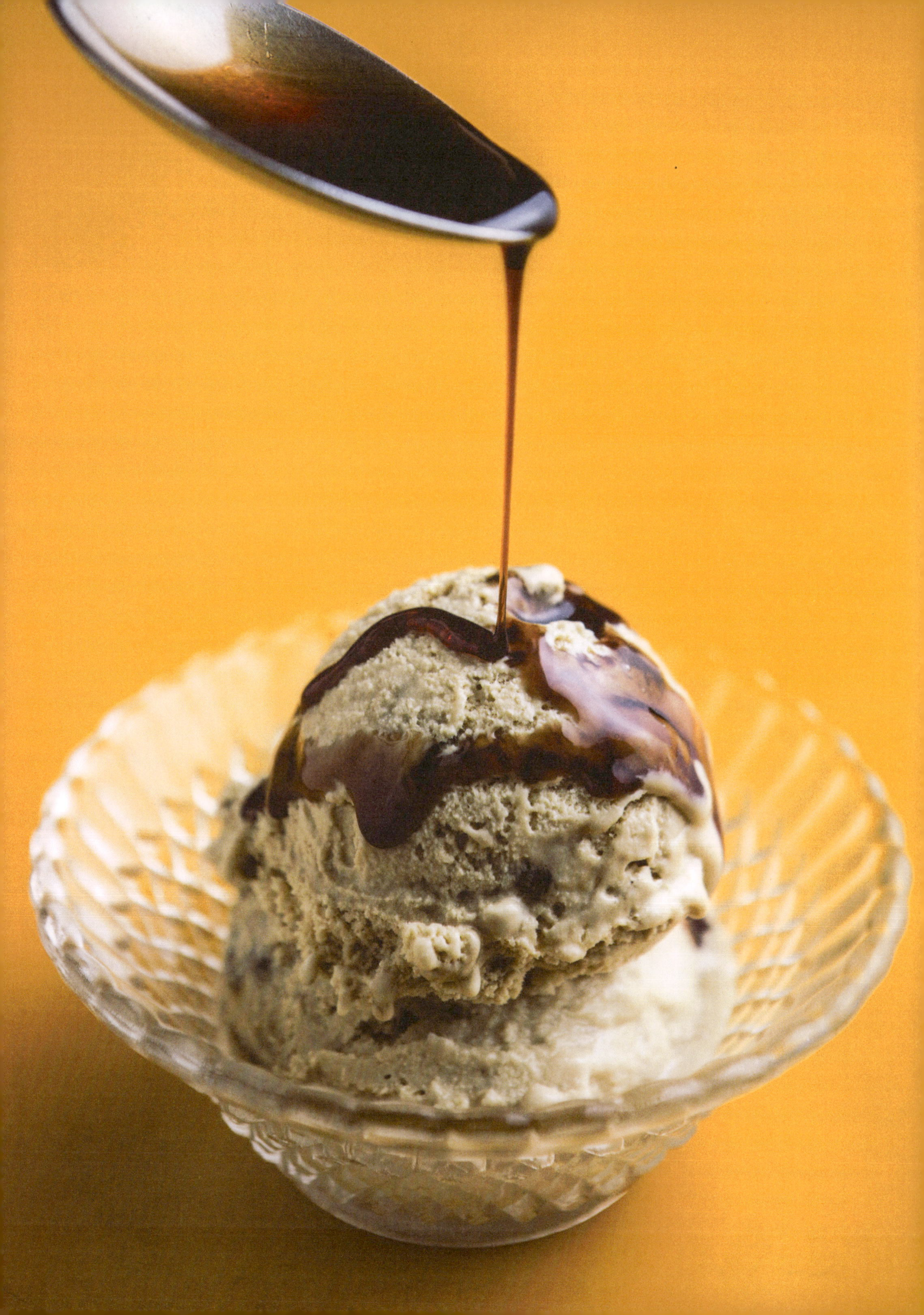

SOBREMESAS

Sorvete de rapadura [3 litros]

Esta foi a primeira – e a única durante muito tempo – sobremesa servida no nosso restaurante. Como não tínhamos máquina de sorvete, desenvolvi uma técnica em que usava sorvete de creme para adicionar sabores diversos mediante uma base congelada, sem perder assim volume ou textura. No caso da rapadura, o desafio era equilibrar a doçura do produto. Então entraram aí o iogurte e o suco de limão--cravo. Como se diz popularmente: "Rapadura é doce, mas não é mole". Porém, pode ser ao menos cremosa e refrescante.

Ingredientes

PARA A BASE

- 250 g melado de cana
- 170 g iogurte natural (1 potinho)
- 30 ml suco de limão-cravo

PARA O SORVETE

- 450 g base congelada
- 300 g rapadura picada
- 300 ml creme de leite fresco
- 2 l sorvete de creme

Preparo

Comece misturando o melado, o iogurte e o suco de limão. Leve ao congelador por cerca de 12 horas para que a base fique bem gelada; o melado vai impedir que ela congele e se solidifique.

Pique cuidadosamente a rapadura e leve ao congelador. É importante que todos os ingredientes estejam bem gelados para que o sorvete não perca cremosidade. A tigela e o batedor também podem ir ao congelador minutos antes de começar a receita.

Quando estiver com tudo pronto, bata a base na batedeira em velocidade baixa e incorpore o creme de leite fresco – bem gelado – aos poucos. Aumente a velocidade e bata até que a mistura quase dobre de volume. Aos poucos ainda, vá acrescentando o sorvete e bata o suficiente para que a mistura fique homogênea e fofa. Acrescente a rapadura picada e misture delicadamente. Despeje num pote e leve ao congelador por mais 3 horas para firmar.

Sirva com calda de catuaba (veja receita na página 214).

Pudim de tapioca com calda de coco queimado [8 porções]

Esta é uma das receitas pioneiras do cardápio de sobremesas do Mocotó, e foi inspirada nas versões clássicas da guloseima. O trabalho foi reduzir (um pouquinho) o teor de açúcar e afinar seu cozimento. O nosso pudim ideal teria uma fase perfeitamente cremosa e um *dégradé* de tapioca delicado, com sua textura particular fundindo-se no creme de coco e ovos. É uma das pedidas mais famosas do nosso restaurante, e será perfeita para coroar seus encontros de família.

Ingredientes

PARA O PUDIM

75 g	tapioca granulada
100 ml	leite
200 ml	leite de coco
2	ovos inteiros
2	gemas
375 ml	creme de leite fresco
395 g	leite condensado

CALDA PARA A FÔRMA

200 g	açúcar
80 ml	água

CALDA DE COCO QUEIMADO

500 g	açúcar
3	anis-estrelados
150 ml	água
150 ml	leite de coco
100 g	coco seco ralado grosso

Dicas

Se preferir preparar em porções individuais, divida a massa cuidadosamente, mexendo sempre, para que a tapioca – que fica no fundo da mistura – se reparta igualmente entre as forminhas.

Se sobrar crocante de coco, guarde-o num pote hermético.

Preparo

Comece hidratando a tapioca com o leite e o leite de coco bem quente, fora do fogo, por pelo menos 1 hora. Durante esse tempo, mexa para que não se forme uma placa no fundo e reserve.

Aproveite para cuidar dos caramelos. Primeiro, para a calda de coco, caramelize o açúcar e junte o anis, a água e o leite de coco. Cozinhe até o açúcar derreter completamente, para obter o ponto de fio grosso. Reserve a calda com o anis até esfriar, depois pode retirá-los. Para a calda da fôrma, derreta o açúcar com cuidado até que fique bem dourado e brilhante, junte a água aos poucos, espalhe numa fôrma para pudim e reserve.

Para fazer o crocante de coco que acompanha a calda, preaqueça o forno a 150 °C. Espalhe o coco ralado numa assadeira e deixe no forno por 10 minutos. Retire do forno, misture o coco e volte ao forno por mais 5 minutos. Repita este processo até que o coco esteja crocante e tostado.

Voltando ao pudim, misture os ovos, as gemas, o creme de leite e o leite condensado. Mexa bem, coe numa peneira fina e junte à tapioca hidratada, misturando até obter uma massa bem homogênea.

Coloque a mistura na fôrma caramelizada e asse em banho-maria a 150 °C por 40 minutos, ou até ficar firme. O tempo e o ajuste do forno vão depender do modelo do seu equipamento, então vá ajustando conforme sua experiência.

Espere o pudim esfriar e deixe-o descansar na geladeira por pelo menos 2 horas antes de desenformar. Sirva com a calda e o crocante de coco.

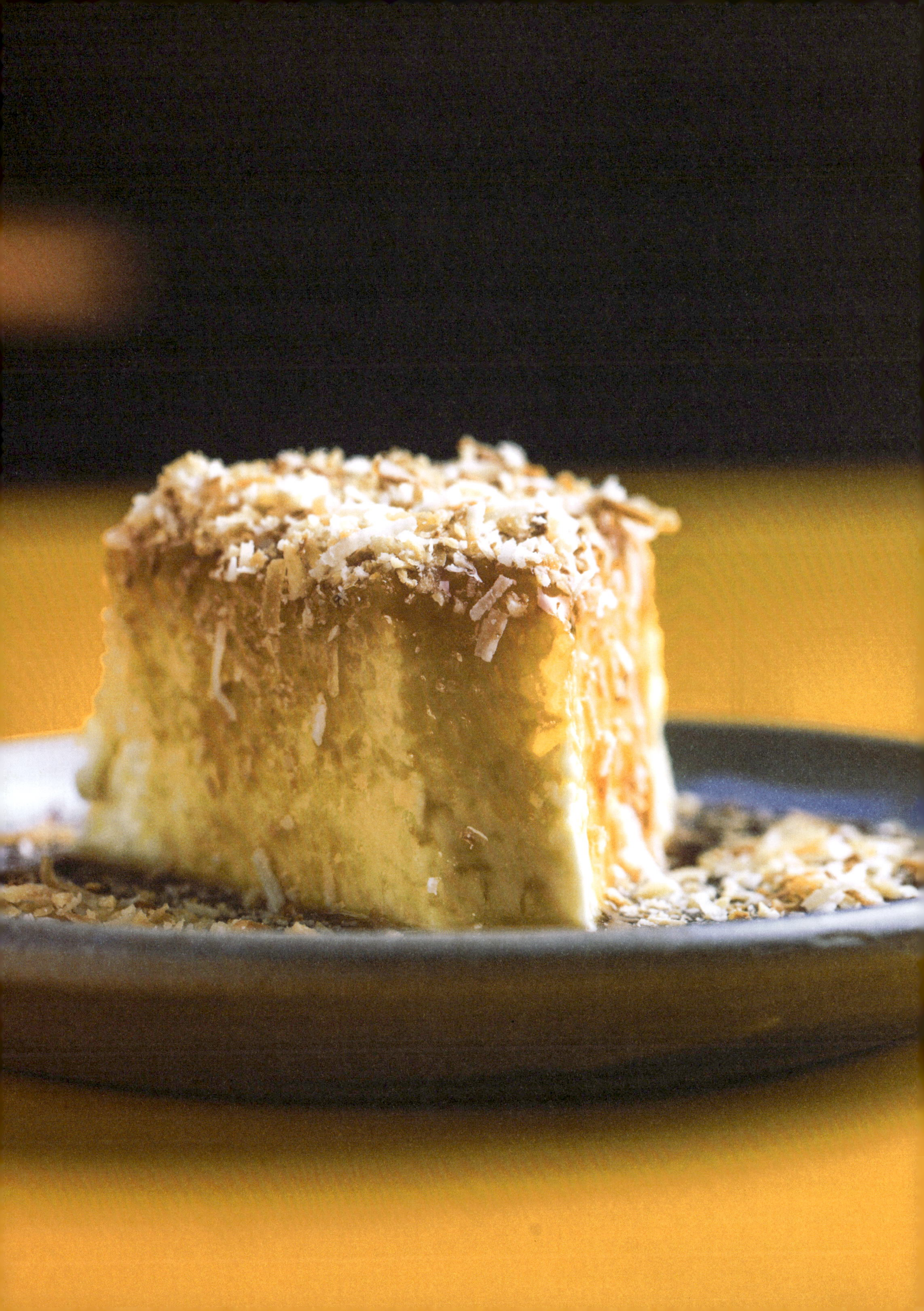

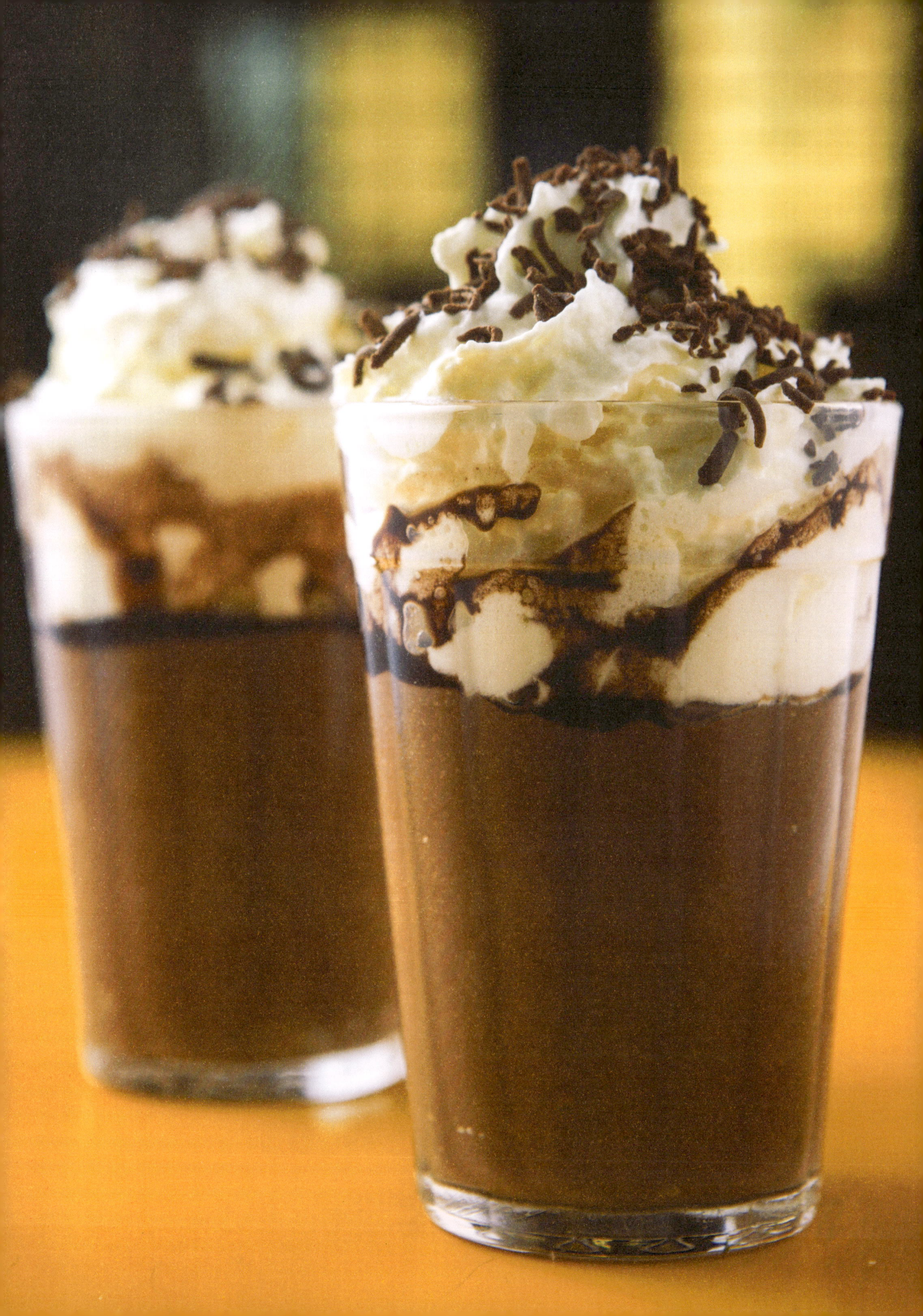

Musse de chocolate com cachaça [20 porções]

Junto com o sorvete de rapadura e o pudim de tapioca, a musse é das sobremesas pioneiras no nosso menu. Lembro de ter lido algum dia no Pro Chef, obra máxima do Culinary Institute of America, que uma musse de chocolate bem-feita poderia se tornar a assinatura de um restaurante. Assim, desenvolvi a nossa própria receita, com chocolate baiano de origem e cachaça mineira, envelhecida em umburana. No chantili, mais cachaça, essa purinha, tal qual sai do alambique. Se comer, não dirija.

Ingredientes

- 350 g chocolate amargo (70% de cacau) picado
- 6 claras
- 45 g manteiga derretida
- 100 ml cachaça envelhecida em umburana
- 75 g açúcar
- 6 gemas
- 250 g creme de leite fresco

PARA SERVIR
- chantili de cachaça (veja receita na página 217)
- raspas de chocolate
- calda de chocolate (veja receita na página 214)

Preparo

Comece derretendo o chocolate em banho-maria; mantenha-o aquecido. No liquidificador, coloque metade das claras e, com o aparelho ligado, adicione aos poucos o chocolate derretido, a manteiga, a cachaça e o açúcar. Reserve e deixe esfriar completamente.

Numa tigela de inox ou de vidro, leve as gemas ao banho-maria batendo vigorosamente com um *fouet* até obter um creme fofo e brilhante. Tome cuidado para não cozinhar as gemas no calor excessivo; assim que chegarem ao ponto, retire-as do recipiente e resfrie imediatamente.

Bata o creme de leite bem gelado até firmar e triplicar de volume e reserve. Bata também as claras restantes até o ponto de neve. Junte gentilmente as gemas batidas, a base de chocolate e o creme reservado. Misture bem até obter uma musse homogênea e aveludada.

Despeje no recipiente escolhido – sugiro montá-las individualmente, em copinhos ou taças – e leve à geladeira até ficar firme. Na hora de servir, decore com o chantili de cachaça, as raspas e a calda de chocolate.

Crème brûlée de doce de leite e umburana [10 porções]

Esta é uma receita de inspiração clássica francesa, desenvolvida com o amigo e chef Julien Mercier. Para nós, um bom *brûlée* tem textura delicada, que vem de um cozimento cuidadoso, e a doçura equilibrada, com uma casquinha de açúcar queimado o mais fina possível. A umburana – sementinha de uso medicinal muito comum no sertão – dá um toque especial a esta receita, com seus aromas que remetem a baunilha e canela.

Ingredientes

- 300 ml leite
- 2 sementes de umburana
- 450 g doce de leite
- 10 gemas de ovo
- 500 g creme de leite
- 1 colher(sopa) açúcar refinado ou açúcar cristal

Preparo

Ferva o leite e junte as sementes de umburana picadas.

Tampe e deixe em infusão por 10 minutos. Em seguida, dissolva o doce de leite na mistura ainda quente. Reserve.

Misture as gemas e o creme de leite com a ajuda de um batedor de ovos, acrescente a mistura de leite e doce de leite e mexa até obter um creme homogêneo. Coe em uma peneira fina para retirar as sementes e as membranas dos ovos. Divida em ramequins próprios para *brûlée* e asse em banho-maria por 40 minutos a 120 °C. O tempo e a temperatura ideais podem variar de acordo com seu forno. Use sua experiência para calibrar o cozimento, que é sem dúvida o ponto mais importante da receita.

Retire do forno e verifique o cozimento. O centro do creme dever estar "quase" líquido ainda. Deixe esfriar e guarde na geladeira, coberto, por pelo menos 2 horas antes de servir.

Para finalizar, polvilhe com açúcar refinado ou cristal e queime com um maçarico.

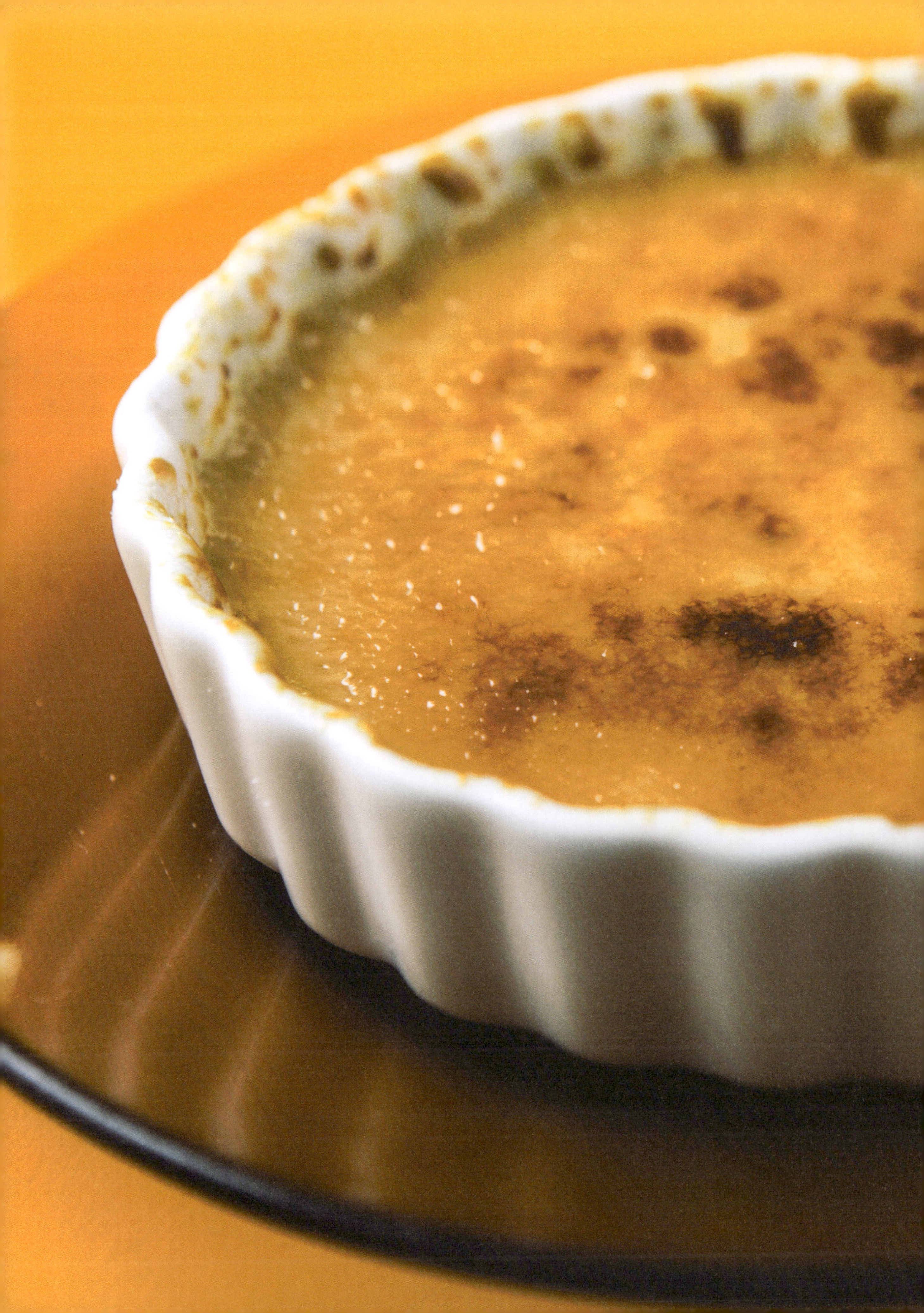

Bolo de chocolate com geleia de cupuaçu e castanha-do-pará [8 porções]

Esta é uma versão da receita de *brownie* de uma padaria de Nova York, a Baked, talvez o melhor que eu tenha comido até hoje. Em nosso bolo, além do chocolate baiano da Fazenda João Tavares, uma geleia de cupuaçu e castanha-do-pará dão um caráter brasileiro ao clássico americano.

Ingredientes

- 110 g manteiga
- 210 g chocolate meio amargo
- 1 pitada café solúvel
- 120 g açúcar refinado
- 90 g açúcar mascavo
- 3 ovos
- 115 g farinha de trigo
- 1 g sal
- 120 g geleia de cupuaçu (veja receita na página 215)
- 40 g castanha-do-pará picada

Preparo

Preaqueça o forno a 180 °C.

Derreta em banho-maria a manteiga e o chocolate, e adicione o café solúvel. Quando estiver derretido e bem misturado, tire do banho-maria e acrescente os açúcares e a pitada de sal, mexendo bem. Espere esfriar, acrescente os ovos e a farinha e misture com uma espátula. Não bata demais, e não se preocupe caso ainda perceba um pouco de farinha não incorporada à mistura.

Unte uma fôrma de bolo inglês com manteiga e espalhe a massa. Bata no fundo da fôrma para que a massa se acomode bem. Esse é o nosso formato preferido, pois, quando cortar as fatias, você terá um interior cremoso, com o exterior mais firme e sequinho.

Com a ajuda de um saco de confeiteiro, faça três "tiras" de geleia de cupuaçu no sentido do comprimento da fôrma e espalhe a castanha picada por cima. Leve ao forno por 25 minutos, ou até o interior atingir 70 °C.

Deixe esfriar ou sirva ainda morninho com sorvete de nata e calda de chocolate (veja receita na página 214).

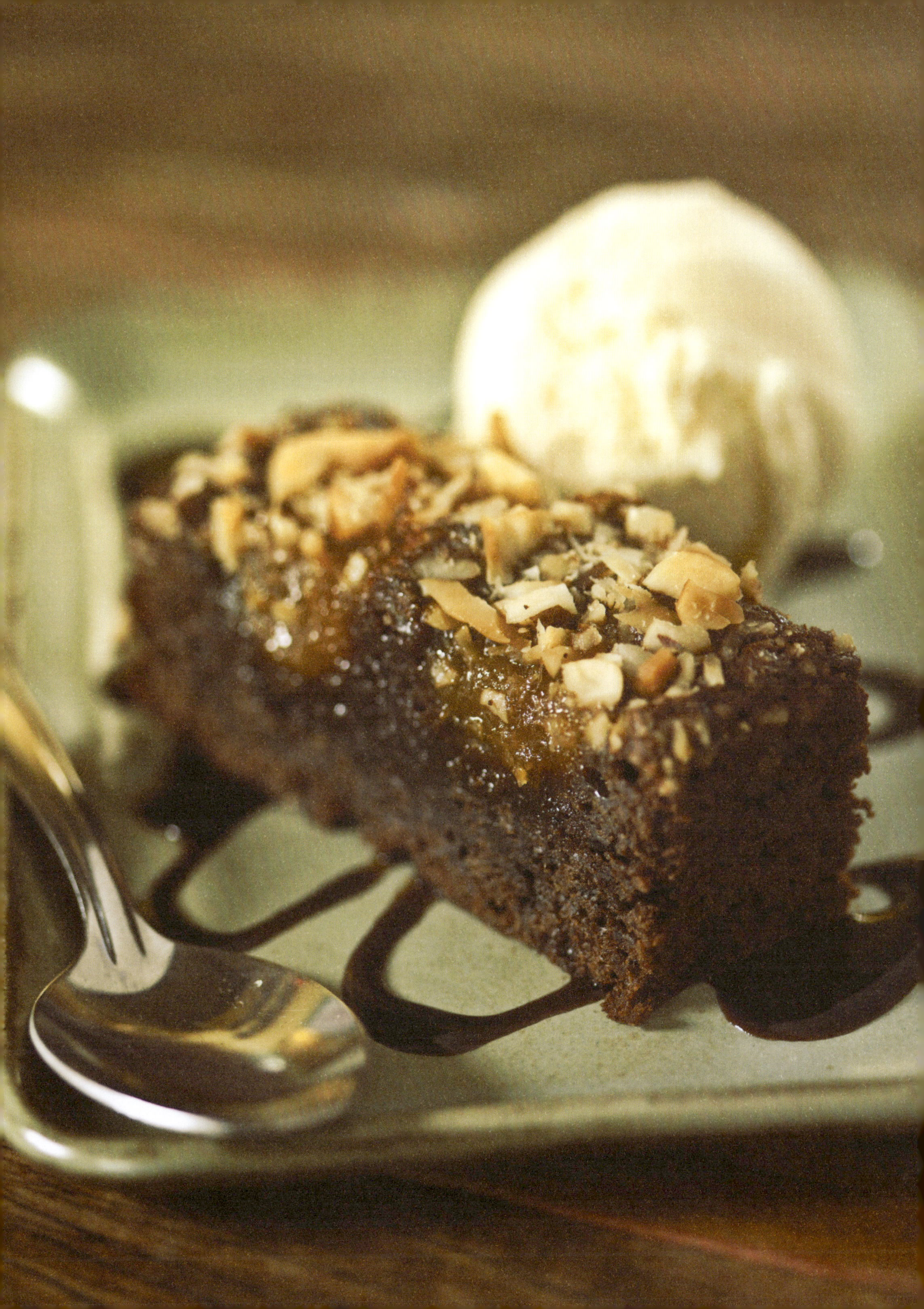

Tapiocas [10 porções]

As tapiocas para mim são o ícone mais viável da culinária brasileira para o exterior. Além de representar um Brasil original, herança direta dos nossos índios, a tapioca tem todos os requisitos para se tornar um produto global: versátil, saudável, fácil de preparar, barata e deliciosa. Aqui você encontra a massa tradicional e algumas versões pioneiras, como a tapioca de café com doce de leite e chocolate. Tapioca bossa-nova.

Massa Básica

500 g	polvilho doce
300 ml (aprox.)	água
•	sal a gosto

Preparo

Apesar do preparo muito simples, é preciso prestar atenção aos detalhes para um bom resultado com as tapiocas. Junte o sal ao polvilho; isso vai garantir uma distribuição mais homogênea na massa.

Hidrate a massa aos poucos, mexendo sempre e sentindo sua textura antes de colocar toda a água. É possível, de acordo com o polvilho, que se use um pouco a mais ou a menos do líquido indicado.

Quando todo o polvilho estiver hidratado, passe por uma peneira fina e reserve, ou faça o processo já sobre uma frigideira ou tapioqueira aquecida.

O cozimento é bastante rápido, e em menos de 2 minutos a massa já estará pronta. A tapioca ideal para nós é maleável e úmida e tem uma casquinha crocante, resultado de uma hidratação e um cozimento prefeitos.

Recheie a gosto e sirva imediatamente.

Dica

Se a massa ficar borrachuda, significa que está muito úmida, então acrescente um pouco de polvilho. Se estiver quebradiça, precisa de mais líquido, então adicione um pouco de água.

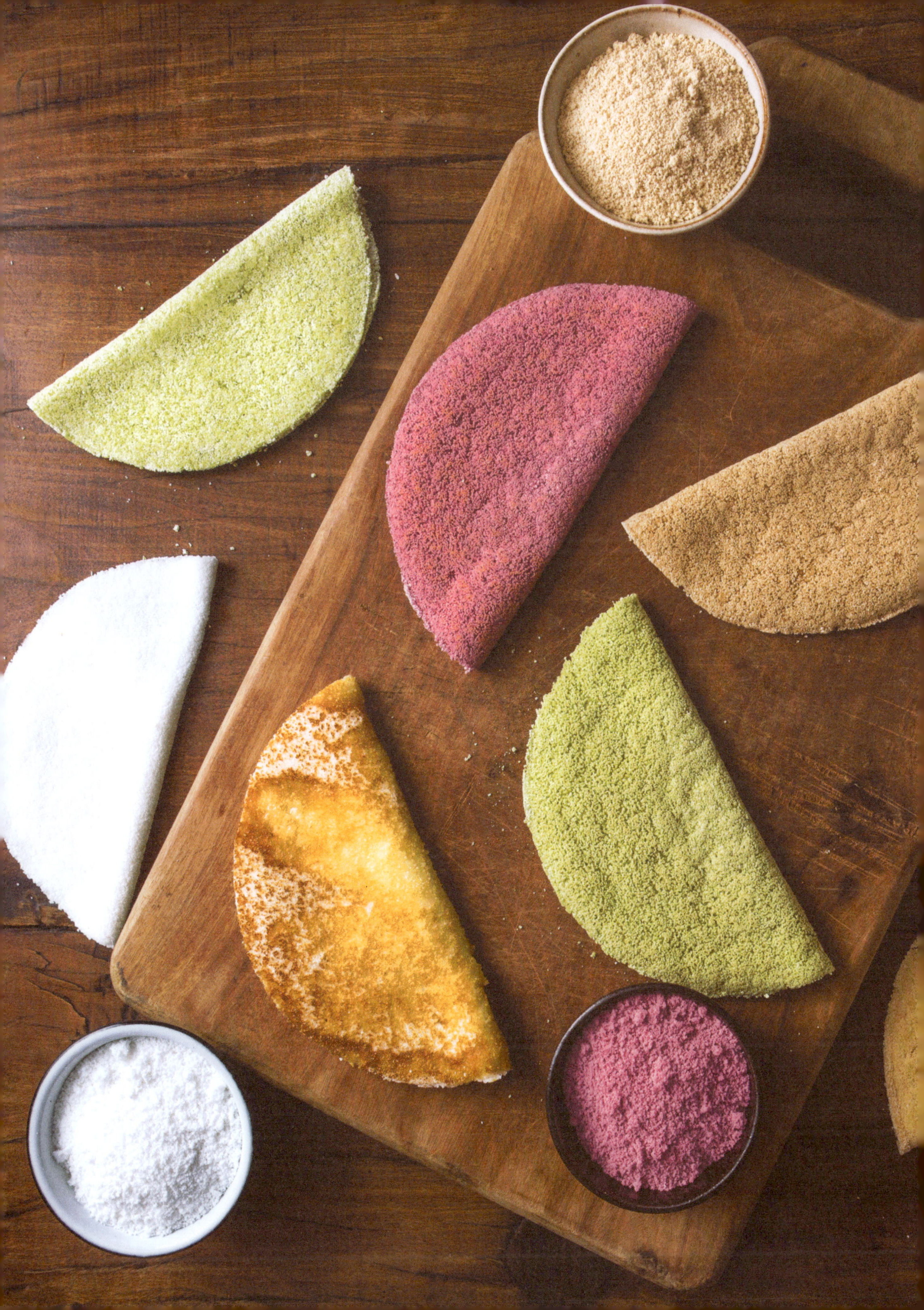

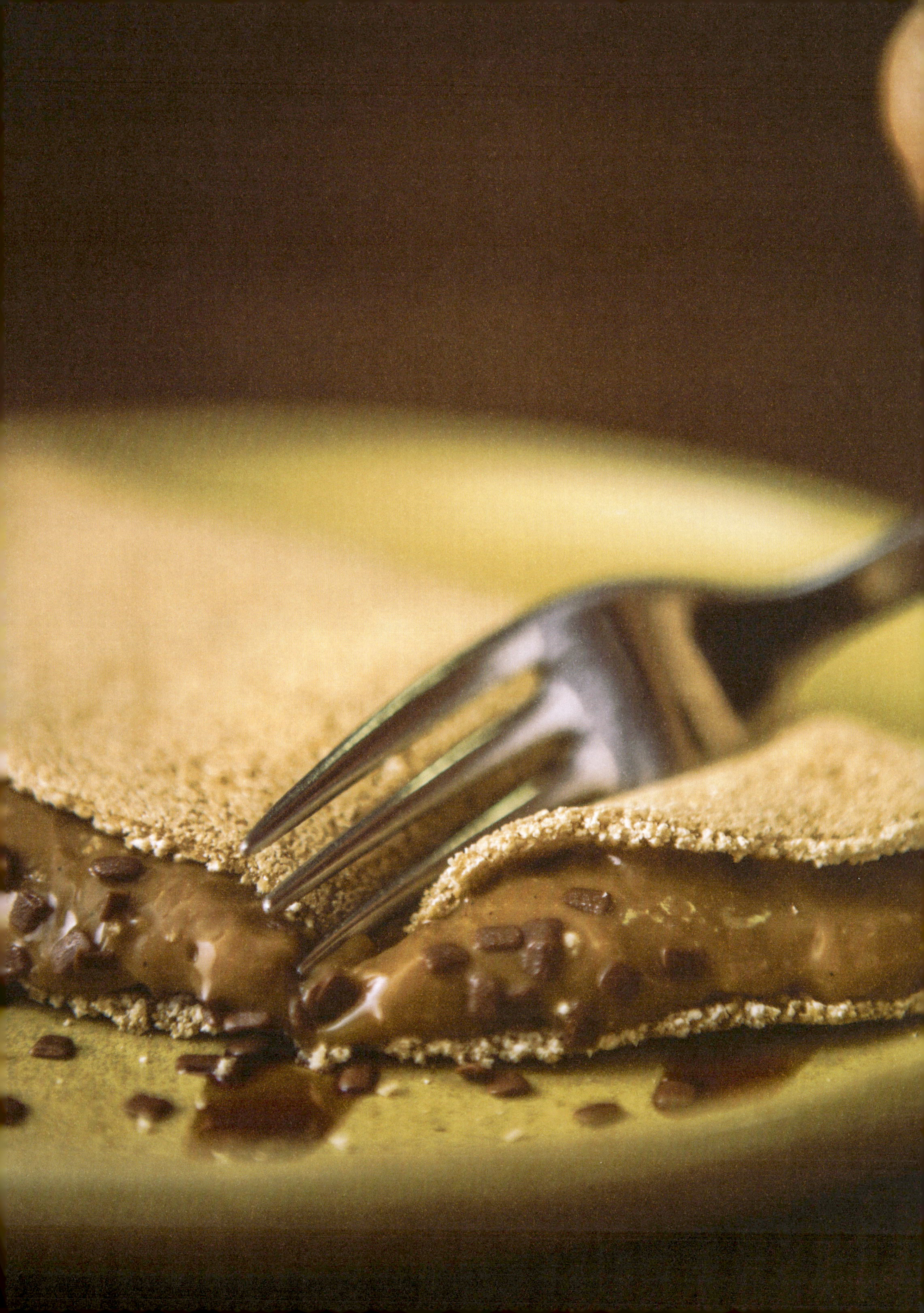

Tapioca de café, doce de leite e chocolate [10 porções]

Ingredientes

PARA A MASSA

- 500 g polvilho doce
- 300 ml café de coador (resfriado)
- 1 pitada sal

PARA O RECHEIO

- 500 g doce de leite com laranja, baunilha e umburana (veja receita na página 187)
- 150 g chocolate amargo (70% de cacau)

Preparo

Prepare de acordo com as instruções da massa básica (veja na página 176), mas, no momento de hidratar o polvilho doce, substitua a água pelo café frio.

Recheie com doce de leite e chocolate picadinho e sirva imediatamente.

Tapioca de capim-santo, cocada cremosa e abacaxi
[10 porções]

Ingredientes

PARA A MASSA

- 500 g polvilho doce
- 300 ml chá de capim-santo forte, resfriado
- 1 pitada sal

PARA O RECHEIO

- 250 g abacaxi fresco em cubinhos
- 500 g cocada cremosa com castanha-do-pará (veja receita na página 186)

Preparo

Prepare de acordo com as instruções da massa básica (veja na página 176), mas, no momento de hidratar o polvilho doce, substitua a água pelo chá de capim-santo.

Recheie com abacaxi e cocada cremosa e sirva imediatamente.

Cartola de engenho [8 porções]

Esta receita, oriunda dos engenhos pernambucanos, originalmente é preparada com banana e queijo fritos, cobertos por – muito – açúcar e canela. A quantidade destes últimos no prato tinha relação direta com o status da casa. Na nossa versão, o queijo é suavizado com creme fresco e a banana, flambada na cachaça. A farofa ganha também mais personalidade e leveza com o biscoito e a farinha de rosca. Um clássico revisitado.

Ingredientes

750 g	banana-nanica
2 colheres (sopa)	manteiga de garrafa para fritar
40 ml	cachaça para flambar
175 g	creme de leite
375 g	requeijão do norte

BISCOITO DE MANTEIGA

500 g	manteiga
500 g	açúcar refinado
1	ovo
500 g	farinha

FAROFA DE AÇÚCAR E CANELA

250 g	biscoito de manteiga
75 g	açúcar
50 g	farinha de rosca
10 g	canela

Preparo

Para o biscoito: misture todos os ingredientes à mão. Quando a massa estiver homogênea, abra-a com um rolo. Asse a 160 °C, até o biscoito ficar dourado e crocante, por aproximadamente 30 minutos. Deixe esfriar e reserve.

Forre uma fôrma de bolo inglês com papel-filme, deixando as bordas para fora. Descasque as bananas – as melhores, para esta receita, são as maduras, mas ainda firmes –, mantendo-as inteiras.

Em uma frigideira quente – uma antiaderente é ainda melhor –, coloque a manteiga de garrafa e frite as bananas cuidadosamente, aos poucos se necessário. Frite dos dois lados, o suficiente para que fiquem douradas e levemente cozidas. Adicione a cachaça e flambe. Preencha o fundo da assadeira com as bananas, colocando todas elas no mesmo sentido. Reserve.

Em uma panela, leve ao fogo baixo o creme de leite e o requeijão do norte até que o queijo derreta e forme uma mistura homogênea. Quando o creme estiver pronto e ainda quente, espalhe sobre as bananas e, com a ajuda de uma colher ou de uma espátula, deixe a superfície lisa. Cubra com papel-filme e leve à geladeira por 4 horas.

Para a farofa: no processador ou liquidificador, coloque o biscoito, o açúcar, a farinha de rosca e a canela e bata até formar uma farofa fina.

Antes de servir, desenforme a cartola e corte fatias grossas, de aproximadamente 3 centímetros. No momento de servir, aqueça rapidamente no micro-ondas, polvilhe açúcar refinado ou cristal e queime com o maçarico. Sirva com melado, a farofa e raspas de laranja.

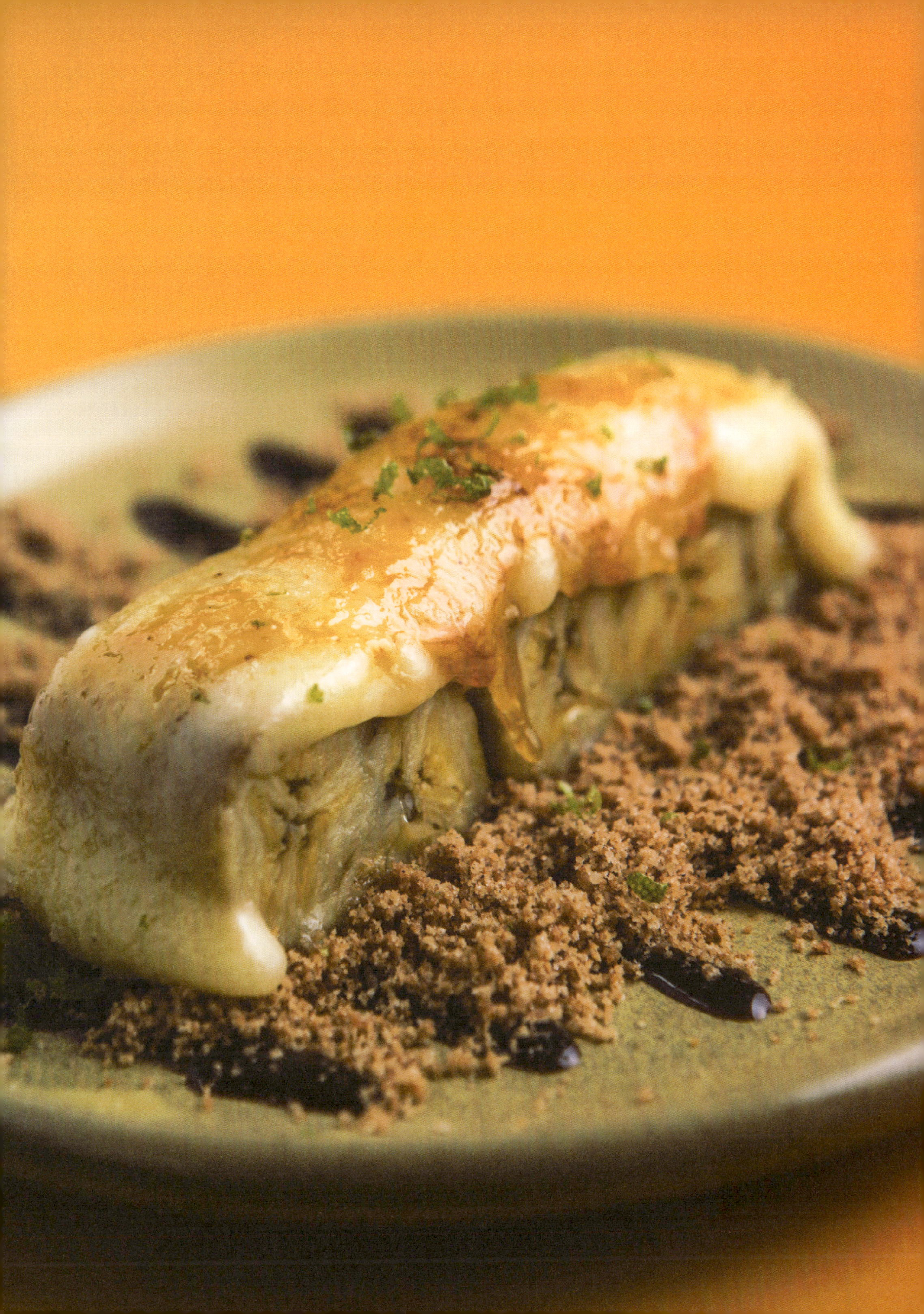

COMPOTAS

O gosto por doces e compotas de frutas, herdei do meu pai, que por sua vez trouxe essa predileção como uma herança dos engenhos, presente em todo o Nordeste. Seu famoso doce de mamão verde com rapadura, coco e especiarias está entre as coisas que mais me emocionam até hoje. A minha contribuição vem no sentido de equilibrar o açúcar e dar personalidade às nossas receitas. A goiabada, por exemplo, ganha ainda mais vida com a acidez e adstringência do vinho. A cocada cremosa adquire um sabor e uma textura especiais com a presença da castanha-do-pará. Nossa bananada com laranja e dois tipos de rapadura também está entre os favoritos. Assim como o caju em calda, usado no nosso bar. Obviamente eu não poderia esquecer o nosso peculiar doce de leite, uma iguaria criada aqui e que tem uma legião de fãs mundo afora. Vamos tornar o mundo mais doce!

Goiabada com vinho [10 porções]

Ingredientes

- 1 kg goiabas vermelhas, maduras e firmes
- 400 g açúcar
- 300 ml vinho tinto (usamos um shiraz do Vale do São Francisco)

Preparo

Descasque as goiabas e bata em um processador ou um liquidificador em velocidade baixa, cuidando para não triturar as sementes. Quando obtiver uma pasta homogênea, despeje diretamente numa panela de fundo grosso. Acrescente o açúcar e leve ao fogo alto, mexendo sempre.

Quando começar a ferver, abaixe o fogo ao mínimo; use uma chapa entre a chama e a panela, se preciso. Deixe cozinhar por cerca de 3 horas, mexendo ocasionalmente para não grudar. Em outra panela, reduza o vinho tinto até quase virar um xarope e reserve.

Quando o doce estiver no ponto — mais fluido ou mais firme, é você quem decide —, desligue o fogo e acrescente o vinho já reduzido. Deixe resfriar e guarde refrigerado, em potes pequenos. Fica delicioso servido puro, com queijo ou como elemento de uma sobremesa.

Caju em calda [10 porções]

Ingredientes

1 kg	caju
400 g	açúcar refinado
½	semente de cumaru

Preparo

Lave os cajus e retire as castanhas. Para uma textura mais "carnuda", com um garfo faça vários furos na fruta e esprema bem, retirando o máximo de suco. Cuidado para não maltratar o caju; suas fibras devem terminar intactas. Reserve o suco, que deve render cerca de 250 ml.

Em uma panela de fundo grosso, leve ao fogo médio 200 g de açúcar e faça um caramelo claro. Acrescente o suco de caju com cuidado e faça uma calda homogênea.

Rale a semente de cumaru na calda e acrescente os cajus e o restante do açúcar. Se for preciso, junte um pouco de água filtrada. Cozinhe por cerca de 1 hora, mexendo sempre para que os cajus cozinhem uniformemente. Os cajus devem ficar macios, mas ainda com alguma firmeza.

Além de serem deliciosos por si sós, vão muito bem servidos com queijos, saladas e também em coquetéis, como no clássico Caju amigo (veja receita na página 231).

Bananada com rapadura [10 porções]

Ingredientes

1 kg	banana-nanica já descascada
100 g	rapadura escura
80 g	rapadura amarela
400 g	açúcar refinado
80 ml	suco de laranja

Preparo

As bananas ideais para esta receita são as bem maduras, no ponto antes de ficarem "passadas". Em um processador ou mesmo amassando na mão, processe as bananas rapidamente até formar um purê rústico. Pique grosseiramente as rapaduras e junte todos os ingredientes em uma panela de fundo grosso.

Comece com fogo alto, mexendo sempre. Quando a mistura começar a ferver, abaixe o fogo ao mínimo, usando uma chapa entre a chama e a panela se for preciso. A partir daí, mexa de vez em quando por cerca de 3 horas, ou até obter o ponto desejado. Aqui apuramos o doce até que ele ganhe brilho e adquira um tom castanho bem escuro. Delicioso servido com creme batido ou queijo fresco.

Doce de mamão do seu Zé

Bananada com rapadura

Queijo de coalho

Caju em calda

Cocada cremosa com castanha-do-pará

Queijo de coalho

Doce de leite

Goiabada com vinho

Doce de mamão do seu Zé (com rapadura e coco) [10 porções]

Ingredientes

- 600 g açúcar
- 100 g rapadura amarela picada
- 200 g rapadura escura picada
- 600 ml água, para a calda
- 1 kg mamão verde (polpa)
- 200 g coco fresco ralado
- 5 cravos-da-índia

Preparo

Comece preparando uma calda com o açúcar, as rapaduras e a água. O ponto da calda deve ser um fio fino.

Escalde a polpa do mamão – que deve ser raspado com uma colher, ordens do seu Zé! – em bastante água, escorrendo bem e espremendo para retirar o excesso de líquido.

O mamão deverá estar translúcido, levemente cozido. Junte então o mamão à calda, baixe o fogo ao mínimo e deixe cozinhar, mexendo ocasionalmente.

Quando o mamão estiver macio e o doce apurado, após cerca de 45 minutos de cozimento, acrescente o coco e os cravos e cozinhe por mais 30 minutos ou até obter um doce apurado e brilhante. Resfrie e mantenha na geladeira. Um doce intenso e delicioso, para saborear em pequenos bocados.

Cocada cremosa com castanha-do-pará [20 porções]

Ingredientes

- 1 l leite de coco
- 600 g leite condensado
- 400 g açúcar

PARA O CROCANTE

- 250 g coco ralado grosso e seco
- 200 g castanha-do-pará

Preparo

Não há mistério aqui. Coloque todos os ingredientes na panela e leve ao fogo alto, mexendo sempre. Quando ferver, abaixe o fogo ao mínimo. Deixe cozinhar em panela aberta por cerca de 1 hora, mexendo vez ou outra, até talhar. Retire do fogo e, com um mixer de mão, processe até o doce ficar liso novamente. Resfrie e guarde na geladeira.

Coloque o coco seco ralado e a castanha-do-pará em assadeiras separadas e leve ao forno preaquecido a 160 °C por 15 minutos. O tempo pode variar de forno para forno, mas o mais importante é mexer o coco e a castanha na metade do tempo indicado. Cuidado para não passar do ponto; a partir do décimo minuto, vigie constantemente. Deixe esfriar, pique a castanha e misture os dois. Sirva a cocada cremosa com o coco queimado e a castanha por cima.

Doce de leite com laranja, baunilha e umburana [20 porções]

Ingredientes

4 l	leite
1 l	creme de leite
1 kg	açúcar
2	sementes de umburana
1	fava de baunilha
½	laranja (casca)

Preparo

Junte o leite, o creme de leite e o açúcar numa panela grande, com espaço suficiente para conter a sua subida durante o cozimento. Misture tudo muito bem e leve ao fogo alto. Quando ferver, abaixe o fogo ao mínimo e deixe cozinhar sem pressa, mexendo de vez em quando. O processo pode levar até 3 horas. O importante é não deixar o doce pegar no fundo da panela, o que pode acontecer quando estiver mais perto do ponto. Não se preocupe caso o doce talhe e pareça que está dando errado. Uma passada pelo mixer de mão vai deixá-lo acetinado e lisinho.

Nos momentos finais, logo depois de processar o doce, junte as cascas de laranja (em pedaços grandes, sem a parte branca!), as sementes de umburana e a fava de baunilha, com suas sementinhas já raspadas, e retire do fogo.

Pronto: é só deixar em infusão por 10 minutos, retirar a umburana, as cascas e a fava da baunilha e ver que cada segundo investido valeu a pena!

Para armazenar, guarde em potinhos pequenos e mantenha-os na geladeira.

AS BASES

(INGREDIENTES, TÉCNICAS E RECEITAS BÁSICAS)

INGREDIENTES

A MANDIOCA E AS FARINHAS

Mandioca, macaxeira, aipim, não importa o nome pelo qual seja chamado, este é um dos alimentos mais representativos da mesa brasileira e é nativo do nosso território, tendo se difundido a partir do Centro-Oeste, conforme pesquisas arqueológicas recentes indicam. Seu principal produto, a farinha de mandioca – destino de 80% de toda a mandioca produzida no país –, é o elemento que dá liga à nossa comida. Desde o churrasco no Rio Grande do Sul até o chibé no Amazonas, a farinha está presente na dieta básica do brasileiro.

Há inúmeros tipos de mandioca no mercado, divididos basicamente em dois grandes grupos: as bravas e as mansas – assim consideradas em relação à quantidade presente de ácido cianídrico.* São cerca de 2 mil variedades já catalogadas e que estão dando origem a novas plantas, por meio de melhoramento genético, em centros de pesquisa no Brasil e no exterior. É um componente importante da dieta dos sertanejos. Fonte de carboidratos e fibras, possui sais minerais como cálcio, ferro, potássio, fósforo e vitaminas do complexo B, e as variedades modernas têm também maiores concentrações de betacarotenos.

> *As variedades popularmente conhecidas como bravas possuem a substância linamarina em concentração maior que as mandiocas de mesa, chamadas de "mansas". Através de reações enzimáticas naturais, essa substância produz o ácido cianídrico (HCN), que é tóxico quando inalado ou ingerido, mas não cumulativo. Não há diferenças na aparência entre os tipos de mandioca brava ou mansa, contudo não há registros relevantes de intoxicação por consumo das plantas ou de seus derivados. O processamento do produto para a farinha já elimina a maior parte do cianeto livre e o leva a níveis seguros para o consumo.*

O que se precisa saber sobre o preparo da mandioca de mesa é que ela deve ser cozida em bastante água – já que absorve cerca de 30% do seu próprio peso em líquido – e, de preferência, em panela comum, sem pressão. Um bom produto cozinhará de maneira uniforme e ficará macio em aproximadamente 30 minutos de fervura. Cozida ou crua, é uma base perfeita para purês ou para espessar sopas e caldos.

Pode ser usada também para preparar doces, como nos tradicionais bolos de mandioca e de massa puba, cujas receitas inspiraram nossa própria versão de *canelé* de mandioca, que leva uma porção da raiz fresca e outra fermentada.

Por falar em fermentação, é esse processo que separa os principais grupos de farinhas de mandioca, as farinhas secas e as farinhas-d'água. Estas últimas recebem esse nome por serem preparadas com mandioca fermentada, imersa em igarapés ou tanques com água. Essas farinhas, populares especialmente na região Norte, têm acidez, complexidade de sabor e aroma particulares. Para as farinhas secas, também conhecidas como "torradas", a mandioca é processada logo depois de colhida, e a conservação do sabor original da raiz talvez seja o seu maior atributo.

O fabrico de farinha de qualidade se dá sobretudo no meio rural, onde pequenas casas de farinha processam artesanalmente a maior parte do que é consumido no país. As diferenças nos métodos de ralação, peneiragem e torra, além da própria variedade de mandioca empregada, constroem a personalidade do produto.

No Mocotó usamos diferentes farinhas, de acordo com cada propósito. Para uma farofa úmida, como a farofa matuta (veja receita na página 158), por exemplo, preferimos a farinha quebradinha de Pernambuco, pois é menos gomosa e com menor tendência a escaldar. Para uma farofa crocante, como a feita com castanha-de-caju e coco queimado (veja receita na página 159), usamos a farinha biju de Goiás, torrada e estaladiça. Para fazermos um pirão, como o de galinha, as farinhas polvilhadas do Paraná e de Santa Catarina são perfeitas. Para um cuscuz leve e solto, como o de farinha-d'água com castanha-de-caju e laranja (veja receita na página 161), são insuperáveis as farinhas-d'água do Pará e do Amazonas.

O conhecimento das centenas, talvez milhares, de tipos de farinha feitos no Brasil é importantíssimo para o desenvolvimento da nossa gastronomia. Temos produtos de alto valor sendo produzidos em vários rincões do país, e seus produtores precisam ser reconhecidos. Claro, o apoio à economia familiar e à sustentabilidade são boas razões para isso, mas, como cozinheiro, penso especialmente nas delícias que estão escondidas por aí e como seria prazeroso servi-las no Mocotó e na minha casa.

Da mesma maneira, acredito, o produtor se sentiria prestigiado e recompensado.

Os processos de fabricação de farinha

1. Colheita, normalmente de plantas de 18 a 24 meses de idade.
2. Transporte para processamento, idealmente em menos de 24 horas após a colheita, iniciando a pubagem ou fermentação da mandioca, no caso das farinhas-d'água.
3. Descascamento, podendo ser feito à máquina ou manualmente.
4. Lavagem, fundamental para a qualidade final do produto.
5. Ralação ou moagem, quando começa a se definir o caráter da farinha.
6. Prensagem, que pode ser mecânica ou semimanual (resultando na extração da água, que, uma vez decantada, faz aparecer o polvilho, matéria-prima da tapioca, e a "água", que, fermentada e cozida, origina o tucupi).
7. Esfarelamento e peneiragem, quando mais uma vez as características das farinhas são determinadas.
8. Secagem ou torra, que pode ser feita em diferentes tipos de forno ou tacho e dão o acabamento final à farinha.

As farinhas tradicionais que resultam desse processo são:

• farinha de mandioca comum: chamada originalmente de "farinha de pau" ou "farinha de guerra", é a mais popular do país e pode vir em diferentes granulometrias;

• farinha biju: feita de modo similar ao da farinha comum, possui alto teor de fécula e é assada em chapas, formando placas ou bijus, que são peneirados em diferentes tamanhos;

• farinha puba ou farinha-d'água: feita a partir da mandioca fermentada e também apresentada em dezenas de versões;

• farinha de mandioca torrada: a farinha é torrada até adquirir coloração âmbar e, depois, moída – hábito quase exclusivo de São Paulo;

- goma, tapioca, polvilho, polvilho azedo, sagu: vários produtos feitos exclusivamente a partir da fécula da mandioca decantada, base das tapiocas, dos nossos dadinhos, do pão de queijo e de biscoitos.

O MILHO

O milho é um ingrediente recorrente na mesa do sertanejo, podendo estar presente em todas as refeições do dia: no cuscuz do café da manhã; no mugunzá salgado para um almoço substancioso; no lanche da tarde, com um naco de bolo de fubá; e no jantar, com um xerém com leite, por exemplo. Fonte de carboidratos e fibras, esse cereal possui boas quantidades de vitaminas e sais minerais.

Atualmente, mais de 80% do milho produzido no Brasil (e em boa parte do mundo não é diferente) é utilizado para ração animal. Com as técnicas modernas de criação de animais para abate, o milho passou a ser o principal item da dieta de aves, suínos e bovinos em confinamento.

Até mesmo bois e vacas, que naturalmente não comem cereais, foram induzidos a consumi-los.

Olhando rapidamente para o universo de produtos derivados do milho, que é um alimento altamente nutritivo, vejo que desperdiçamos um potencial gastronômico enorme. Fubás, fubas, farinhas bijus, xerém, flocos, canjicas, espigas verdes, grãos que estouram, grãos brancos, dão origem a delícias tão variadas quanto pipocas, pamonhas, mugunzás, cuscuzes, angus, broas, bolos, possibilidades sem fim.

Aqui usamos farinha de milho biju e fubá do interior do Estado de São Paulo, fubá e farinha de milho torrada de Pernambuco, farinha para cuscuz da Bahia, xerém ou canjiquinha de Minas Gerais, canjica branca da Paraíba e milho-verde de produtores do nosso entorno.

Para entender um pouco mais desse ingrediente

- Milho-verde: milho fresco, novo. Pode ser assado ou cozido, além de ralado ou processado para preparar pamonha, curau ou bolos.

- Milho-zarolho: milho já maduro mas ainda não completamente seco, base de uma série de preparações da culinária sertaneja, como o cuscuz de milho-zarolho.

• Canjica: é a semente do milho degerminada, branca ou amarela. É usada em cozidos ou em doces, como o mugunzá, e é também o ingrediente de base para uma infinidade de outros produtos derivados do milho

• Xerém ou canjiquinha: é o grão de milho moído ou pilado, que pode ser encontrado em diferentes granulometrias. Pode ser trabalhado como um angu ou polenta rústica, ou ainda como um ingrediente para dar substância a cozidos.

• Fubá: farinha fina de milho, feito do grão seco, podendo também variar em granulometria. Usado em angus, polentas, pães e bolos.

• Fubá mimoso: o fubá um pouco mais fino e delicado, normalmente o preferido para a panificação e as receitas doces.

• Fuba: escrita assim mesmo, sem o acento, é muito comum no Nordeste. Farinha feita a partir do milho torrado, moído ou pilado até ficar finíssimo, pronta para ser consumida *in natura* ou usada em bolos e outros preparos doces.

• Farinha de milho biju: é feita do milho macerado, moído e torrado em panelões ou na chapa. A granulometria e o tamanho dos flocos dependem da técnica da torra e do manuseio no momento da retirada da chapa. Pode ser adicionada diretamente ao prato e também usada em farofas e pirões.

• Farinha de milho para cuscuz: é um produto industrial relativamente recente, feita de milho pré-cozido; pode ser comum ou flocada, feita mediante a laminação do grão. Ideal para o preparo do cuscuz no vapor, do cuscuz nordestino ou ainda de pães e bolos.

AS CARNES-SECAS: O SOL, O SAL E O SERTÃO

Na região andina da América do Sul, os incas já preparavam carne-seca desde antes da chegada dos espanhóis. Originalmente preparada com carne de lhama, era chamada *charqui* na língua quéchua.

O nome "charque" nos chega pelos espanhóis, através da fronteira com o território que hoje é o Rio Grande do Sul. Mas a técnica que se adotou por lá veio do Nordeste, trazida pelos portugueses, que tinham adquirido a tradição da salga do bacalhau dos bascos muitos séculos antes.

O charque gaúcho foi importado pelos engenhos do Nordeste após a grande seca de 1777, quando a produção cearense e do Rio Grande do Norte praticamente cessou. A produção de charque foi importantíssima para o ciclo da cana-de-açúcar e da mineração, assim como para a expansão da própria atividade pecuária, tendo seu melhor momento no século XVIII.

Contudo, essas charqueadas, cuja maioria operava em condições precárias de higiene, começaram a ser substituídas por frigoríficos modernos a partir do século XX, com a chegada de grupos estrangeiros ao Brasil. Devido ao aumento da demanda do charque no Sudeste, alguns produtores passaram a acelerar o seu processo de produção. O resultado, além de maior produtividade, era uma carne que não tinha boa aparência e se deteriorava rapidamente. Esse produto chegou a ser conhecido como "charque frescal". Mas, após ação regulamentária dos órgãos de fiscalização, os parâmetros atuais foram definidos, e os sais de cura passaram a ser obrigatoriamente adicionados.

É difícil apontar dentre esses diferentes produtos os que sejam mais ou menos "nobres", mas é importante reconhecer as diferenças nos seus processos e usos para evitar mal-entendidos e descobrir novas possibilidades:

• Carne de sol: também conhecida como carne de vento, carne do sertão e carne serenada, ela raramente vai ao sol. Preparada em geral com cortes do traseiro e do lombo, tem uma salga leve e maior umidade; resiste bem fora da geladeira por até três dias. Normalmente é preparada em casa, e pode ser finalizada assada na brasa, no forno ou ainda na frigideira com manteiga de garrafa. Dessalgá-la ou não dependerá da quantidade de sal acrescida no processo de sua preparação.

• Charque: conhecido ainda como carne-seca ou jabá, é um dos grandes símbolos do sertão. Preparado em geral com cortes do dianteiro, feito em mantas finas, recebe uma salga intensa e é empilhado para aumentar a desidratação. Esse processo pode durar mais de 20 dias, e as grandes pilhas são invertidas diariamente. Ao final, as carnes são estendidas ao ar livre para a última secagem e, então, enroladas e amarradas. Conservam-se bem por até seis meses. Na hora do preparo é importante fazer uma dessalga lenta, trocando a água repetidas vezes, sempre na geladeira, para depois serem cozidas. Desfiado ou em cubinhos, pode ser salteado ou enriquecer cozidos e recheios diversos.

• Jerked beef: expressão em inglês também derivada do *charqui* quéchua, é a versão moderna, industrial, do charque. Preparado com peças inteiras, com adição de sais de cura e teor de sal similar ao das formas tradicionais, é um

Carne de sol | Jerked beef | Charque

produto relativamente recente. A adição de nitritos e nitratos, por exigência das autoridades sanitárias, foi também um artifício da indústria para ter um produto mais estável e econômico, sendo responsável ainda pela cor avermelhada apelativa dessas carnes. Popularmente é também chamado de carne-seca, jabá ou charque e se presta aos mesmos usos. Costuma ter sabor mais delicado e menos desenvolvido que a carne de charque tradicional.

FEIJÕES E FAVAS

São assim chamadas, quase indistintamente, essas leguminosas fabáceas dos gêneros *Vigna*, *Cajanus* e *Phaseolus*, nativas ou originárias de várias partes do mundo, que fazem parte da dieta cotidiana dos brasileiros e, no sertão, têm papel ainda mais importante, sendo em alguns casos a maior fonte de proteínas de uma refeição. Eles são o lastro da alimentação na região e, junto com o arroz e o milho, cereais que complementam e combinam perfeitamente com os feijões, garantem que as necessidades básicas nutricionais dessas populações sejam supridas.

Fonte de fibras, proteínas, ferro e antioxidantes, ainda ajudam no combate ao colesterol e ao diabetes. Das diferentes espécies e variedades que consumimos, as mais conhecidas são feijão-de-corda, mulatinho, fradinho, preto, andu, macáçar e carioquinha. Mas a lista vai longe, com o feijão-rosinha, da serra, jalo, manteiga, roxinho, rajado etc. As favas também são várias: branca, amarela, mel, coquinho, rajada vermelha, rajada preta, roxa e outras.

No Mocotó, para cozinhar feijões ou favas usamos as mesmas técnicas. Escolhemos as sementes manualmente, lavamos e deixamos de molho por uma noite. Escorremos e cozinhamos com bastante água e apenas uma pitada de sal, em panela comum, sempre tampada. Daí em diante há vários caminhos culinários: podemos temperar o próprio caldo, escorrer o feijão para uma farofa, substituir o líquido do cozimento por um molho enriquecido, fazer um purê cremoso ou uma fava crocante.

Um pouco mais sobre nossas leguminosas preferidas

• Feijão-de-corda: pode ser usado verde ou seco. Normalmente encontrado nas feiras ainda na vagem, o feijão-de-corda verde é uma verdadeira iguaria. De cozimento rápido, melhor dispensar o caldo. No Mocotó usamos o feijão já seco, mas sempre novo, da mesma safra. De sabor intenso e textura delicada, é encontrado em todo o Nordeste.

• Feijão-fradinho: é o feijão que se usa na massa do icônico acarajé. Aqui é o nosso escolhido para o baião de dois. De sabor delicado e textura quase cremosa, é também uma boa escolha para saladas e vinagretes

• Feijão-mulatinho: variedade quase desconhecida no Sudeste, é um dos feijões mais apreciados no Nordeste. Rende um caldo espesso e perfumado, e normalmente o usamos na feijoada pernambucana, um cozido com carnes frescas, curadas e defumadas, e legumes como chuchu, abóbora e maxixe.

• Feijão-andu: também conhecido como guando, é do gênero *Cajanus*. É um feijão arbustivo, que rende sementes redondas como uma lentilha. Com textura bastante particular, como se fosse uma pequena cápsula de sabor e aroma intensos, é um ingrediente bastante especial.

• Feijão-preto: o feijão da feijoada carioca é também o feijão cotidiano em alguns lugares do país, como no Rio Grande do Sul. No Nordeste, mesmo não sendo tão comum, é também apreciado. É um dos feijões cuja água da demolha não dispensamos.

• Feijão-manteiga: como um fradinho em miniatura, vindo de Santarém, no Pará, é um dos feijões que encontrei nas andanças pelo país. Pequeníssimo e de sabor e textura amanteigados, é perfeito para saladas e refogados.

• Fava-amarela: é a rainha das favas, com seu sabor equilibrado e textura cremosa, como se fossem cápsulas de purê. É o ingrediente principal da nossa clássica mocofava e uma das grandes iguarias do sertão.

• Fava-branca: de sabor e textura mais delicados que as favas em geral, usamos essas para purês e cozidos de legumes. Também é um ótimo acompanhamento para peixes e frutos do mar.

• Favas rajadas: podem ter estrias pretas ou vermelhas. Normalmente mais amargas que outras variedades, são boas para cozidos ricos e bem temperados.

• Fava-mel: ainda não tão conhecida como as demais, tem sabor e aroma bastante delicados. Sua textura cremosa rende caldos bem encorpados.

• Fava-coquinho: menor e mais arredondada que as outras favas, esta costuma até ser confundida com o feijão comum. É ótima para cozidos em geral.

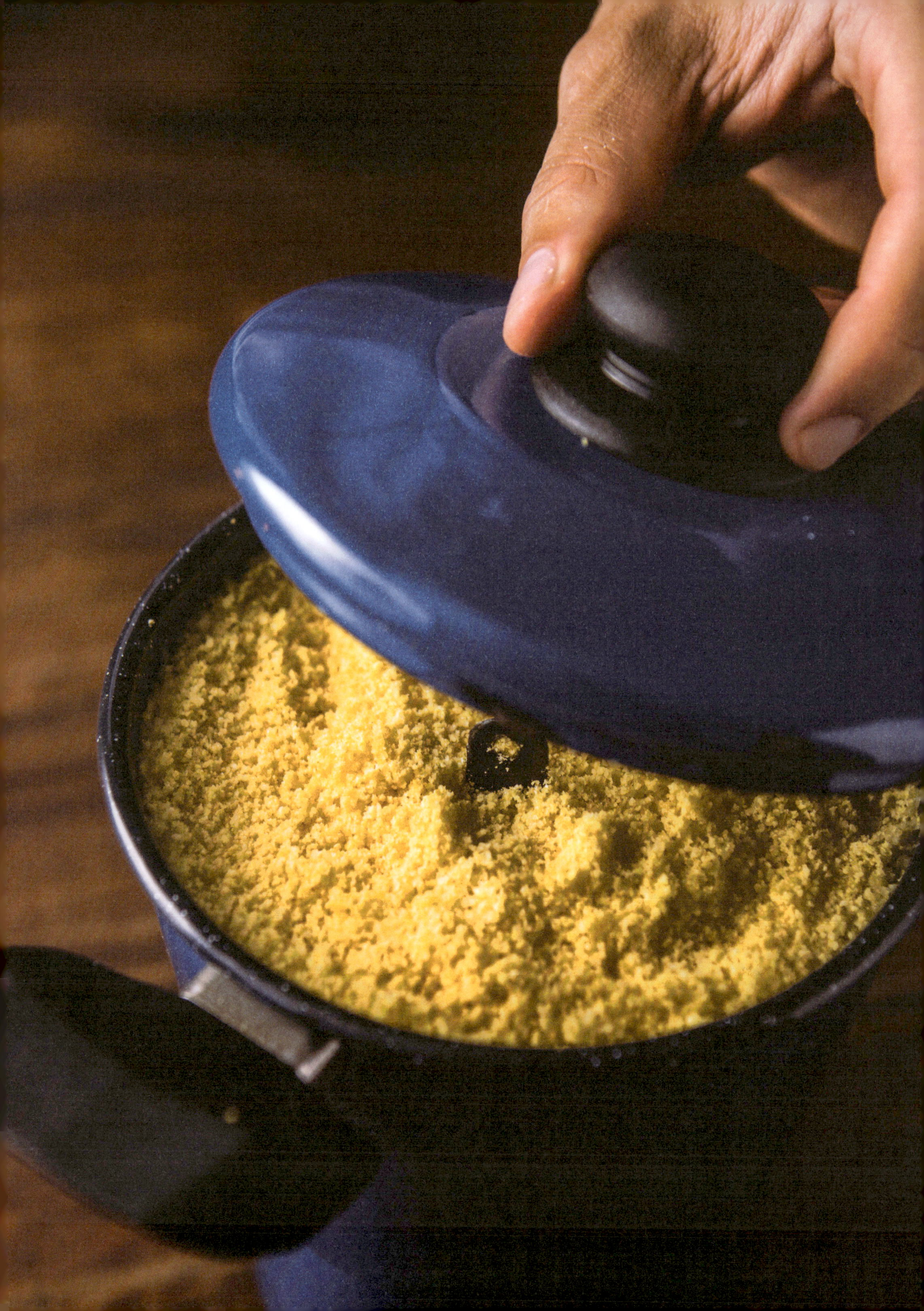

RECEITAS BÁSICAS

Cuscuz de milho básico [10 porções]

Ingredientes

A PARTIR DO FUBÁ

- 500 g fubá caipira
- 500 ml água
- sal a gosto

Preparo

Hidrate o fubá com metade da água (250 ml) e tempere com o sal. Deixe hidratar por cerca de 15 minutos. Peneire essa farinha e passe para uma cuscuzeira com água; isso vai garantir um cuscuz mais fofo e cozido uniformemente. Cozinhe por 30 minutos, a partir da formação de vapor.

Desligue o fogo e deixe resfriar completamente, com a panela tampada.

Tire o cuscuz da panela e solte-o com as mãos, hidratando com a mesma quantidade de água (250 ml). Volte-o para a cuscuzeira; dessa vez não será necessário peneirar. Cozinhe por mais 20 minutos, a partir da formação do vapor. Deixe o cuscuz esfriar tampado e finalize conforme o uso.

A PARTIR DOS FLOCOS PRÉ-COZIDOS

- 500 g flocos de milho pré-cozidos (ou flocão)
- 500 ml água
- sal a gosto

Hidrate os flocos de milho com a água e tempere com o sal. Deixe hidratar por cerca de 15 minutos. Peneire essa farinha para uma cuscuzeira com água, pois isso vai garantir um cuscuz mais fofo e cozido de modo uniforme. Cozinhe por 30 minutos, a partir da formação de vapor.

Desligue o fogo e deixe abafado por 10 minutos. Retire o cuscuz do forno, solte-o com as mãos ou um garfo e finalize conforme o uso.

CALDOS

Cada restaurante tem a própria receita e o próprio *modus operandi* para seus caldos e molhos, e aqui não seria diferente. Nossos caldos são ricos e intensos, formando uma boa base para os nossos molhos, geralmente bem condimentados. As referências para nossas receitas são variadas e vão desde Escoffier até a *modernist cuisine*, passando por Heston Blumenthal, dentre outros. Recomendo em casa preparar os caldos em quantidades grandes mesmo, pois o trabalho para 1 ou 10 litros não muda muito. Então, mãos à obra!

Como princípios básicos:

1. Tome cuidado com os cortes de carnes e vegetais, normalmente negligenciados no preparo de caldos. Imagine que, quanto menores as partículas, maior a área de caramelização e a extração de sabor.

2. Use carnes e ossos ricos em colágeno, o que garante uma base rica mesmo sem muita redução. Nas nossas receitas há, inclusive, sempre a adição de carne moída.

3. Cozimento na panela de pressão, que impede a água de entrar em ebulição mesmo em temperaturas superiores às panelas comuns. Isso garante um caldo mais límpido e de sabor intenso.

4. Use sempre água filtrada. Esse é o ingrediente mais importante de qualquer caldo, não importa qual a receita. Quanto melhor sua água, melhor o resultado final do seu molho.

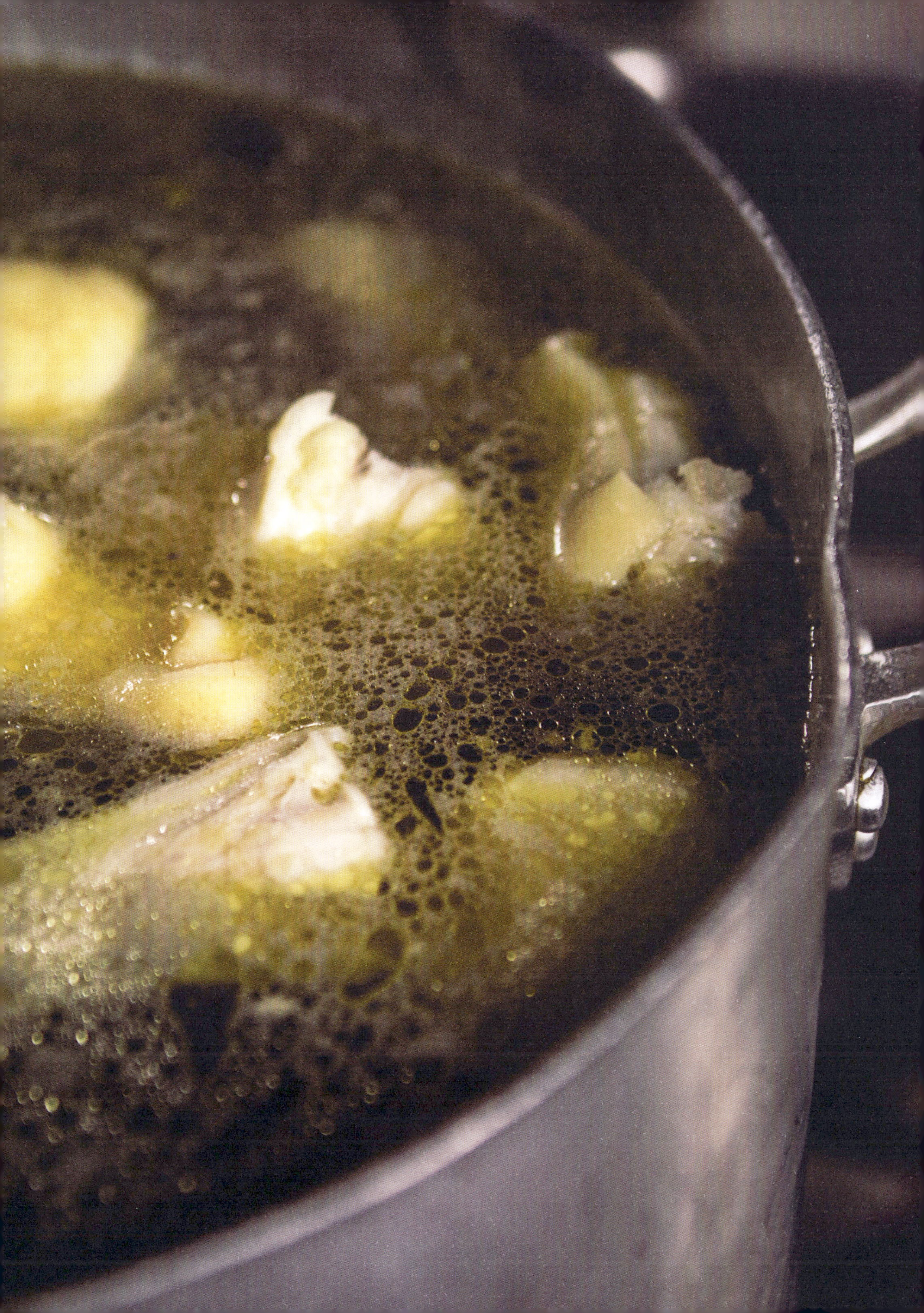

Caldo de carne [15 litros]

Ingredientes

9 kg	ossos (carnudos!)
500 g	óleo vegetal
2 kg	cebola fatiada finamente
150 g	alho amassado
1 kg	cenoura fatiada finamente
5 kg	carne moída
700 g	extrato de tomate
1 l	vinho tinto
150 ml	vinagre de maçã
2 kg	mocotó fatiado e escaldado
500 g	salsão fatiado finamente
3	pimentas dedo-de-moça abertas ao meio
100 g	tomilho
50 g	alecrim
7 folhas	louro
5 g	anis-estrelado
5 g	pimenta-do-reino em grãos
15 l	água filtrada

Preparo

Asse os ossos no forno a 220 °C por cerca de 1 hora ou até ficarem bem dourados.

Na panela de pressão, refogue no óleo, a cebola e o alho até dourarem, por aproximadamente 20 minutos, em fogo moderado. Junte a cenoura e cozinhe por mais 10 minutos.

Adicione a carne moída e o extrato, aumente o fogo e cozinhe até começar a pegar no fundo da panela. A carne deve estar soltinha.

Nesse processo, é importantíssimo não deixar a panela queimar. Acrescente o vinho e o vinagre e cozinhe até quase secar. Junte as carnes assadas – dispensando a gordura –, os demais ingredientes e a água.

Cozinhe na pressão por 2 horas após o início do chiado, com o fogo bem baixinho.

Retire do fogo e deixe arrefecer, por cerca de 30 minutos. Abra a panela, retire a gordura da superfície e coe o caldo numa peneira com *étamine*, com cuidado para não agitar a panela.

Resfrie ou reduza de acordo com o uso.

Caldo de porco [15 litros]

Ingredientes

9 kg	suã
500 g	óleo vegetal
2 kg	cebola fatiada finamente
150 g	alho amassado
1 kg	cenoura fatiada finamente
5 kg	pernil moído
700 g	extrato de tomate
1 l	vinho tinto
150 ml	vinagre de maçã
2 kg	pé de porco fatiado e escaldado
500 g	salsão fatiado finamente
3	pimentas dedo-de-moça abertas ao meio
100 g	tomilho
50 g	alecrim
7 folhas	louro
5 g	anis-estrelado
5 g	pimenta-do-reino em grãos
15 l	água filtrada

Preparo

Asse as suãs no forno a 220 °C por cerca de 1 hora, ou até ficarem bem douradas.

Na panela de pressão, refogue no óleo, a cebola e o alho até dourarem, por aproximadamente 20 minutos, em fogo moderado. Junte a cenoura e cozinhe por mais 10 minutos.

Adicione o pernil moído e o extrato, aumente o fogo e cozinhe até começar a pegar no fundo da panela. A carne deve estar soltinha.

Nesse processo, é importantíssimo não deixar a panela queimar. Acrescente o vinho e o vinagre e cozinhe até quase secar. Junte as carnes assadas – dispensando a gordura –, os demais ingredientes e a água.

Cozinhe na pressão por 2 horas após o início do chiado, com o fogo bem baixinho.

Retire do fogo e deixe arrefecer, por cerca de 30 minutos. Abra a panela, retire a gordura da superfície e coe o caldo numa peneira com *étamine*, com cuidado para não agitar a panela.

Resfrie ou reduza de acordo com o uso.

Caldo de galinha [15 litros]

Ingredientes

9 kg	carcaça de galinha
500 g	óleo vegetal
2 kg	cebola fatiada
1 kg	cenoura fatiada
1 kg	alho-poró fatiado
5 kg	peito de frango moído
500 ml	vinagre de maçã
25 g	de tomilho
5 g	de louro
10 g	sementes de coentro
1	cabeça de alho amassada
1 kg	mocotó
15 l	água

Preparo

Parta as carcaças em dois ou três pedaços, unte com um pouco de óleo e toste no forno a 220 °C, até que fiquem douradas.

Na panela de pressão, refogue os vegetais no óleo restante até que fiquem dourados.

Junte o peito moído e refogue até que esteja "soltinho". Adicione as carcaças sem a gordura desprendida e os demais ingredientes e cubra com água.

Cozinhe por 1 hora e meia depois do início do chiado. Retire do fogo e deixe arrefecer por cerca de 30 minutos.

Abra a panela, retire a gordura da superfície e coe numa peneira com *étamine*, com cuidado para não agitar a panela.

Resfrie ou reduza de acordo com o uso.

Caldo de legumes [2 litros]

Ingredientes

50 g	manteiga
350 g	alho-poró fatiado finamente (apenas a parte branca e verde-clara)
225 g	cenouras descascadas e picadas finamente
220 g	cebolas descascadas e picadas finamente
100 g	salsão picado finamente
3 ramos	tomilho
3 folhas	louro
2 l	água filtrada
30 g	salsinha

Preparo

Derreta a manteiga em uma panela de pressão em fogo médio. Adicione os vegetais e sue por 5 minutos, mexendo de vez em quando. Eles não devem escurecer.

Adicione o tomilho, as folhas de louro e a água fria. Tampe a panela, aumentando o fogo até que pegue pressão. Reduza a chama e cozinhe por 20 minutos. Retire do fogo e, sem abrir a panela, deixe esfriar e perder a pressão completamente.

Abra a panela assim que perder a pressão, junte a salsinha e deixe-a tampada por mais 20 minutos.

Coe numa peneira forrada com *étamine*, resfrie e reserve.

Carne-seca cozida [1 kg]

Aqui no Mocotó, usamos tanto charque quanto o *jerked beef*, ambos conhecidos popularmente como carne-seca (veja informações sobre carne-seca na página 193). A técnica a seguir funciona bem com os dois tipos, e o resultado é uma carne macia e com sal moderado. Ajuste o tempo e a quantidade de água de acordo com a quantidade de sal da carne, que varia conforme a marca usada. Na hora de fazer suas compras, lembre que o rendimento da carne desfiada é de cerca de 40%.

Ingredientes
- 2,5 kg   carne-seca
- 7,5 l   água para a dessalga
- 7,5 l   água para o cozimento
- 5 l   água com gelo para o resfriamento

Preparo
Deixe a carne de molho por uma noite inteira na geladeira com os primeiros 7,5 litros de água. Troque a água e cozinhe a carne na pressão por 25 minutos, ou até ficar macia. Nesse momento, prove o sal e o ponto de cozimento. Se estiver no ponto, retire a carne e coloque numa bacia de água com gelo.

Caso queira tirar ainda mais o sal da carne, deixe-a nessa última água por mais tempo. Quando estiver fria, separe em porções.

Você pode guardar a carne, resfriada, em pequenos cubos ou já desfiada.

Purê base para escondidinho [6 porções]

Ingredientes
- 1 kg   mandioca cozida
- 250 ml   leite
- 50 g   manteiga
- •   sal a gosto
- •   pimenta-branca a gosto

Preparo
Cozinhe a mandioca até que ela esteja macia, mas não desmanchando. Tome cuidado para não cozinhá-la em excesso, para que não fique encharcada. Escorra a mandioca imediatamente e amasse-a ainda quente. Aqui usamos um moedor de carne, que tem dupla vantagem: dá ao purê uma textura aveludada e retira os talos internos da raiz. Um amassador de batatas, no entanto, também funcionará bem. Com a mandioca ainda quente, junte o leite e a manteiga e tempere com sal e pimenta-branca. Misture bem os ingredientes até obter uma massa uniforme e perolada.

Gelatina de bacon [2 kg]

Ingredientes
- 1 kg couro de bacon
- 1 l água filtrada

Preparo
Retire o máximo de gordura que conseguir da pele do bacon e corte-a em pedaços grandes. Cubra com a água e cozinhe na panela de pressão por 30 minutos após o começo do chiado. Desligue o fogo e deixe perder a pressão naturalmente, por pelo menos mais 30 minutos.

Processe a pele ainda quente com o líquido do cozimento, até obter um creme liso e homogêneo. Passe por uma peneira e reserve na geladeira para uso posterior.

Conserva de abóbora [20 porções]

Ingredientes
- 1 kg abóbora-menina (ou abóbora-de-pescoço)
- 400 ml vinagre de maçã orgânico
- 400 ml água
- 30 g sal
- 30 g açúcar
- 1 anis-estrelado

Preparo
Descasque e retire a polpa da abóbora e corte em cubos de 1 centímetro.

Leve ao fogo o vinagre, a água, o açúcar, o anis e o sal. Quando ferver, acrescente os cubinhos de abóbora e, pouco antes de voltar à ebulição, desligue o fogo.

Transfira imediatamente a conserva para potes de vidro limpos e esterilizados. Feche-os ainda quentes e deixe resfriar em temperatura ambiente.

Depois de frios, conserve na geladeira.

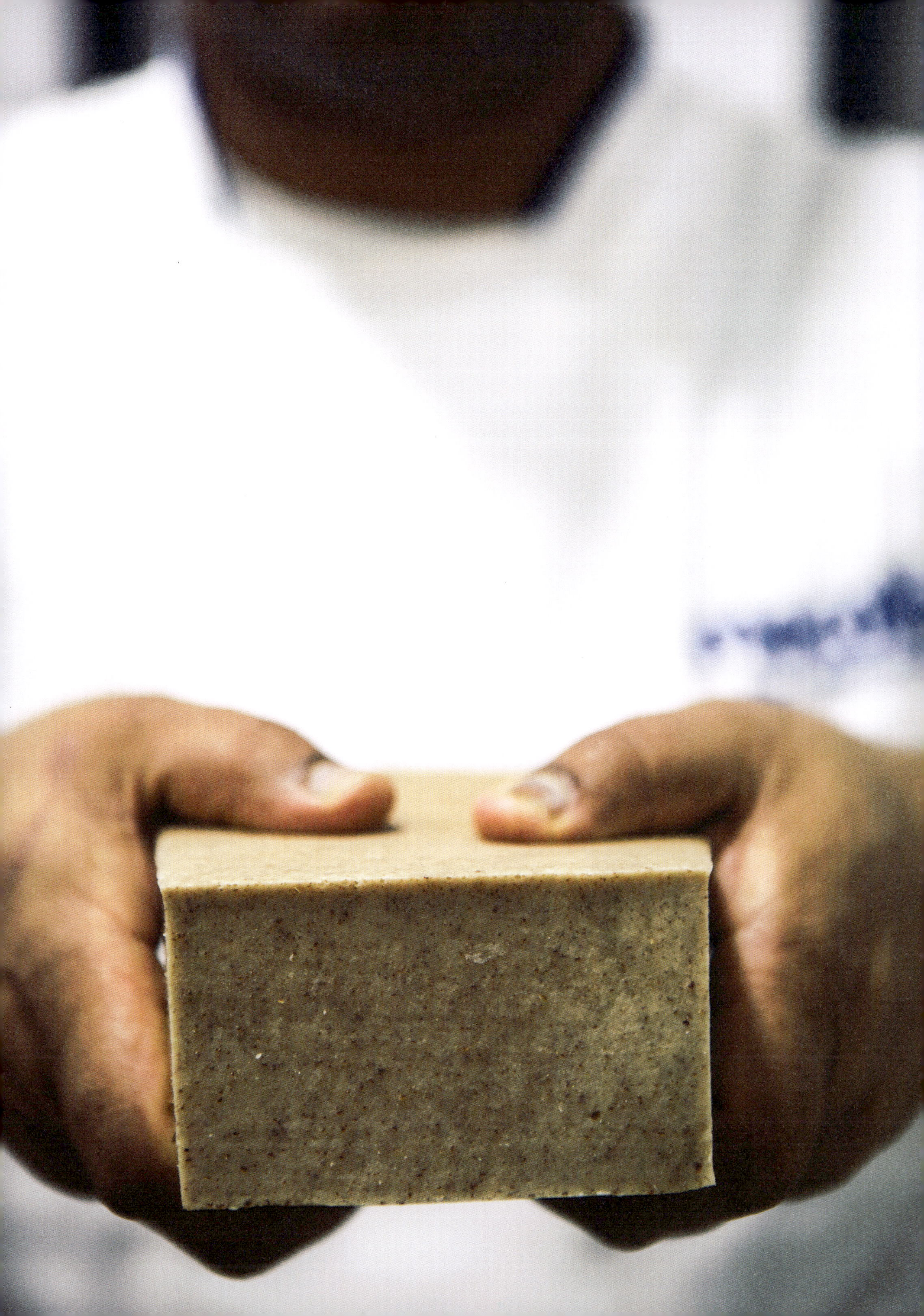

Abóbora assada [aproximadamente metade do peso da abóbora]

Ingredientes
- 1 abóbora-moranga bem madura
- flor de sal a gosto
- pimenta-do-reino a gosto
- 60 g óleo de girassol
- 100 g melado de cana

Preparo
Corte a abóbora ao meio, com o talo para cima, e retire todas as sementes e membranas com a ajuda de uma colher. Reserve as sementes para outro preparo. Vá cortando sempre ao meio até obter umas 6 ou 8 barquinhas, dependendo do tamanho da abóbora. Corte-as então ao meio e você vai ter vários pedaços triangulares.

Arrume-os todos numa assadeira com tampa e tempere com o sal, a pimenta-do-reino e o óleo de girassol. Tampe ou cubra com papel-alumínio e asse em forno preaquecido a 180 °C por 1 hora, ou até ficar macio.

Destampe e tempere com o melado de cana, voltando ao forno para dourar por mais 10 minutos.

Mix de arroz do Vale do Paraíba [10 porções]

Ingredientes
- 1 cebola-branca picada
- 50 ml azeite
- 100 g arroz-cateto
- 100 g arroz vermelho
- 100 ml vinho branco
- 1,5 l água ou caldo de legumes (veja receita na página 204)
- 1 folha louro
- sal a gosto
- 300 g arroz-agulhinha

Preparo
Refogue a cebola no azeite até começar a dourar, mas não deixe ganhar muita cor. Junte a mistura de arroz-cateto e arroz vermelho e frite por mais alguns instantes. Adicione o vinho, cozinhando até o arroz secar novamente.

Acrescente a água ou o caldo quente, a folha de louro e o sal e cozinhe com a panela tampada por 15 minutos.

Junte o arroz-agulhinha, misture bem e cozinhe até ficarem todos macios, aproximadamente mais 15 minutos.

Acrescente mais água se julgar necessário ao longo desse segundo cozimento.

Desligue o fogo e deixe por mais alguns minutos abafado. Sirva imediatamente

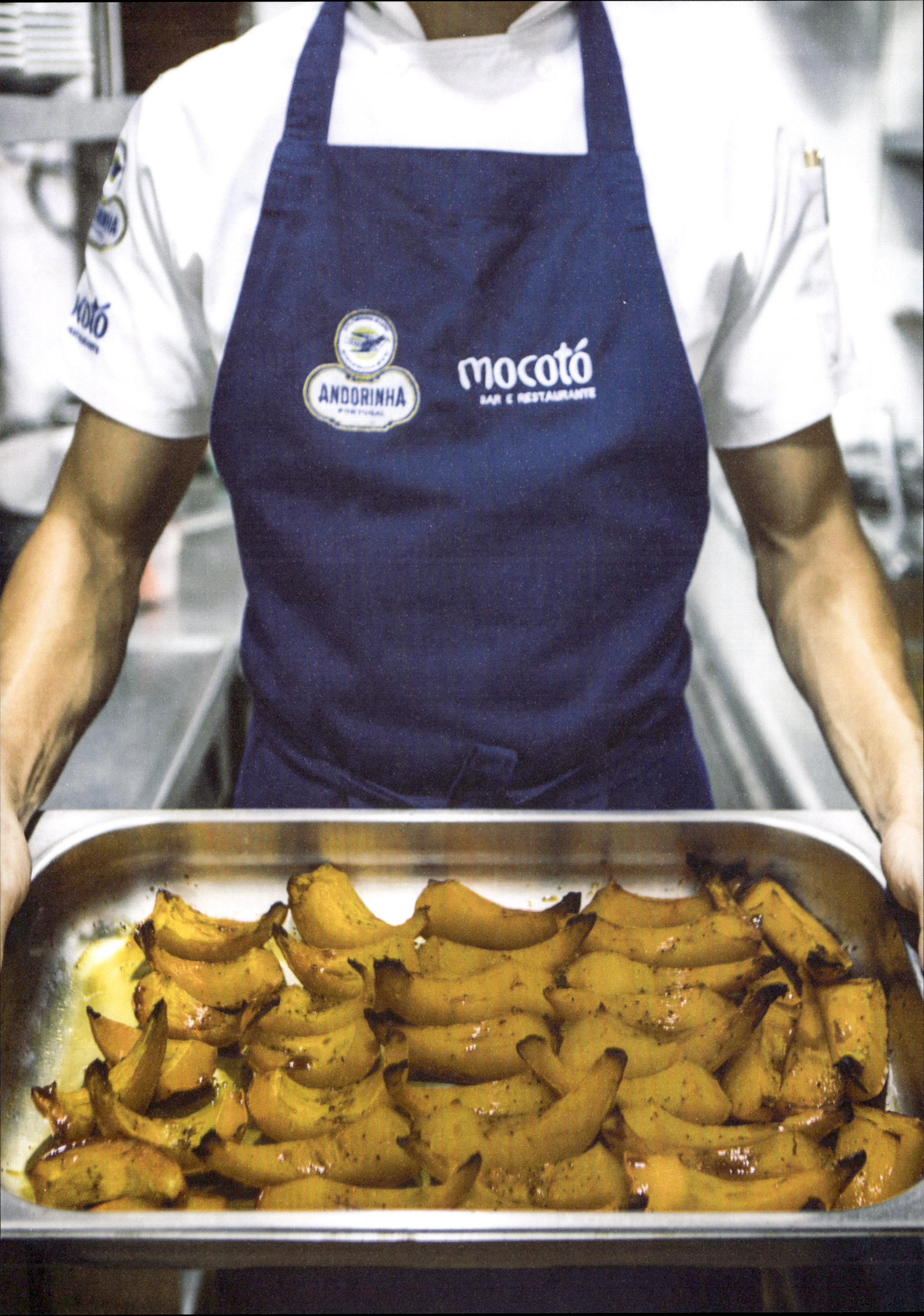
ANDORINHA
mocotó
BAR E RESTAURANTE

Alho assado [12 porções]

Ingredientes

12	cabeças de alho
80 ml	azeite
•	flor de sal a gosto
•	ervas secas a gosto

Preparo

Comece descascando o alho; retire apenas a pele fina, que fica em torno da cabeça, com cuidado para não soltar os dentes. Com uma faca bem afiada, retire as pontinhas dos dentes de alho e arrume as cabeças numa assadeira.

Tempere então com a flor de sal e as ervas secas – aqui usamos alecrim, orégano e tomilho – de sua preferência. Vá despejando o azeite cuidadosamente, para que cada cabeça fique untada.

Adicione cerca de 50 ml de água na assadeira e tampe ou cubra com papel-alumínio. Asse em forno preaquecido a 180 °C por cerca de 1 hora e 20 minutos, ou até o cheiro do alho invadir a cozinha. Esse é o sinal mais preciso de que ele está no ponto.

Deixe esfriar e reserve na geladeira.

Conserva de cebola-pérola [20 porções]

Ingredientes

200 ml	vinagre de cana orgânico
200 ml	água
15 g	açúcar
15 g	sal
1 colher (café)	sementes de coentro
½	laranja (casca)
500 g	cebola-pérola descascadas

Preparo

Leve ao fogo o vinagre, a água, o açúcar e o sal. Quando ferver, acrescente os temperos e as cebolas-pérola. Pouco antes de voltar à ebulição, desligue o fogo.

Transfira imediatamente a conserva para potes de vidro limpos e esterilizados. Feche-os ainda quentes e deixe resfriar em temperatura ambiente.

Depois de frios, conserve na geladeira.

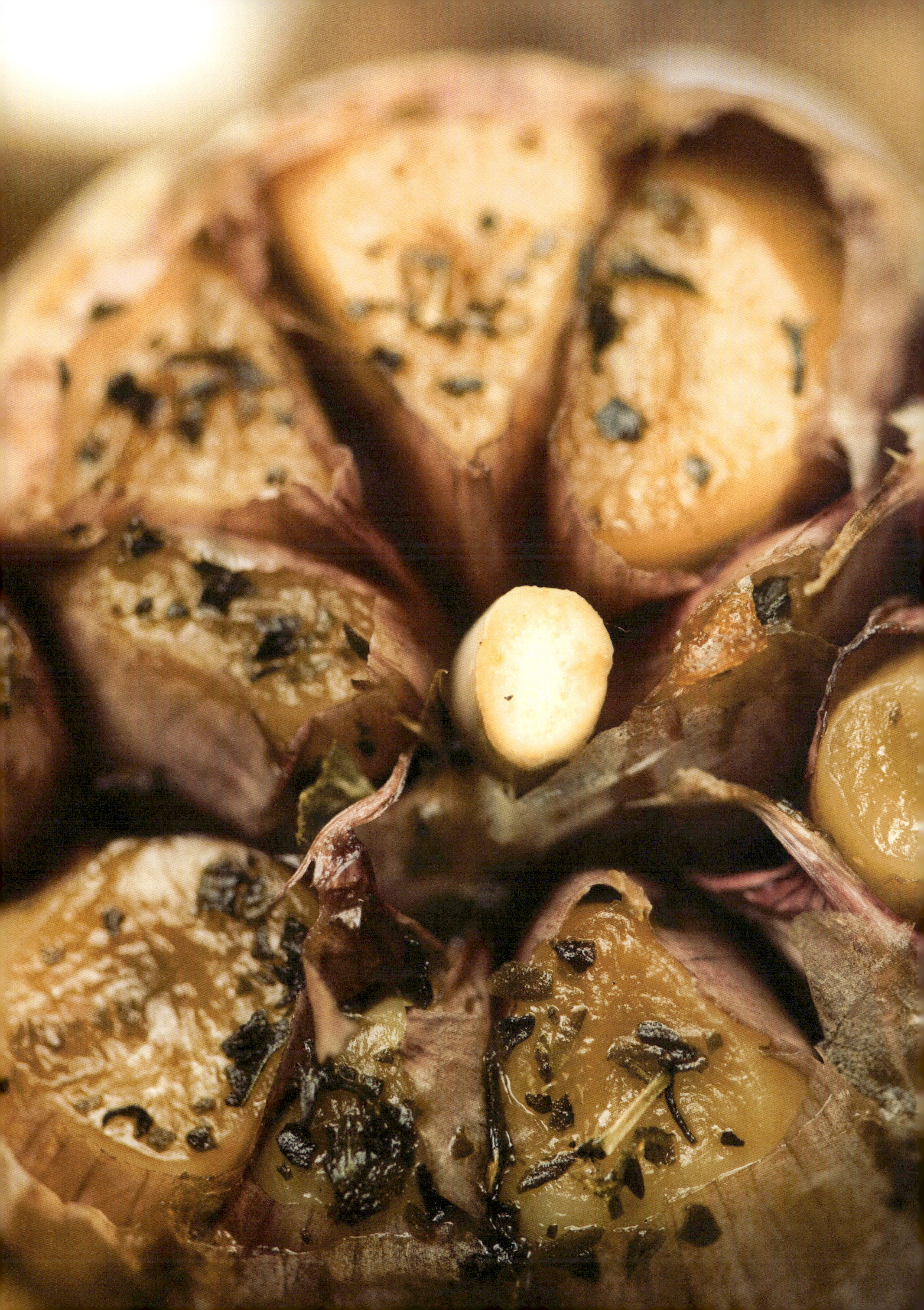

Molho de pimenta agridoce [20 porções]

Ingredientes

250 g	pimenta dedo-de-moça
150 g	alho descascado
1,5 kg	açúcar
1 l	água
125 g	pimenta-de-bico
25 g	pimenta-malagueta em conserva, drenada
750 ml	vinagre de manga
125 ml	cachaça branca
60 g	sal
70 g	polvilho doce

Preparo

Abra as pimentas dedo-de-moça, tire as sementes e asse com a pele para baixo, a 150 °C por 20 minutos, ou até começarem a tostar. Você vai perceber como o aroma ficará doce e caramelado quando ela estiver pronta. Deixe esfriar e pique as pimentas. Numa outra travessa, asse o alho na mesma temperatura até começar a dourar.

Faça um caramelo com metade do açúcar. Quando ele estiver ainda claro, a 165 °C, adicione ½ litro de água e mantenha no fogo baixo até dissolver o açúcar.

No liquidificador, bata metade das pimentas-de-bico com as pimentas-malagueta e um pouco da água até obter um pasta. Coe essa mistura, jogue as sementes fora, e junte à panela com o caramelo.

Agora, um ingrediente por vez, processe as pimentas dedo-de-moça, o restante das pimentas-de-bico e o alho assado. Com um pouco da água – e de vinagre se for preciso –, bata pulsando para que não desmanchem totalmente.

Depois de processados, vá juntando todos na panela e, ao final, adicione o restante dos ingredientes, menos o polvilho. Ferva essa mistura e cozinhe em fogo baixo por mais 10 minutos. Desmanche o polvilho no mínimo de água possível e misture com cuidado para não empelotar, mexendo bem. Quando o molho espessar, envase e resfrie imediatamente.

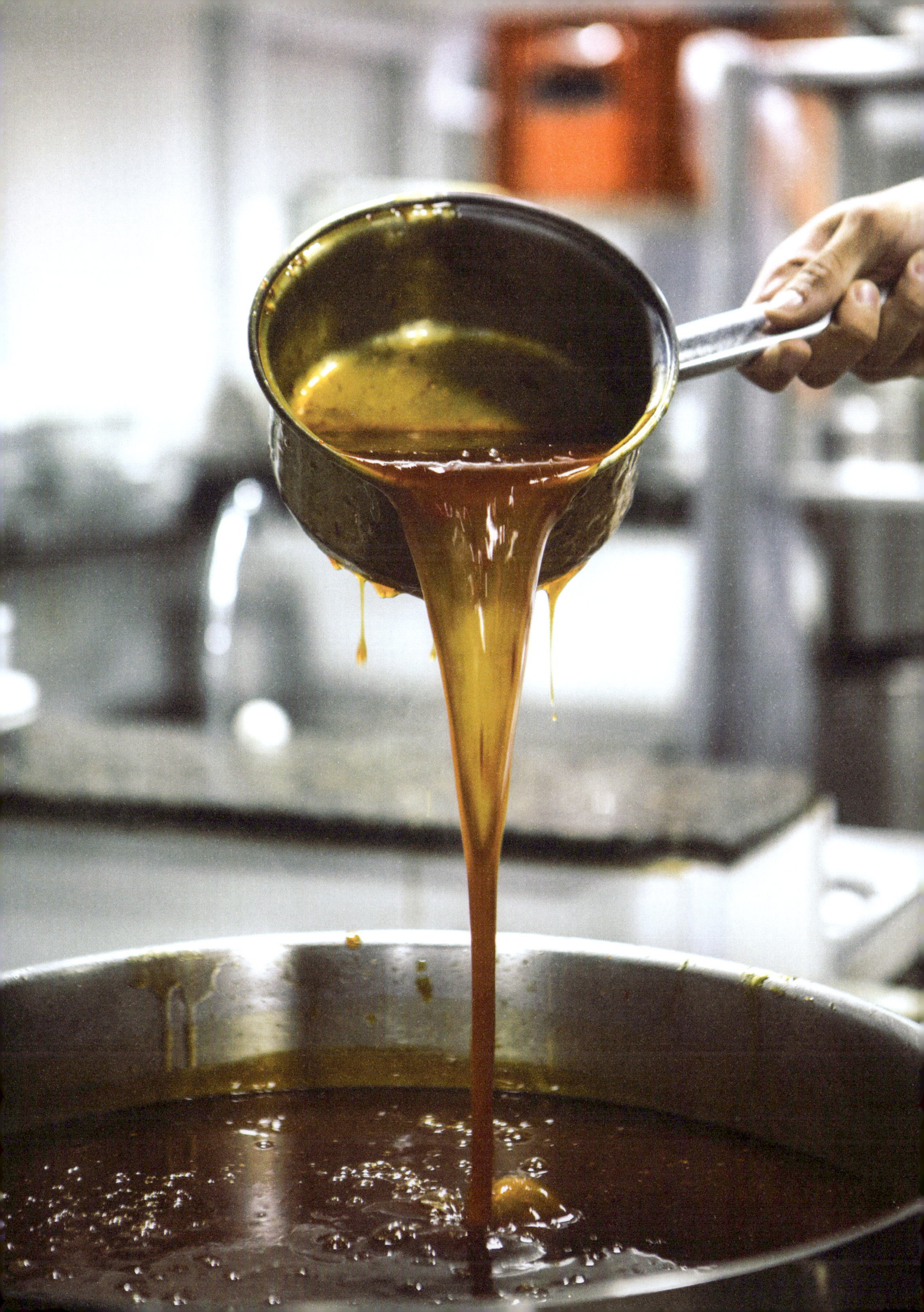

Calda de catuaba [aproximadamente 600 ml]

Ingredientes

1 l	vinho de catuaba
1 l	vinho tinto de mesa seco
500 g	açúcar
½	laranja (casca)
4	bagas de cardamomo
3	bagas de zimbro
1	semente de anis
2	cravos
1 pedacinho	canela em pau

Preparo

Junte os vinhos, o açúcar e leve ao fogo baixo com a panela aberta. Nesta receita, usamos o vinho de uva Isabel ou "vinho de mesa". Ele garante um final mais frutado e redondo, ao passo que os vinhos mais tânicos darão um resultado mais áspero à calda.

Deixe a mistura se reduzir a um quarto, adicionando nesse momento um sachê com as especiarias e a casca de laranja. Deixe cozinhar por mais 10 minutos, ou até obter um fio de ponto médio.

Retire da panela e deixe resfriar completamente. Reserve em potinhos ou bisnagas e sirva com frutas, iogurte ou sorvetes.

Calda de chocolate [aproximadamente 1 l]

Ingredientes

600 ml	água
40 g	glucose
1 kg	açúcar
100 g	cacau em pó
100 g	chocolate amargo (70% de cacau)
1	semente de cumaru

Preparo

Misture 350 ml de água, a glucose e o açúcar numa panela e leve ao fogo médio até ter um caramelo dourado-escuro. Cuide para não queimar as bordas da panela.

Nesse momento, junte o restante da água e dissolva o caramelo. Abaixe o fogo ao mínimo e junte o cacau e o chocolate. Tempere com a semente de cumaru ralada e cozinhe por cerca de 5 minutos, ou até dar o ponto de calda.

Retire da panela e deixe resfriar completamente. Reserve em potinhos ou bisnagas e sirva com frutas, iogurte ou sorvetes.

Geleia de cupuaçu
[aproximadamente 1 kg, dependendo da qualidade da polpa]

Ingredientes
1 kg polpa de cupuaçu
500 g açúcar

Preparo
Misture a polpa da fruta e o açúcar, e leve ao fogo baixo.

Mexa de vez em quando até obter o ponto de geleia. Retire da panela e envase ainda quente em potinhos esterilizados.

Calda de rapadura [aproximadamente 1,5 l]

Ingredientes
1 kg rapadura
500 ml água

Preparo
Pique a rapadura, junte a água e leve ao fogo baixo. Mexa até dissolver a rapadura e cozinhe até obter o ponto de fio.

Quando der o ponto, coe a calda para retirar alguma eventual partícula e reserve.

mocotó
EMPÓRIO
mocotó
EMPÓRIO
AÇÚCAR
DE BAUNILHA
COM ESPECIARIAS
PRODUTO
ARTESANAL
PESO LÍQUIDO
190g

Açúcar de baunilha e especiarias [1 kg]

Ingredientes
- 1 kg açúcar
- 2 favas de baunilha
- 1 colher (chá) erva-doce
- 5 sementes de cardamomo
- 5 sementes de zimbro
- 5 cravos
- 2 sementes de anis

Preparo
Misture o açúcar à baunilha raspada e às especiarias. Coloque tudo num pote hermético e deixe guardado num lugar fresco por pelo menos 1 semana antes de usar.

Peneire antes do uso caso seja necessário.

Chantili de cachaça [10 porções]

Ingredientes
- 350 ml creme de leite fresco
- 100 ml cachaça branca
- 50 g açúcar

Preparo
Misture os ingredientes em um sifão com carga de gás ou bata-os até firmar.

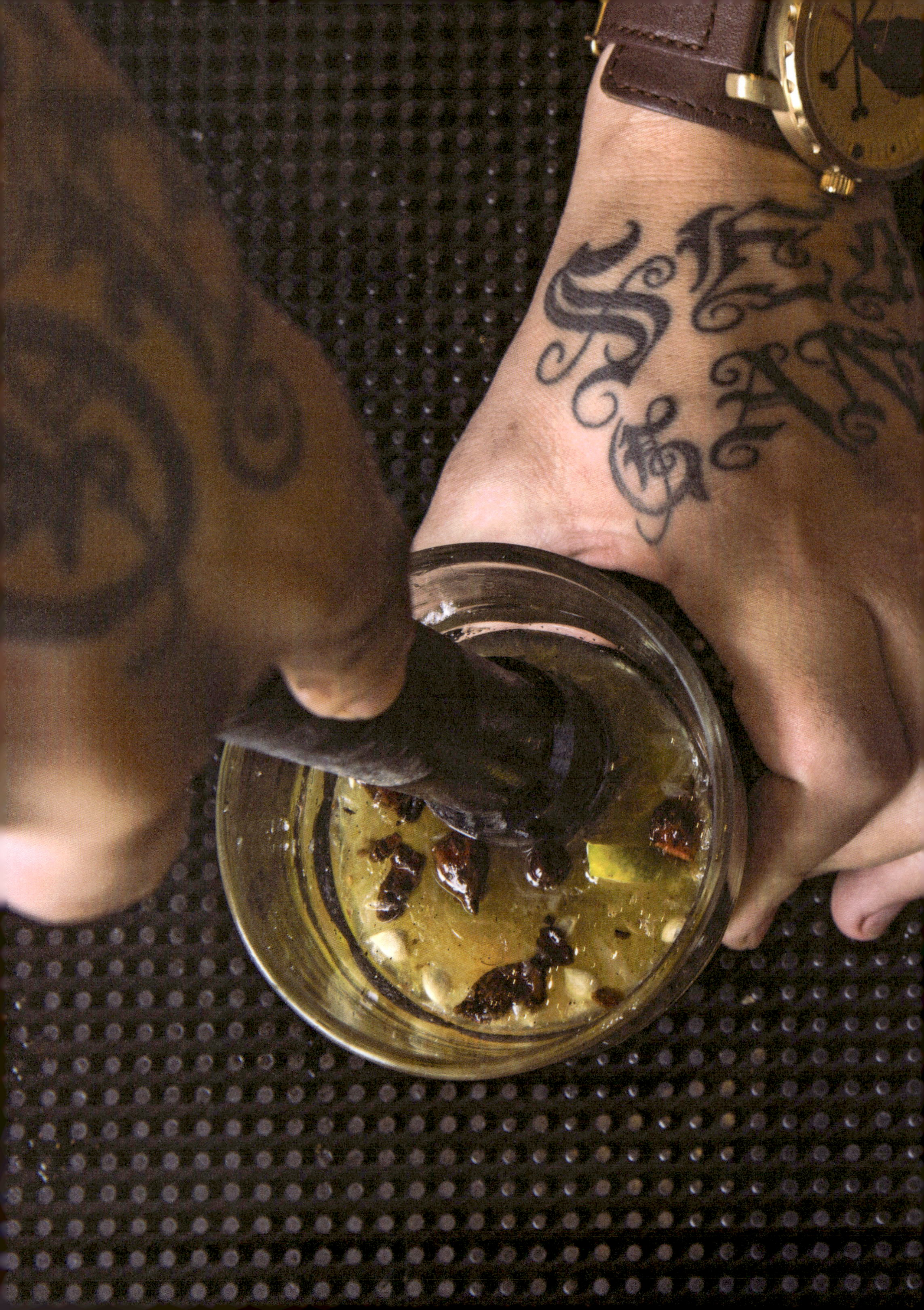

O BAR

POR RODRIGO OLIVEIRA

A CACHAÇA
(ESPÍRITO BRASILEIRO)

Pinga, meiota, cana, branquinha, talagada, marvada – não importa o nome, a cachaça é o espírito brasileiro por excelência. A bebida nos acompanha desde o primeiro século de colonização e foi um dos nossos mais importantes produtos comerciais. Ela foi também um dos símbolos da luta pela independência, a bebida dos nossos heróis, e ainda assim é um produto mal compreendido por aqui.

Para começar, é preciso saber do que estamos falando. Cachaça é o produto da destilação do caldo fermentado da cana-de-açúcar feito no Brasil. Simples assim. Ou seja, não há cachaça de banana, tampouco cachaça da China.

Quando cheguei ao Mocotó, servíamos cerca de dez marcas da bebida, a maioria do Nordeste e algumas do norte de Minas Gerais. Sem dúvida eram boas, mas para mim era impossível entender como alguém era capaz de beber aquele líquido explosivo. Depois de servir, dia após dia, uma infinidade de doses e perceber quanto esses apreciadores de uma boa bebida eram felizes, quis conhecer mais sobre o assunto.

Aventurei-me nos primeiros goles, bastante difíceis para alguém que nem sequer tomava uma cerveja. Pouco a pouco adestrei o paladar e fui percebendo as sutilezas da bebida. A qualidade do álcool, a acidez, a adstringência, a untuosidade. Num destilado tudo é muito concentrado e intenso, leva algum tempo até que se possa desfrutá-lo por completo.

Queria entender mais sobre a cachaça, desde a sua origem até o momento em que chegava às nossas prateleiras, e, quando esgotei a limitada bibliografia da época, fui a campo conhecer quem produzia a bebida. Foram muitos quilômetros rodados e muitos litros de pinga provados. De Osório, no Rio Grande do Sul, a Maranguape, no Ceará, encontrei dezenas de alambiques e acompanhei a produção desde a colheita da cana até o seu envase.

Os produtores hoje estão cada vez mais profissionais e a cada safra entregam bebidas mais especiais. No Mocotó servimos mais de uma centena de rótulos diferentes, cada um com sua peculiaridade. Pode ser uma cachaça envelhecida em pau-brasil, carvalho ou um *blend*. Pode ter de 38% a 48% de álcool e vir de qualquer região do país. Ela é diversa como nossa terra, nossa gente e nossa cultura.

PRODUÇÃO DA CACHAÇA

As variedades de cana-de-açúcar, em sua maioria desenvolvidas em laboratórios e visando o aumento da produtividade, não são determinantes para o resultado final da bebida como no caso dos vinhos. Ainda assim, a mítica cana java persiste em alguns plantios, a despeito do seu baixo rendimento. Normalmente, a cana atinge o seu ponto ideal de colheita em 18 meses.

A colheita deve ser feita manualmente, sem a queima da cana. Quanto mais rente ao solo se cortar, maior a sua doçura. Nesse momento, já acontece a primeira limpeza da cana.

Depois de lavada, a cana é passada por moendas mecânicas, e esse caldo – também chamado de mosto – é filtrado e decantado antes de seguir para o processo seguinte.

É na fermentação que todos os sabores se desenvolvem. Tradicionalmente feita com fermentos naturais – conhecido como fermento caipira –, leva cerca de 24 horas para completar a transformação dos açúcares em álcool.

A destilação é o momento de concentrar os sabores e separar o que há de melhor na mistura. A primeira fração a sair do alambique, a cabeça, é que tem as substâncias mais voláteis; em seguida vem o coração, a parte nobre da cachaça; e por fim temos a calda, com a maior parte da água e os elementos mais pesados.

Umburana, bálsamo, freijó, jequitibá, ipê, grápia, entre outras, são algumas das madeiras nativas com as quais se produzem tonéis no Brasil. Sem dúvida um privilégio nacional, haja vista que o mundo envelhece suas bebidas exclusivamente em carvalho.

As misturas ou *blends* trazem um novo mundo de possibilidades para a cachaça. A combinação das melhores características de cada madeira cria produtos únicos, com a assinatura de seus mestres alambiqueiros.

PERGUNTAS FREQUENTES

• BRANQUINHA OU ENVELHECIDA, QUAL A MELHOR?
Depende do momento e do gosto do freguês. Alguns preferem a doçura da umburana; outros, as notas de especiarias do bálsamo. Há quem só beba cachaça envelhecida em carvalho, assim como apreciadores que só provam das purinhas.

• PARA OS COQUETÉIS, INCLUSIVE CAIPIRINHAS, USAR PINGAS ENVELHECIDAS É CRIME?
Claro que não! Em algumas misturas, o caráter da madeira é fundamental para equilibrar a receita. O importante é não deixar que a bebida encubra os demais ingredientes, nem que o seu sabor seja ofuscado por eles.

• PINGA GELADA PODE? E COM GELO?
Pode tudo. No primeiro caso, você abre mão de uma parte do aroma, que fica retido na bebida gelada e ganha uma sensação mais macia na boca. No segundo, o gelo ajuda a diluir a cachaça e faz com que seus sabores sejam menos potentes e mais perceptíveis.

• DÁ PARA COZINHAR COM CACHAÇA?
Sem dúvida! Em marinadas, caldas, cozidos, flambados, massas, ela traz sempre uma nova nota de sabor. Um exemplo do Mocotó: uma das sobremesas mais pedidas é a musse de chocolate com cachaça, que leva cachaça envelhecida em umburana e cachaça branca.

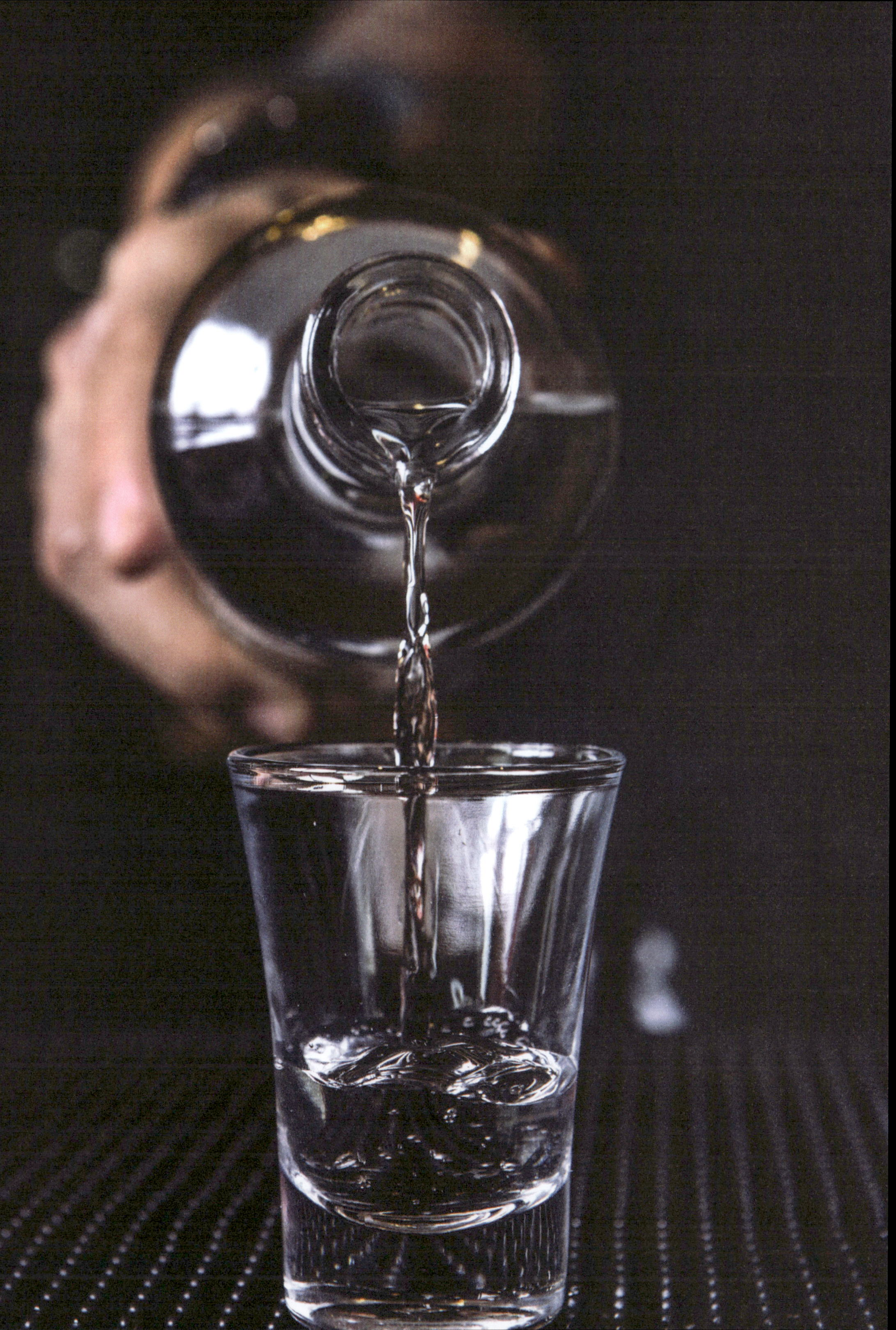

Caipirinha de caju, limão-cravo e mel

Caipirinha de três limões

Caipirinha de limão

COQUETÉIS E CAIPIRINHAS

Sem dúvida, o novo momento da cachaça só foi possível graças ao prestígio da mistura já clássica de limão, cachaça, açúcar e gelo. Além da tradicional caipirinha, apresentamos aqui as receitas que fizeram nosso bar famoso. Com a mão do jovem Rodrigo Ferreira, as caipirinhas ganharam muita fruta e mais equilíbrio. No Mocotó, usamos o conceito original do coquetel e vamos além. Sempre em busca dos melhores ingredientes da estação, o nosso desafio é encontrar a cachaça ideal para cada mistura. São centenas de produtos, mais centenas de cachaças e um sem-fim de ideias que vão se destilando gota a gota no nosso bar ao longo do ano. Esperamos que apreciem essas receitas. Com moderação, é sempre bom lembrar.

Caipirinha de limão [1 dose]

Onde tudo começou.

Ingredientes
- 1 limão-taiti grande
- 2 colheres (sopa) açúcar
- • gelo
- 70 ml cachaça branca

Preparo

Corte o limão ao meio, descartando as pontas e o talo central. Corte fatias finas, de cerca de 3 mm de espessura.

Num copo largo, coloque o limão cortado com a polpa para cima e o açúcar e macere gentilmente.

Acrescente o gelo até encher o copo, dose a cachaça e mexa bem, puxando do fundo para cima.

Sirva imediatamente com um mexedor ou um canudo.

Caipirinha de três limões [1 dose]

A número 1 do nosso bar.

Ingredientes

½	limão-cravo
½	limão-siciliano
½	limão-taiti
½ colher (sopa)	açúcar
1 colher (sopa)	açúcar de especiarias
•	gelo
70 ml	cachaça branca

Preparo

Corte os limões ao meio, descartando as pontas e os talos centrais. Corte fatias finas, de cerca 3 mm de espessura.

Num copo largo, coloque os limões cortados com a polpa para cima e o açúcar de especiarias e macere gentilmente.

Acrescente o gelo até encher o copo, dose a cachaça e mexa bem, puxando do fundo para cima.

Sirva imediatamente com um mexedor ou um canudo.

Caipirinha de caju, limão-cravo e mel [1 dose]

O caju na melhor companhia possível.

Ingredientes

1	caju grande
20 ml	mel de florada silvestre
½	limão-cravo
•	gelo
70 ml	cachaça branca

Preparo

Corte o caju em cubos grandes e o limão em fatias finas.

Em um copo para caipirinha, junte o caju, o limão e o mel e macere gentilmente.

Acrescente o gelo até encher o copo, complete com a cachaça e mexa bem, puxando de baixo para cima.

Sirva imediatamente com um mexedor ou canudo.

Caipirinha de morango e limão-siciliano [1 dose]

Uma combinação doce e refrescante.

Ingredientes
- 5 morangos médios
- 20 ml suco de limão-siciliano
- 1 ½ colher (sopa) açúcar refinado
- • gelo
- 60 ml cachaça envelhecida em umburana

Preparo
Coloque em um copo de caipirinha todos os morangos, o suco do limão e o açúcar e macere gentilmente.

Acrescente o gelo até encher o copo, adicione a cachaça e mexa bem, puxando de baixo para cima.

Sirva imediatamente com um mexedor ou canudo.

Caipirinha de três uvas [1 dose]

Uma das combinações mais elegantes e refrescantes da casa.

Ingredientes
- 8 uvas rubi sem semente
- 10 uvas itália sem semente
- 10 uvas niágara roxa
- 1 colher (sopa) açúcar refinado
- 60 ml cachaça branca
- • gelo

Preparo
Num copo de caipirinha junte as uvas e o açúcar e macere.

Acrescente o gelo até encher o copo, a cachaça e mexa bem, puxando de baixo para cima.

Sirva imediatamente com um mexedor ou um canudo.

Caipirinha de verão [1 dose]

Outro *hit* do nosso menu, pensado para os dias mais quentes do ano.

Ingredientes
- 6 gomos de mexerica
- 50 ml polpa de cajá
- 4 folhas manjericão
- 1 colher (sopa) açúcar refinado
- • gelo
- 60 ml cachaça branca

Preparo
Adicione em um copo de caipirinha os gomos de mexerica, a polpa de cajá, as folhas de manjericão e o açúcar e macere gentilmente.

Acrescente o gelo até encher o copo, adicione a cachaça e mexa bem, puxando de baixo para cima.

Sirva imediatamente com um mexedor ou canudo.

Caipirinha de morango e limão-siciliano

Caipirinha de verão

Caipirinha de três uvas

Minha nega [1 dose]

Rapadura e cachaça? Sim, claro!

Ingredientes

1	limão-taiti grande
90 g	rapadura mineira ralada (3 colheres de sopa)
70 ml	cachaça envelhecida em umburana
•	gelo
½ colher (sopa)	rapadura mineira ralada

Preparo

Retire as pontas do limão, parta ao meio e retire o talo do centro, cortando então cada metade em três gomos.

Em um copo alto, adicione o limão com a polpa para cima, coloque a rapadura ralada por cima e macere gentilmente.

Acrescente o gelo até encher o copo, preencha com cachaça e mexa bem, puxando de baixo para cima.

Decore com a rapadura mineira ralada e sirva imediatamente, com um mexedor ou um canudo.

Garapa doida [1 dose]

Um dos coquetéis mais pedidos da casa até hoje, fácil e rápido de fazer.

Ingredientes

30 ml	suco de abacaxi
30 ml	melado de cana
50 ml	cachaça branca
20 ml	suco de limão
•	gelo

Preparo

Adicione o suco de abacaxi, o melado e a cachaça na coqueteleira e mexa com uma bailarina para dissolver melhor o melado.

Em seguida, acrescente o suco de limão e o gelo e agite.

Coe para um copo longo com gelo e decore com uma rodela de limão. Sirva imediatamente com um mexedor ou um canudo.

Mandacaru [1 dose]

Inspirado na deliciosa margarita, intenso e refrescante.

Ingredientes
- 60 ml cachaça branca
- 15 ml licor Cointreau®
- 15 ml suco de limão-taiti
- gelo
- sal

Preparo

Adicione na coqueteleira a cachaça, o Cointreau®, o suco de limão, bastante gelo e agite bem.

Molhe a borda da taça de martíni com o limão, espalhe sal sobre um pires e passe a borda da taça delicadamente no pires.

Coe o drinque na taça sem que encoste na borda e sirva em seguida.

Caju amigo [1 dose]

A nossa versão do clássico imortalizado no Pandoro, ilustre bar paulistano.

Ingredientes
- ½ limão-cravo (suco)
- 1 caju em calda (veja receita na página 183)
- 20 ml calda de caju
- gelo
- 50 ml cachaça branca
- 50 ml suco de caju concentrado

Preparo

Em um copo *long drink*, adicione o suco do limão-cravo, o caju e a calda e macere.

Acrescente o gelo, a cachaça e o suco de caju e mexa bem com uma bailarina.

Sirva imediatamente.

Minha nega   Mandacaru

Caju amigo					Garapa doida

Francesinha Energético sertanejo Jataizinha Meladinha Vinagrinha

GARRAFADAS

Este é um costume antigo do restaurante: preparar misturas e infusões que são servidas bem geladas, como digestivos. Se antigamente nas garrafadas os ingredientes eram mais amargos, hoje são as misturas doces as preferidas. Aqui, nossas principais receitas.

Francesinha [750 ml]

A nossa mais pedida e mais sedutora garrafada.

Ingredientes

PARA A CALDA

1 kg	açúcar refinado
500 ml	água filtrada
½	laranja (casca)
2	sementes de umburana

PARA A FRANCESINHA

500 ml	cachaça envelhecida em carvalho
250 ml	calda
2 favas	baunilha

Preparo

Faça primeiro a calda, levando ao fogo todos os ingredientes até obter uma calda a ponto de fio. Deixe esfriar e reserve.

Corte as favas de baunilha no sentido do comprimento e retire as sementes. Coloque as sementes na garrafa, junto com as favas abertas, e junte a cachaça. Agite bem para que as sementes se dispersem.

Acrescente a calda, agite mais uma vez e guarde na geladeira.

Antes de servir, agite bem a garrafa para que as sementes de baunilha se dispersem novamente. Sirva gelada.

Vinagrinha [750 ml]

Estimulante, saudável e exótica. Você vai se surpreender.

Ingredientes
- 410 ml cachaça envelhecida em carvalho
- 170 ml mel de laranjeira
- 170 ml vinagre de maçã orgânico

Preparo
Em uma jarra ou tigela, junte todos os ingredientes e misture até dissolver o mel por completo.

Armazene em uma garrafa bem fechada na geladeira.

Sirva gelada ou com gelo.

Jataizinha [750 ml]

Uma verdadeira iguaria. Experimente também com outros méis de abelhas nativas.

Ingredientes
- 150 g   mel de jataí
- 600 ml cachaça envelhecida em carvalho

Preparo
Misture o mel e a cachaça em um recipiente, até que fique homogêneo. Armazene em uma garrafa bem fechada na geladeira.

Sirva gelada ou com gelo.

Meladinha [750 ml]

Um garrafa com o doce gosto dos engenhos.

Ingredientes

- 150 g melado de cana
- 600 ml cachaça prata
- 50 g grãos de café moído grosso

Preparo

Misture todos os ingredientes em um recipiente, até que o melado se dissolva por completo.

Armazene em uma garrafa bem fechada na geladeira por 24 horas.

Coe a mistura no filtro de papel em uma nova garrafa e mantenha-a fechada na geladeira.

Sirva gelada ou com gelo.

Energético sertanejo [1.500 ml]

Um poderoso estimulante, que já salvou muitos casamentos ao longo da nossa história.

Ingredientes

- 1 garrafa suco de jurubeba
- 1 garrafa vinho de catuaba
- 1 colher (sopa) pó de guaraná
- 1 colher rasa (café) marapuama
- 160 ml xarope de guaraná

Preparo

Misture bem todos os ingredientes, coando o suco de jurubeba em uma peneira fina.

Acondicione em uma garrafa bem fechada na geladeira.

Sirva gelado.

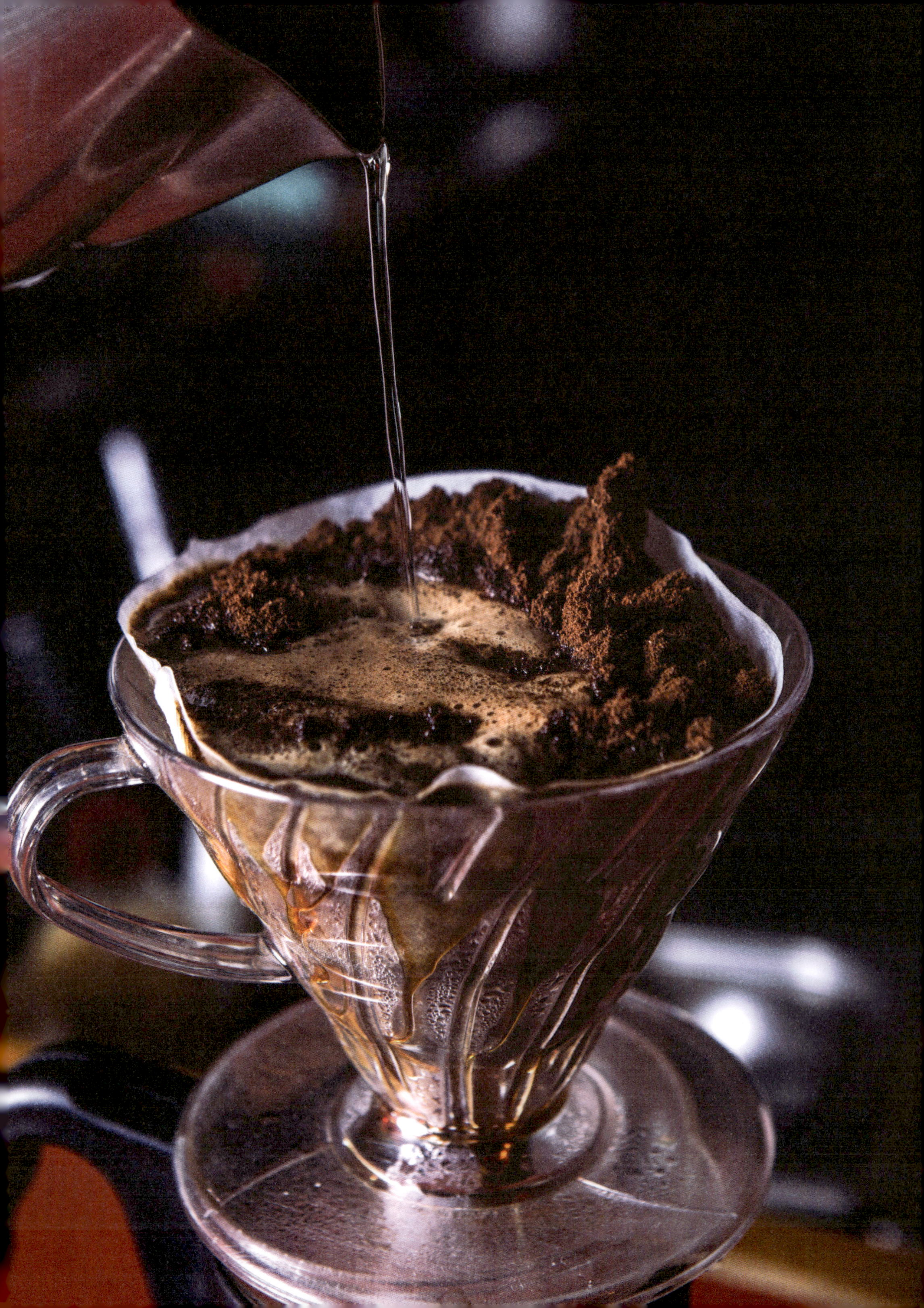

CAFÉS

ENCERRANDO COM OURO NEGRO

Não se pode pensar em uma refeição completa sem levar em conta o seu momento final, normalmente o café. Aqui usamos os grãos da Fazenda Pessegueiro, de Mococa, no interior de São Paulo. Nossos cafés coados, expressos e misturas são cuidadosamente preparados aqui pelo barista Marcelo Marinho.

Café coado perfeito

Os cafés coados – ou filtrados, como os baristas preferem chamar – são uma preferência nacional. Aqui vão algumas dicas do Marcelo para o seu cafezinho fazer ainda mais sucesso.

1. Começando pelo grão, escolha da espécie arábica, preferencialmente das categorias Gourmet ou Especial. Moer o grão na hora também fará grande diferença na qualidade do seu cafezinho.
2. Agora a água; melhor usar filtrada ou mineral. Isso fará com que o sabor e o aroma do grão sofram o mínimo de interferência. Quanto à temperatura, o ideal é que esteja entre 93 °C e 98 °C, ou seja, a água deve ferver, sim, mas ser retirada do fogo assim que começar a ebulição.
3. Quanto ao filtro, o ideal é escaldá-lo com água quente antes de coar o café. Isso vai eliminar possíveis interferências no sabor e no aroma da bebida.
4. A proporção de café e água dependerá do grão, da moagem, do filtro, e – principalmente – do gosto do freguês. Vá experimentando e encontre a sua medida ideal. Não se acanhe de usar copos e colheres medidoras; só assim conseguirá ter constância nos seus preparos.
5. Coe o café em um recipiente previamente aquecido, que pode ser escaldado no mesmo momento de escaldar seu filtro.

Cappuccino tradicional [1 xícara de 140 ml]

Saber preparar um bom cappuccino é indispensável.

Ingredientes

- 45 ml café expresso
- 50 ml leite vaporizado
- • espuma de leite

Preparo

Em uma xícara grande, passe o café expresso, sirva o leite e finalize delicadamente com a espuma.

Cappuccino de umburana [1 xícara de 140 ml]

Sim, somos loucos por umburana.

Ingredientes

- 25 ml calda de chocolate (veja receita na página 214)
- 20 ml café expresso curto
- 50 ml leite vaporizado
- • espuma de leite
- ½ semente de umburana

Preparo

Coloque no fundo de uma xícara grande a calda de chocolate e por cima passe o café.

Acrescente o leite vaporizado, a espuma e finalize com raspas de umburana.

Mocaccino [1 xícara de 125 ml]

O *mocaccino* na nossa versão.

Ingredientes
- 25 ml calda de chocolate (veja receita na página 214)
- 20 ml café expresso
- 80 ml leite
- • chantili de cachaça (veja receita na página 217)
- • raspas de chocolate amargo (70% de cacau)

Preparo
Coloque no fundo de uma xícara grande a calda de chocolate e despeje o café.

Complete com leite e finalize com o chantili de cachaça e as raspas de chocolate.

Afogado de rapadura [1 porção]

Um café que vale por uma sobremesa.

Ingredientes
- 50 g doce de leite com laranja, baunilha e umburana (veja receita na página 187)
- 1 bola sorvete de rapadura (veja receita na página 167)
- 20 ml café expresso curto
- • chantili de cachaça (veja receita na página 217)
- • melado de cana

Preparo
Para a montagem do afogado, coloque no fundo de um copo ou uma taça uma pequena porção do doce de leite, em seguida uma bola de sorvete de rapadura.

Despeje o café quente e cubra com o chantili de cachaça.

Decore com o melado de cana e sirva imediatamente.

Cappuccino de umburana

Mocaccino

Afogado
de rapadura

daqui parto
alço vôo
me conheço
do começo

Toda ida tem a volta, toda lida vale a pena, seja a vida

considero
amigos caros
comemoro
sabores raros

Transtorno em trabalho o risco e o reflexo do imaginar

O QUE DIZEM SOBRE O MOCOTÓ

Eu conheço o Mocotó antes de conhecer o Mocotó.
Eu senti seus cheiros, sua energia, sua alegria...
antes de pisar no seu chão.
Eu admiro o Rodrigo antes do primeiro abraço...
O Mocotó e sua história, antes, durante e depois,
são algo meio que lenda...
São a fábula de um Brasil que sorri ao abrir a tampa da panela!
ROBERTA SUDBRACK

Minha visão de um bom restaurante é um lugar que reúne um ambiente agradável, serviço e qualidade da comida. Essa combinação é em número tão infinita quanto o número de estrelas no céu. Mas um restaurante excepcional vai além: consegue com essa composição oferecer algo a mais. Consegue ENCANTAR. O Mocotó faz parte de uma restrita constelação onde encontramos não só uma boa comida, um bom serviço em um ambiente agradável, mas algo mágico que faz muita gente se deslocar de todos os cantos desta enorme cidade só para viver esse encanto.
JUN SAKAMOTO

Sempre me emocionei com pessoas que têm humildade, pessoas que vivem com amor e respeito à tradição. Rodrigo do Mocotó, como eu o chamo, tem muitas histórias para contar, histórias de vida, cozinha e gastronomia. Tudo começou em 1973, quando seu Zé Almeida abriu a sua casa do norte, lugar simples, de boa comida e boa acolhida. Hoje, o filho dá orgulho ao pai com o reconhecido Mocotó, endereço de fama onde mostra o que o sertão e a tradição pernambucanos têm de melhor.
CLAUDE TROISGROS

Considero o Mocotó um fenômeno único na gastronomia brasileira. Situado num bairro popular da Zona Norte, soube atrair crescentemente público de todos os bairros e classes sociais. Ele apresenta uma cozinha forte, de personalidade, com unhas, dentes e cuca, que nos remete idealmente aos sertões nordestinos. As carnes, as favas, o mocotó, os queijos, a rapadura compõem um mosaico de sabores fortemente enraizado no gosto popular e, aos poucos, foram conquistando as elites paulistanas, os visitantes de outros estados e turistas estrangeiros.

No Mocotó dá-se um encontro único entre técnicas culinárias modernas e uma tradição que esperou séculos para ocupar seu lugar ao sol. Fala-se muito que lá se come o melhor torresminho do Brasil. É pouco tirar algo assim, tão banal, do anonimato e projetar como a quintessência da renovação culinária? Não, não é. E só isso faria de Rodrigo um grande cozinheiro.

Por isso o valor cultural do Mocotó é enorme. É também um bastião das nossas melhores tradições, sem fazer delas camisa de força como os tradicionalistas teimam em fazer. Por isso, toda vez que tenho oportunidade de comer no Mocotó me vêm à mente os versos do poeta nordestino e universal, João Cabral de Melo Neto:
...esse esqueleto mais de dentro:
o aço do osso, que resiste
quando o osso perde seu cimento
CARLOS DÓRIA

Assim como a Amazônia nos é generosa na água, no ar e nos frutos da terra e do rio, o chef Rodrigo, com a sua cozinha, oferece aquilo que as pessoas procuram, aquilo que lhes é realmente precioso. O Mocotó é o restaurante ideal, pois não faz distinção entre os gourmets que viajam pelos restaurantes do mundo e os jovens que moram ali perto e o frequentam como se fossem da casa.
YOSHIHIRO NARISAWA

Começamos a escutar a música "Construção" e logo pensamos: é ele, é ele! E resolvemos compor a nossa música para você: Atravessou a rua com seu passo tímido / Tijolo com tijolo num restaurante mágico / Cozinhou feijão com arroz e se tornou o máximo!
JEFFERSON E JANAINA RUEDA

Minha visita ao Mocotó permanece uma lembrança inesquecível, acolhedora e deliciosa. Um lugar único, onde reina a sinceridade.
OLIVIER ROELLINGER

Uma experiência plena e total em si: é assim que demonstrou ser o almoço preparado por Rodrigo no Mocotó. E isto me acontece raramente. Ali não tem o luxo de um restaurante de Paris, não tem uma adega para vinhos nem um serviço comprovado por uma placa com estrelas. Mesmo assim me dei maravilhosamente bem com ele, porque este restaurante de São Paulo possui dois valores importantes que superam qualquer outro: o coração de todos aqueles que nele trabalham e a inteligência de Rodrigo em propor a sua cozinha e o seu Brasil.

Não há dúvidas de que a sua cozinha é a cozinha autêntica de sua terra, mas preparos, estudo, elaboração, execução, serviço, cozimentos, condimentos, tudo, em suma, é o reflexo da mente deste chef extraordinário. Rodrigo não copia. Rodrigo cria.
PAOLO MARCHI

O QUE DIZEM SOBRE O MOCOTÓ

A minha experiência no Mocotó foi fantástica, inesquecível. Entre outras coisas, acho ter bebido seis "carpene" e quatro "cachaças". Estava no sétimo céu, nos confins do paraíso. Comida perfeita, atmosfera familiar com a tradição que continua e se mantém em níveis altíssimos: mérito maior do chef Rodrigo Oliveira, com quem logo entrei em sintonia, porque ele, do outro lado do oceano, fez as mesmas escolhas que eu fiz, e as quais ambos continuamos a propor.

Tendo tomado conta do açougue dos meus pais, desempenhei o trabalho com paixão, colocando minha alma toda na cozinha, nos meus restaurantes. E Rodrigo também, como eu: "uma árvore com as raízes solidamente fincadas na terra e a copa voltada para o céu, no contemporâneo".

DARIO CECCHINI

Almoçar no Rodrigo foi uma experiência realmente única. Uma cozinha com sólidas raízes na história gastronômica do Brasil, uma pesquisa em campo de produtos e receitas, reelaborados e propostos com grande cuidado e profunda inteligência. Uma memória da qual nós, estrangeiros, não sabemos quase nada, não obstante o número sempre maior de brasileiros que chegam ao nosso país.

Rodrigo está lá para nos lembrar onde todos eles começaram, e o Mocotó é um ponto de referência para a cozinha brasileira onde se deve ir pelo menos uma vez para entender de verdade o que é hoje o Brasil à mesa.

AIMO MORONI

Existem cozinheiros que "transam" com a cozinha e há aqueles que cozinham com o coração, que "fazem amor" com a cozinha. No Mocotó se percebe o carinho e o coração empenhados na cozinha. Cozinha que reflete a simplicidade e a humildade do chef. Carregada de sabor, tradição e personalidade. Essa é a cozinha do Rodrigo.

PEDRO MIGUEL SCHIAFFINO

Um bom restaurante nem sempre é caracterizado por uma culinária extravagante ou uma clientela exclusiva. Um grande restaurante, como aqueles que fazem parte da História, define a gastronomia de sua comunidade e torna-se um marco. Isto é o que José Almeida e Rodrigo Oliveira criaram com o Mocotó.
NORMAN LAPRISE

O restaurante mais badalado na cidade.
ANTHONY BOURDAIN

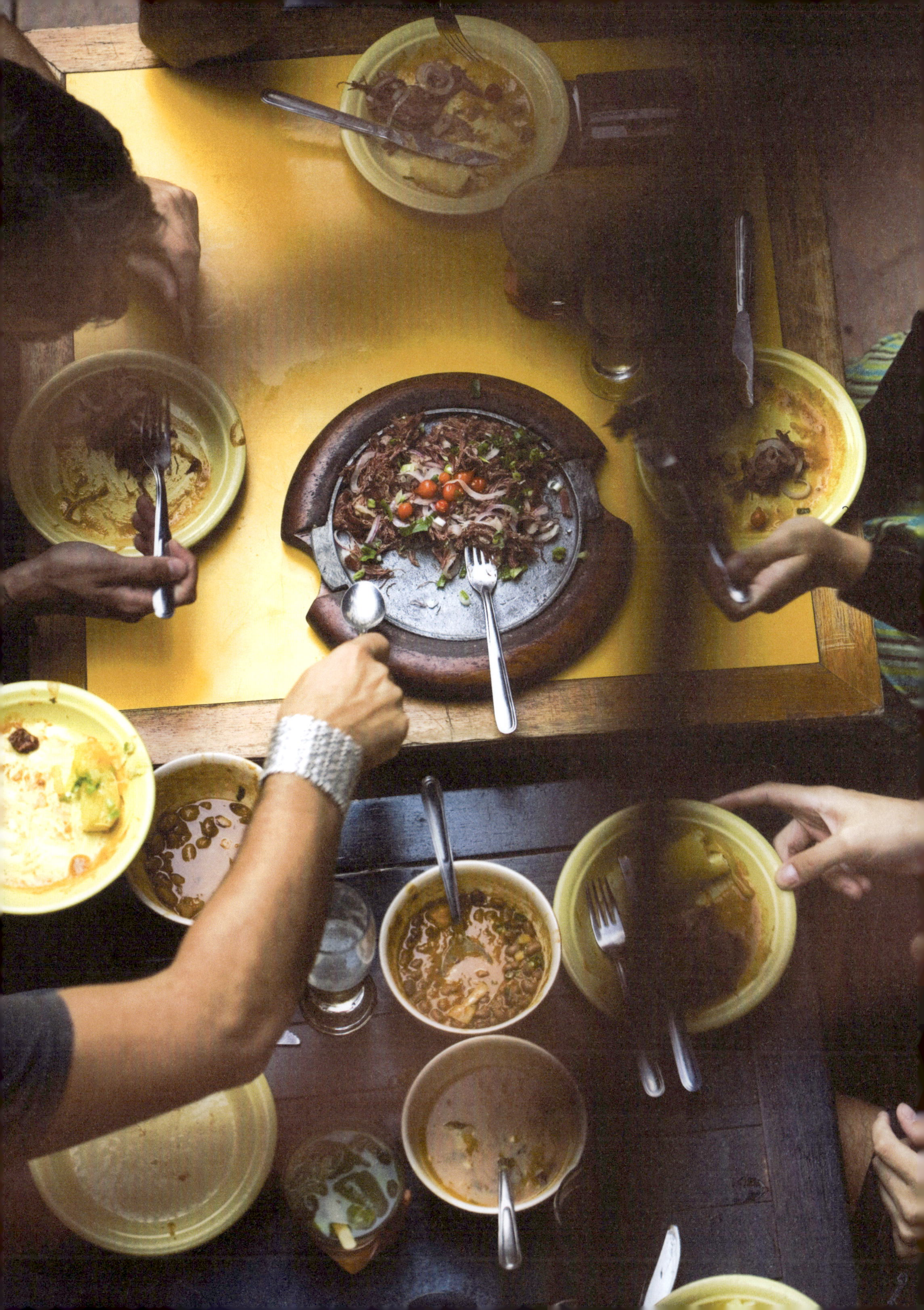

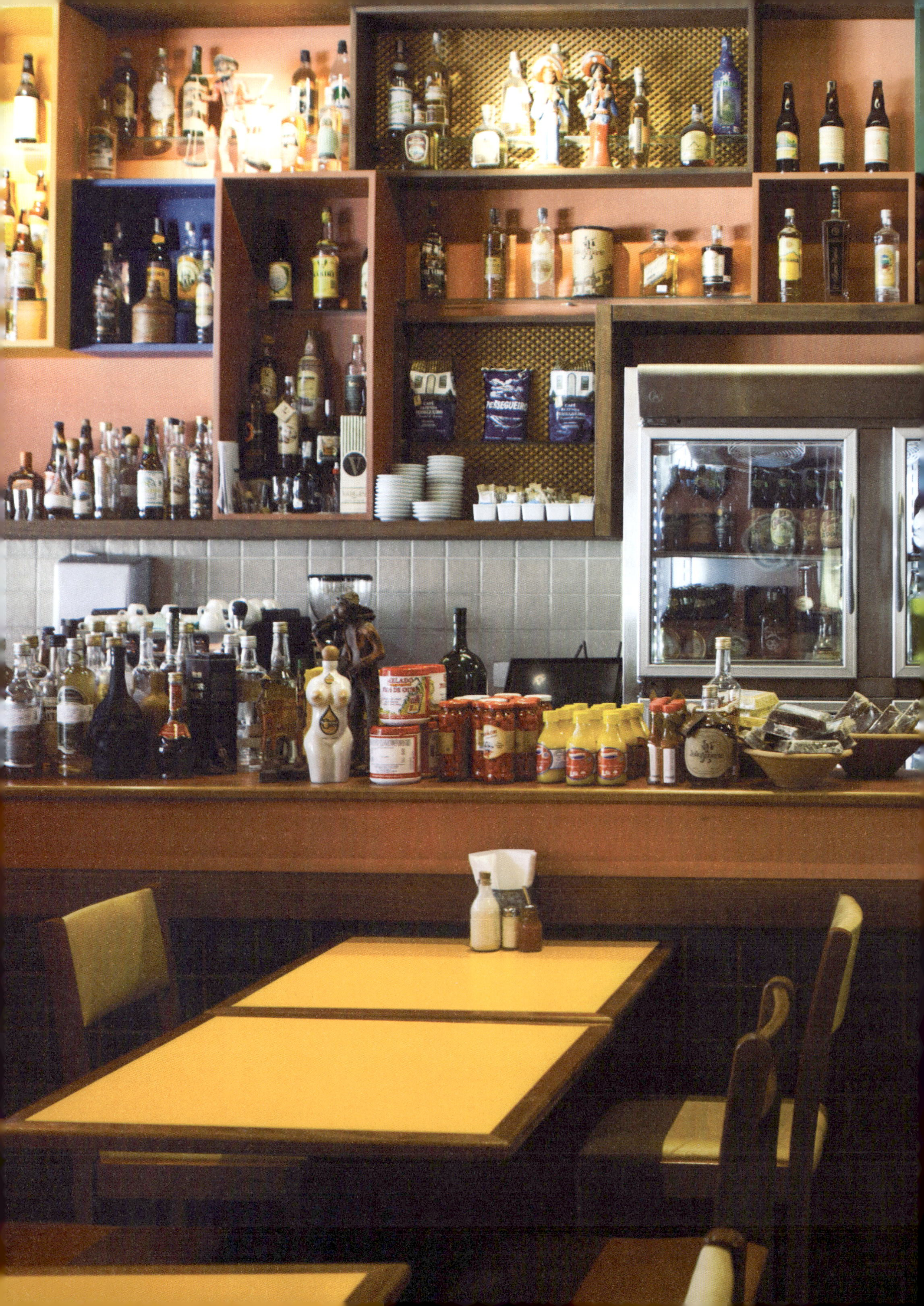

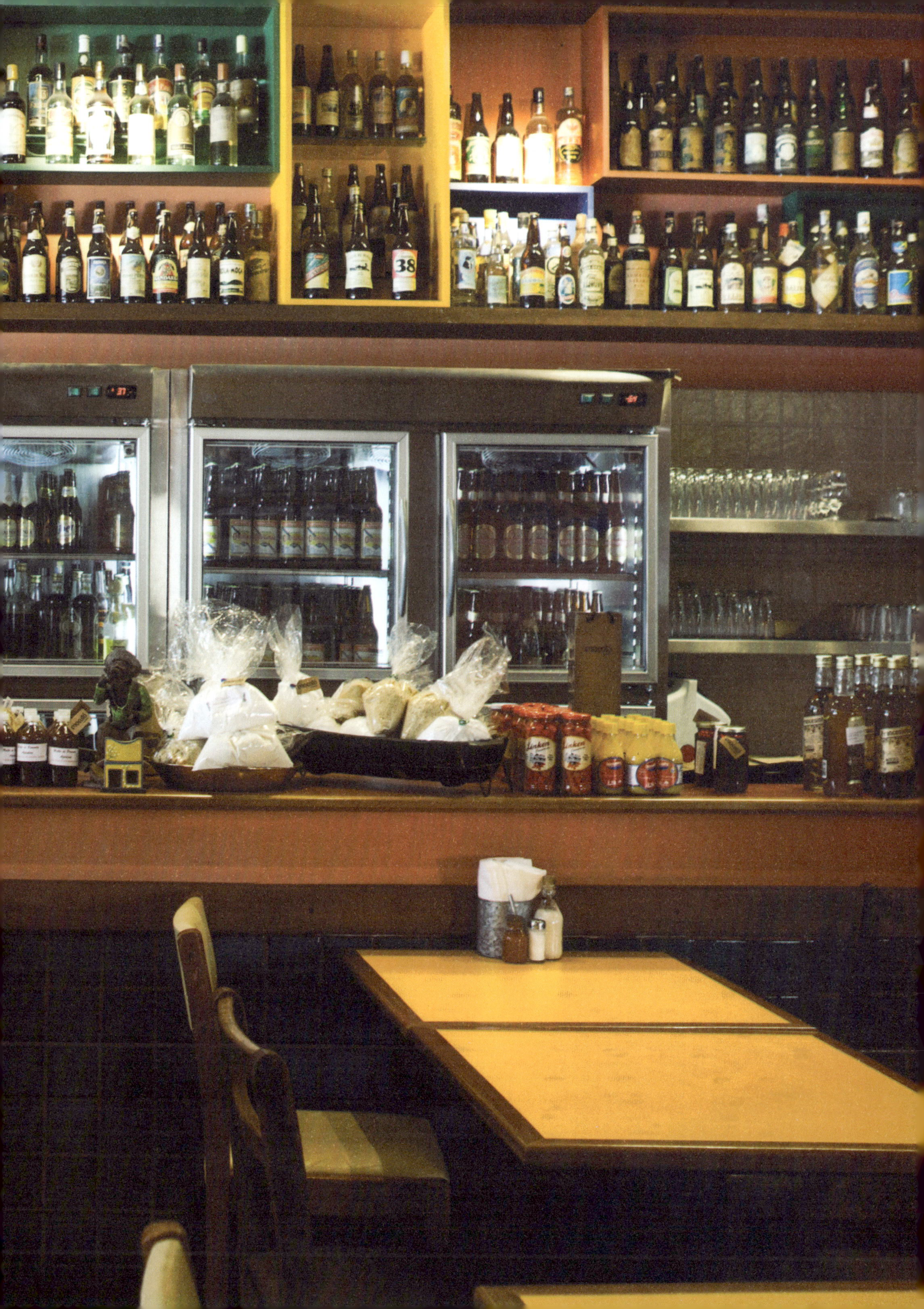
38

AGRADECIMENTOS

Começando em casa, agradecimentos mais que especiais aos meus pequenos Nina, Flor, Pedro, Cora e Alice, minhas maiores inspirações na vida. À minha linda mulher Adriana Salay Leme. À ela e à Ligia Fonseca, maravilhosas mães que comigo conceberam essas insuperáveis receitas feitas com muito amor.

À minha irmã, Patrícia, cuja ajuda inestimável no momento mais caótico da nossa história foi determinante para uma segura e edificante travessia. Ao Ricardo Lima, que embarcou no projeto e na família já há muito e hoje é o capitão dessa grande tripulação. Ainda assim, a maior contribuição dessa dupla continuam sendo Gabriel e Melissa, meus sobrinhos do coração.

Ao tio Gilvan e ao tio Tinô, por mostrarem o caminho. Ao tio Genildo e à tia Paizinha (*in memoriam*), por cuidarem de mim tão amorosamente mesmo já tendo tanto do que cuidar em casa. Aos primos Nilson, Robson e Luciano Almeida, que, jovens e ingênuos como eu, acreditaram que era possível.

Ao Marino Barros e ao Rodrigo Leopoldi, que fazem nosso restaurante cada vez mais bonito, acolhedor e funcional. À Silvia e Sabrina Jeha, que dão vida a nossa horta, e ao Silvio e Leonardo Castelhano, que nos deram poder de fogo quando mais precisávamos. Ao Kleber Fernandes e equipe, quem primeiro acolhe nossos visitantes.

Aos fornecedores, recentes e antigos, grandes e pequenos, industriais e artesanais, que fazem nossos desejos se materializarem. À Vila Medeiros e à sua comunidade, que nos acolheram fraternalmente desde o primeiro dia. Gratidão e orgulho por estar na quebrada. A cada cliente que nos deu o privilégio de alimentá-lo e acolhê-lo, um devoto agradecimento.

Às pessoas que dedicaram tempo e energia para tornar realidade o improvável e apaixonante sonho do Mocotó. Cada lavador, ajudante, garçom, cozinheiro, chefe, gerente... cada nobre profissional que passou por aqui deixou sua cota de contribuição e será sempre lembrado. Aos que fazem parte do nosso time hoje, obrigado por ajudarem a eternizar nessas páginas o momento extraordinário que estamos vivendo.

Ao Josa, que atua atrás do balcão desde que eu tinha 1 mês de idade. Foram muitos os causos, as lições e as transformações que compartilhamos. Outros grandes professores que me marcaram profundamente – Luiz Emanuel, Mara Salles, Rosa Moraes, Maurício Lopes, Laurent Suaudeau, Alex Atala, Jefferson Rueda, Carlos Alberto Dória e Roberta Sudbrack – merecem toda a deferência e respeito por seu carinho e generosidade. Aos colegas Victor Vasconcellos, Francisco Pinheiro, Julien Mercier, Alex Gomes e Diógenes Sampaulo, pela lealdade.

Ao Eduardo Maya, Josimar Mello, Ricardo Castilho, Luiz Américo e Arnaldo Lorençato, que desde o princípio enxergaram a nossa essência e viram valor gastronômico dentro daquelas modestas cumbucas. Ao César Aragão e Alexandre Soriano seremos sempre gratos por acreditarem no nosso trabalho e nos dar condições de avançar.

Às pessoas que idealizaram e investiram seus talentos e fichas neste livro: Breno Lerner, Rosana Trevisan, Tainã Bispo, Adriana Campos, João Gabriel, Giovana Nacarato e Ricardo D'Angelo. A Luciana Bianchi, pelas dicas. A Elcio Fonseca, Felipe Ehrenberg (*in memoriam*) e Lourdes Hernandes, artistas das letras, pincéis e caçarolas, que com sensibilidade e brilho iluminaram nosso caminho.

À minha mãe, dona Lourdes, mulher das mais valentes, habilidosas e inteligentes que conheci, obrigado pela cumplicidade. Tem coisas que só ela e eu entendemos...

Ao meu pai, seu Zé, obrigado por tudo. É um privilégio ser seu filho.

Rodrigo Oliveira

Rodrigo com Nina, Cora e Flor

Rodrigo com Pedro, Adriana e Alice

Rodrigo com dona Lourdes, seu Zé e Patricia

mocotó
BAR E RESTAURANTE

ÍNDICE DAS RECEITAS

Abóbora assada 208
Açúcar de baunilha e especiarias 217
Afogado de rapadura 241
Alho assado 210
Asinhas de pintado 107
Atolado de bode 123
Atolado de frango 151
Baião de dois 125
Bananada com rapadura 183
Bolinhos de abóbora e carne-seca 101
Bolinhos de arroz 104
Bolinhos de mandioquinha com linguiça defumada 105
Bolo de chocolate com geleia de cupuaçu e castanha-do-pará 174
Caipirinha de caju, limão-cravo e mel 226
Caipirinha de limão 225
Caipirinha de morango e limão-siciliano 227
Caipirinha de três limões 226
Caipirinha de três uvas 227
Caipirinha de verão 228
Caju amigo 231
Caju em calda 183
Calda de catuaba 214
Calda de chocolate 214
Calda de rapadura 215
Caldinho de abóbora 95
Caldinho de pirarucu com farinha-d'água 94
Caldo de carne 202
Caldo de feijão-de-corda 92

Caldo de galinha   204
Caldo de legumes   204
Caldo de mocotó   90
Caldo de porco   203
Cappuccino de umburana   240
Cappuccino tradicional   240
Carne de sol   128
Carne-seca acebolada   133
Carne-seca cozida   205
Carpaccio de carne de sol   113
Cartola de engenho   180
Chantili de cachaça   217
Chips de mandioca   105
Cocada cremosa com castanha-do-pará   186
Conserva de abóbora   206
Conserva de cebola-pérola   210
Costelinha de engenho   132
Crème brûlée de doce de leite e umburana   172
Cuscuz de farinha-d'água com castanha-de-caju e laranja   161
Cuscuz de milho básico   199
Cuscuz de milho com feijão-verde e abóbora   160
Cuscuz de milho com folhas refogadas e azeitona   155
Dadinhos de tapioca e queijo de coalho   97
Dobradinha   138
Doce de leite com laranja, baunilha e umburana   187
Doce de mamão do seu Zé (com rapadura e coco)   186
Energético sertanejo   237
Escondidinho de carne-seca   134
Escondidinho de queijo de cabra e legumes   137
Farofa de banana-da-terra   159
Farofa de castanha e coco queimado   159
Farofa de milho e couve crocante   156
Farofa de quiabo e bacon   158
Farofa de requeijão do norte   153
Farofa matuta   158
Favada   124
Feijão-de-corda com legumes   127
Francesinha   235
Garapa doida   230
Gelatina de bacon   206
Geleia de cupuaçu   215

ÍNDICE DAS RECEITAS

Goiabada com vinho   182
Jataizinha   236
Joelho de porco braseado   143
Linguiça da casa   110
Maionese de limão-cravo e pimenta-de-cheiro   107
Mandacaru   231
Meladinha   237
Minha nega   230
Mix de arroz do Vale do Paraíba   208
Mocaccino   241
Mocofava   89
Molho da casa   120
Molho de pimenta agridoce   212
Musse de chocolate com cachaça   171
Paçoca de carne-seca   155
Paçoca de torresmo com limão   156
Paleta de cordeiro   131
Panelinha do seu Zé   147
Peixadinha do São Francisco   149
Pesto de coentro   121
Pirão de leite   165
Pirarucu   140
Pudim de tapioca com calda de coco queimado   168
Purê base para escondidinho   205
Purê de batata-doce assada   164
Purê de inhame com requeijão   163
Purê de mandioca com alho assado   164
Purê de mandioquinha   165
Salada da roça   117
Salada do cajueiro   116
Salada sertaneja   115
Sarapatel   144
Sorvete de rapadura   167
Tapioca de café, doce de leite e chocolate   179
Tapioca de capim-santo, cocada cremosa e abacaxi   179
Tapiocas – massa básica   176
Torradinhas de carne de sol   109
Torresmos   98
Vinagrete de abóbora   102
Vinagrete de feijão-verde, queijo de cabra e castanha-de-caju   118
Vinagrete de mel e limão   121
Vinagrinha   236

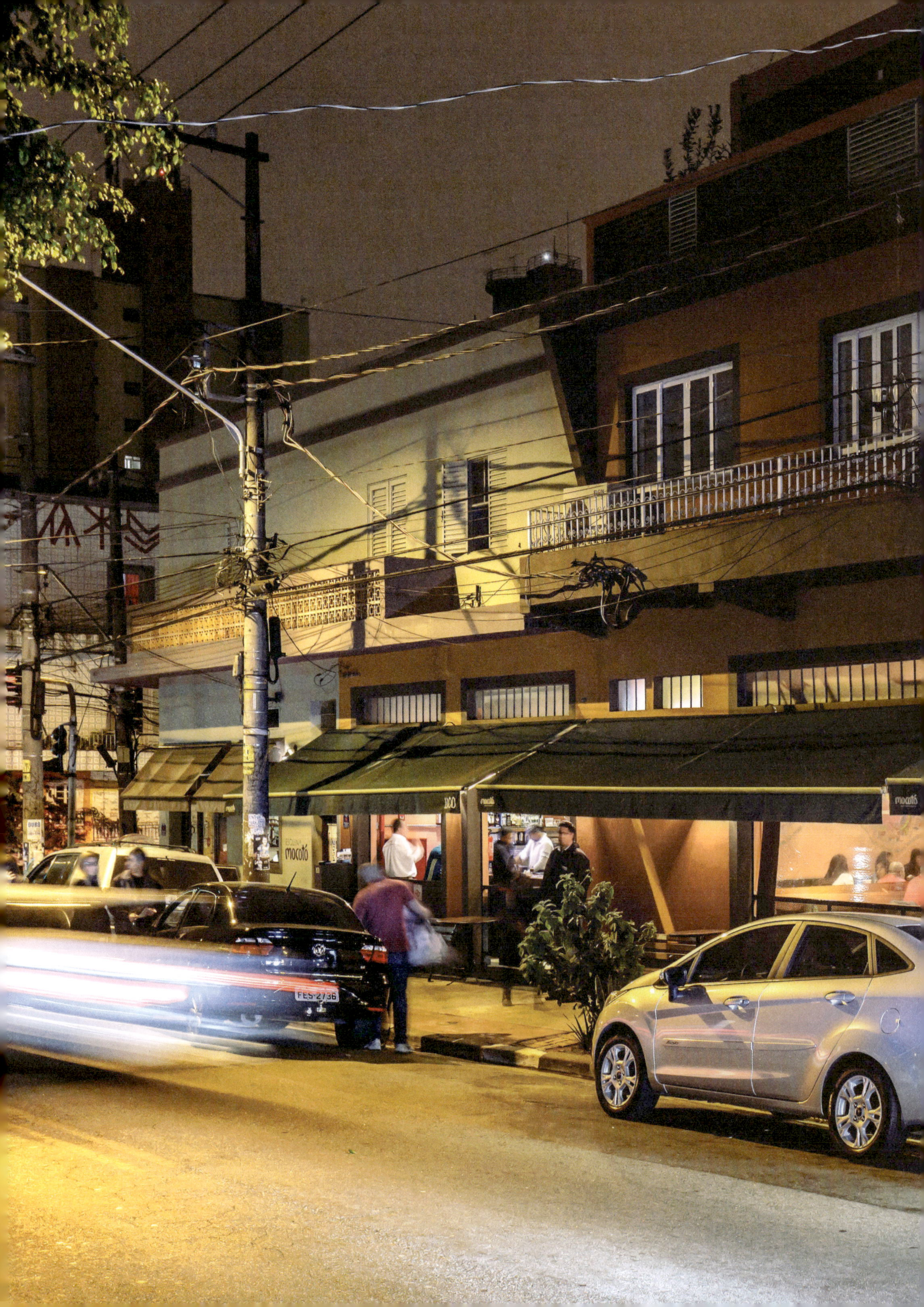
ESQUINA
mocotó
1100
mocotó